“十三五”全国高等院校人力资源管理系列规划教材

LABOR ECONOMICS

劳动经济学

葛玉辉◎主编　宋　美　陈佳怡　胡汪红◎副主编

電子工業出版社
Publishing House of Electronics Industry
北京 • BEIJING

图书在版编目（CIP）数据

劳动经济学 / 葛玉辉主编. —北京：电子工业出版社，2020.6

ISBN 978-7-121-38463-9

Ⅰ. ①劳… Ⅱ. ①葛… Ⅲ. ①劳动经济学－高等学校－教材 Ⅳ. ①F240

中国版本图书馆 CIP 数据核字（2020）第 027863 号

责任编辑：刘淑丽　　特约编辑：田学清
印　　刷：三河市君旺印务有限公司
装　　订：三河市君旺印务有限公司
出版发行：电子工业出版社
　　　　　北京市海淀区万寿路 173 信箱　　邮编：100036
开　　本：787×1092　1/16　印张：15.75　　字数：345 千字
版　　次：2020 年 6 月第 1 版
印　　次：2020 年 6 月第 1 次印刷
定　　价：49.00 元

凡所购买电子工业出版社图书有缺损问题，请向购买书店调换。若书店售缺，请与本社发行部联系，联系及邮购电话：（010）88254888，88258888。

质量投诉请发邮件至 zlts@phei.com.cn，盗版侵权举报请发邮件至 dbqq@phei.com.cn。

本书咨询联系方式：（010）88254199，sjb@phei.com.cn。

“十三五”全国高等院校人力资源管理系列规划教材丛书编委会

丛书序言

互联网时代，“创新”已经成为社会发展的关键词，上至国家人才战略，下至组织发展规划，人们对“创新”有太多的解读与理解。VR 和 5G 技术的运用将引发新一轮的科技发展，人力资源管理必将迎来新时代。面对新时代，人力资源管理必将再次升级。正在发生和即将发生的，包括 AI/VR 技术的引入，将给招聘、面试、培训等工作带来全新的体验。各类 App 将取代大多数绩效管理工具；大数据将改变组织人力资源战略决策模式；人们的需求和行为也在不断地改变。新时代背景下，人力资源管理工作面临着前所未有的机遇与挑战。这就需要我们在人力资源管理方面做出新的改变以顺应时代发展。本套丛书将和你一起拥抱新时代，为人力资源管理的再升级打开一扇窗、推开一扇门。

一、丛书框架（本套丛书共 10 本）

- 《人力资源管理》
- 《劳动经济学》
- 《工作分析》
- 《绩效管理》
- 《薪酬管理》
- 《人才测评》
- 《员工培训与开发》
- 《职业生涯规划》
- 《招聘与录用》
- 《人力资源战略与规划》

二、丛书特色

近年来，管理学界掀起了国学之风，大多数经理人承受着极大的工作压力，时常接触古代圣贤、管理学大师的先进思想，也未尝不是一件好事。但在放下书本重新回到现实生活中，才发现“书走书的路，人走人的路”，所学的管理思想难以运用到日常的管理活动中去。

学术是实践的后台，丛书的作者一直想把自己在讲授“人力资源管理”课程中产生的许多心得体会、研究人力资源管理及相关领域时所得的思想和新观点，以及在做企业管理咨询和诊断等工作中所获得的成果融入书中，进而编写出一套体现理论的系统性与前沿性、理论与实践平衡、网络与教学互动的丛书。呈现在读者面前的这套丛书就是在这样的背景下努力完成的结果。

（1）理论的系统性与前沿性。针对高等学校的教学要求，本套丛书在内容上力求涵盖人力资源管理的相关内容及主要活动，保持理论的系统性；同时，收集国内外人力资源管理的理论与技术的最新进展和作者多年来的研究成果，使丛书与其他同类书相比更能体现人力资源管理与时俱进的特点。

（2）理论与实践平衡。强化人力资源管理与实际工作的紧密结合，体现理论与实践并重的特色。

（3）网络与教学互动。本套丛书有一个作者与读者的互联网互动平台，将丛书的最新理论成果、策划案例分析、图形、表格、工作文本等相关资料上传至 http://www.boshizixun.cn，以形成有效的互动；同时，丛书会及时增加、更新相关资料，读者扫描丛书序言最后的二维码即可查看、领取，以实现丛书资源的共享。

三、丛书的作者（学术界+企业界）

本套丛书的作者既有来自高校管理学院的教授、博士，又有来自管理咨询公司的资深高级咨询师，更有来自企业的人力资源总监、高层管理者，这为丛书的理论与实践结合、学术与应用并重、操作与理念相互渗透提供了强有力的支撑。

本套丛书从调研、策划、构思、撰写到出版，前后历时两年半。丛书的出版，既是作者辛勤付出的成果体现，更是“产学研”团队合作的成果。衷心感谢团队成员付出的努力，以及电子工业出版社的编辑为丛书的出版给予的支持和帮助。

在本套丛书的编写过程中，我们参阅和借鉴了大量的相关书籍和论文，在此谨向相关的作者和专家表示最诚挚的谢意。限于作者的水平和经验，丛书难免存在不足之处，恳请读者予以批评指正。

丛书互动网站：http://www.boshizixun.cn

丛书主编邮箱：gyh118@126.com

扫码可查看、领取丛书共享资源

葛玉辉，管理学博士、教授、博士生导师

2019 年 9 月于上海

丛书主编

葛玉辉，男，华中科技大学首届MBA、管理学博士、工商管理系主任、教授、博士生导师。劳动经济学、旅游管理硕士点带头人，国内著名的管理咨询专家、中国管理学网名师、上海交通大学海外教育学院特聘教授、复旦大学特聘教授、同济大学特聘教授、慧泉（中国）国际教育集团高级教练、精品课程人力资源管理主讲教授、上海解放教育传媒•学网特聘教师，上海博示企业管理咨询公司首席顾问、技术总监。中国人力资源开发与管理委员会委员、上海人才学会理事、上海市系统工程学会会员、上海社会科学联合会会员、湖北省社会科学联合会会员、中国管理研究国际学会理事。

学术科研

出版《现代企业策划与创新》《现代人力资源管理与创新》《人力资本产权及其制度创新研究》《人力资源管理》《成功职场修炼》等30部专著；在《管理工程学报》《科学学与科学管理技术》等杂志上发表论文239余篇，2000—2018年主持了企业策划与人力资源开发及管理研究等科技项目40余项。其中国家级项目4项，省部级6项，横向课题31项；主持的4项科研成果分别获得国家优秀成果二等奖、湖北省重大科技成果奖、湖北省科技进步三等奖。

管理实践

葛玉辉教授自1997年开始为企业提供培训与咨询服务，专注于提升企业战略、人力资源竞争力和营销管理能力。先后受渤海油田、江汉油田、吐哈油田、克拉玛依油田、荆州自来水公司、湖北水泥厂、甘肃丰源建安商贸有限公司、安徽石油销售公司、五凌柳州机械厂、东风汽车公司（上海）、泛亚汽车技术中心有限公司（上海）、东风悦达起亚汽车有限公司、华东石油销售公司、江苏油田、上海临空经济园区、上海海洋大学、上海完美教育集团、浙江诸暨组织部和人事局、杭州诺贝尔集团、安庆石油化工有限公司、温州市人事局、吴江经济技术开发区人事局、安徽皖投公司、铜陵有色金属集团控股有限公司、马鞍山钢铁集团、上海电力公司、浙江电力公司、河北电力公司、四川省农商行、上海影视集团、上海医药集团、上海临空经济园区、中国人民银行上海总部、上海期货交易所、上海银行、上海建行、上海工商银行、黑龙江省农商行、上海市委党校、上海宣传系统人才交流中心、诺霸精密机械（上海）有限公司、浦东干部学院、国家税务总局、苏州税务局、国家科技部、上海电气集团、上海印包集团、上海申通地铁集团公司、中国电力投资集团公司、华能电力集团公司、复旦大学、上海交通大学、中国人民大学等大型国有企业、合资企业、民营企业、高等院校的邀请，做关于企业人才管理创新、人力资源管理、营销生产力、员工执行力、战略规划、文化整合方面的专题讲座、培训和科研工作，为企业创造了一定的经济和社会效益，同时塑造了良好的社会形象。

前言

劳动经济学是现代经济学中较为活跃的领域之一，该领域涉及的理论纷繁复杂。与其他经济学一样，劳动经济学中的许多命题正在被迅速修订和扩展。劳动经济学的主要任务是认识劳动力市场的种种复杂现象，分析并揭示劳动力供给与需求，以及工资和就业决定机制对劳动力资源配置的作用机理。总之，劳动经济学是认识劳动力市场现象及揭示其运动规律的科学。本书基于从微观到宏观、从抽象到具体、从一般到特殊的逻辑安排，对劳动经济学的基本范畴、基本原理与基本方法进行了较为系统的阐述。本书的编写力图做到具有理论性、系统性与实用性。

本书共10章。

第1章“劳动经济学研究”，主要介绍劳动经济学的研究范围、研究方法、研究特点，以及劳动经济学与其他学科的关系。

第2章“劳动力需求”，主要介绍劳动力及其相关概念、劳动力需求及其分类、完全竞争和不完全竞争市场条件下的劳动力需求分析、劳动力需求弹性和劳动力需求理论的运用。

第3章“劳动力供给”，主要介绍劳动力供给的概念和假设、劳动力参与率、劳动力供给弹性的不同类型、无差异曲线与预算约束线的基本概念、收入效应与替代效应的基本概念、个人和家庭及市场的劳动力供给曲线。

第4章“人力资本分析”，主要介绍人力资本和人力资本投资基本理论、人力资本投资决策、个人教育投资决策和企业培训投资决策。

第5章“劳动力市场均衡、分割和内部劳动力市场”，主要介绍劳动力市场中劳动力供求之间的均衡、劳动力市场的分割及其原因、内部劳动力市场在调整劳动力供求方面的作用和运行机制。

第6章“劳动力流动”，主要介绍劳动力流动的概念和劳动力流动的相关理论模型、劳动力流动的原因与影响因素、我国劳动力流动方面存在的问题及相应的对策。

第7章“失业”，主要介绍失业的概念、失业这一客观现象背后的自然规律、失业的测量方法、菲利普斯曲线、失业的经济学解释和逻辑内涵。

第 8 章“工资理论”，主要介绍工资及其本质、工资形式、工资差距、经济学各个历史时期中的工资生成理论、工资制度和水平设计与员工激励、效率工资理论。

第 9 章“劳动力市场歧视”，主要介绍劳动力市场歧视的概念及类型、劳动力市场歧视理论、劳动力市场歧视问题制度建设、中国的农民工就业歧视现象、工资收入歧视、劳动力市场歧视的测量。

第 10 章“劳动关系”，主要介绍劳动关系的内涵、基本类型、特征和主体，劳动关系的发展和演变，现代劳动关系的特点及发展趋势，劳动关系的调整机制。

具体来说，本书有以下三大特色。

第一，本书从全新的视角介绍劳动经济学，不仅介绍理论和分析工具、分析方法，还将其与读者在实际工作与生活中关心的各种劳动问题相结合。

第二，本书具有很强的现实性。在对劳动力的流动、失业问题进行讨论时，始终围绕中国的经济环境，有助于学生掌握劳动经济学的内涵。

第三，本书内容包含了编者的独立思考和深入研究，以及如何将这些成果转化成教学的尝试，全面深刻地介绍了劳动经济学。

葛玉辉担任本书的主编，对全书的总体框架、编写大纲和编写规范进行设计，经参与编写的成员多次讨论，最终定稿。副主编宋美、陈佳怡、胡汪红协助主编做了大量工作。具体分工如下：第 1 章和第 2 章由葛玉辉、陈佳怡、胡汪红编写，第 3 章和第 4 章由葛玉辉、陈佳怡编写，第 5 章和第 6 章由葛玉辉、胡汪红编写，第 7 章至第 10 章由葛玉辉、宋美编写。

在本书编写过程中，我们借鉴、引用了大量国内外有关资料和研究成果，在此一并致谢。由于水平有限，书中难免存在疏漏和不足之处，恳请同行和读者批评指正。

本书可作为经济管理类专业本科生、研究生和 MBA 的教材，也可供研究人员及各类组织的管理人员自学和培训使用。

编者

2020 年 1 月

目录

第 1 章　劳动经济学研究......1

1.1　劳动经济学的研究范围......2
1.2　劳动经济学的研究方法......5
1.3　劳动经济学的研究特点......9
1.4　劳动经济学与其他学科的关系......11

第 2 章　劳动力需求......17

2.1　劳动力和劳动力需求......18
2.2　完全竞争市场条件下的劳动力需求分析......24
2.3　不完全竞争市场条件下的劳动力需求分析......34
2.4　劳动力需求弹性......39
2.5　劳动力需求理论的运用......43

第 3 章　劳动力供给......48

3.1　劳动力供给的含义和假设......49
3.2　劳动力参与率及其影响因素......50
3.3　劳动力供给分析......52
3.4　无差异曲线与预算约束线......57
3.5　劳动力供给曲线......64

第 4 章　人力资本分析......73

4.1　人力资本概述......75
4.2　人力资本投资......78
4.3　人力资本投资决策......80

4.4 个人教育投资决策 81
4.5 企业培训投资决策 83

第 5 章 劳动力市场均衡、分割和内部劳动力市场 88

5.1 劳动力市场均衡 89
5.2 劳动力市场分割 97
5.3 内部劳动力市场 99

第 6 章 劳动力流动 108

6.1 劳动力流动的概念 109
6.2 劳动力流动模型 112
6.3 劳动力流动的原因与影响因素 118
6.4 我国劳动力流动方面存在的问题和对策 123

第 7 章 失业 129

7.1 失业的基本理论 131
7.2 失业的测量 139
7.3 失业的类型和成因 141
7.4 失业与通货膨胀 147

第 8 章 工资理论 157

8.1 工资的确定 158
8.2 工资差距 162
8.3 各个历史时期经济学中的工资生成理论 176
8.4 工资制度和水平设计与员工激励 182

第 9 章 劳动力市场歧视 191

9.1 劳动力市场歧视的概念及类型 192
9.2 劳动力市场歧视理论 194
9.3 劳动力市场歧视问题制度建设 199
9.4 中国的农民工就业歧视现象 200
9.5 工资收入歧视 203
9.6 劳动力市场歧视的测量 205

第 10 章　劳动关系 210
10.1　劳动关系概述 211
10.2　劳动关系的发展和演变 219
10.3　劳动关系的调整 227
参考文献 238

第 1 章 劳动经济学研究

学习目标

1. 理解劳动、劳动力、劳动力市场、劳动经济学的内涵及其关系。
2. 学会运用实证经济学、规范经济学研究我国的劳动经济问题。

关键术语

劳动力、劳动经济学、劳动力市场、实证经济学、规范经济学

导入案例

2010 年，中国第六次人口普查数据显示，65 岁及以上人口占总人口数的比例达到 8.87%，比 2000 年人口普查时提高 1.91 个百分点。而 2010 年中国的人均 GDP 刚刚迈过中等收入国家的门槛。在这样特定的阶段，劳动力成本上升，中国丧失了传统的比较优势。而中国由于刚刚进入中等收入国家行列，物质资本积累有限，劳动力素质和科学技术水平尚待提高，在资本或是技术密集型产业方面也不具备优势，因此处在一种尴尬的境地当中。

与 2000 年人口普查相比，每十万人中，具有大学文化程度的人数由 3 611 人上升为 8 930 人；具有高中文化程度的人数由 11 146 人上升为 14 032 人；具有初中文化程度的人数由 33 961 人上升为 38 788 人；具有小学文化程度的人数由 35 701 人下降为 26 779 人。文盲率（15 岁及以上不识字的人口占总人口的比重）为 4.08%，比 2000 年人口普查的 6.72%下降了 2.64 个百分点。

中国的总和生育率仅为 1.18，是世界上生育率较低的国家之一，其中“城市”

生育率为 0.88，“镇”生育率为 1.15，“乡村”生育率为 1.4。(实际生育率高于以上数字，国家统计局早已做出说明：“总和生育率现场登记难度较大，漏登率相对高一些。”)

中国人口在 2030 年前后将达到峰值。研究 16 岁到 64 岁的劳动力人口发现，目前农村劳动力的净增量为负，城镇劳动力的净增量为正，这与大量的农民工进城务工有关。中国劳动力人口发展已经走过了拐点，2003 年劳动力人口年度增长开始低于 2%，2015 年劳动力人口年度增长第一次为负数，劳动力人口变化的速度惊人。

劳动力市场就是在国家宏观调控下，由市场来配置劳动力资源和调节劳动力供求关系的运行机制。劳动力市场在整个市场体系中占有重要地位，是社会主义市场体系的重要组成部分。

从总体上看，我国的劳动力市场仍然有许多方面还不够完善，还存在一些亟待解决的问题。比如，劳动力总量供大于求且素质不高、老龄化进程加快、流动人口增加、社会保险和保障制度尚不完善、劳动就业的法律法规尚不健全等，这些问题对我国和谐劳动关系的建立产生了障碍。

解答这些问题需要劳动经济学理论，需要相应的分析工具和方法。学习劳动经济学有助于我们建立一整套清晰的概念和范畴，以更加科学的态度观察和认识今天的经济生活现象。掌握现代劳动经济学的分析方法和工具，科学地评估我国的劳动力市场政策，也将进一步推动劳动力市场的发展，提高资源配置的效率。

资料来源：https://wenku.baidu.com/view/fd5cbd1b0a1c59eef8c75fbfc77da26925c596bb.html

1.1 劳动经济学的研究范围

按照贝弗里奇的说法，严格地限定一门学科的研究范围及对象，是科学研究的基本条件。从市场经济体制的角度来看，即从劳动力市场的研究角度来看，现代劳动经济学的研究对象可从多方面来认识和把握。

从劳动经济学的字面意义来看，一方面，我们应当理解劳动经济学中“劳动”的内涵和外延；另一方面，对于劳动经济学中涉及的“经济学”问题，鉴于我国经济学的研究现状，我们也有必要进行一些分析和讨论。

劳动经济学是对工人个体或团体针对就业、工资和其他雇用条款或条件做出选择时所依据的支持因素的研究。从表面上看，考察这些因素好像是一个相当简单的任务。然而，当你开始更详细地考虑就业和工资的决定因素时，劳动经济学研究主题的范围则迅速扩大。由于买方和卖方都从事人的时间使用方面的交易，并且通过就业而获取的工资是大多数人收入的主要来源，因此劳动力市场的交易呈现出复杂性。当我们考虑法律法规、习俗和传统，以及工会和公司政策等对劳动力市场交易结果的影响时，劳动力市场的复杂性则进一步增加。本书的目的就是帮助读者了解现代劳动力市场复杂运行背后的基本作用因素。

我们对劳动力市场的讨论涉及三个重要的概念。同任何市场一样，供给和需求是两个重要的概念，供给、需求与确定工资和就业水平有很大关系。第三个重要的概念是制度，从广义上讲，我们认为制度不仅包括政府、工会和其他组织的一些政策，还包括从经济运行所在的社会中进入经济领域中的风俗和惯例。制度在劳动力市场中居于十分重要的地位。

1.1.1　劳动经济学中“劳动”的内涵和外延

按照劳动经济学界对“劳动”概念实际运用的情况来总结和分析，在一种情况下，劳动是就劳动的主体而言的，它是指“劳动力”；而在另一种情况下，它可能是指劳动过程或一种有目的的工作或活动。就资源配置和人的经济行为而言，特别是就涉及劳动力市场的学问而言，劳动经济学更多涉及劳动力。对市场经济条件下的“劳动者”或“劳动力”的研究，也是将人的生产能力作为一种“准商品”的研究。从以下几个方面来说，劳动力是具有其独特性的。首先，劳动力服务只能被租用，而劳动者本人是不能被买卖的。其次，由于劳动力服务不可能与劳动者相互分离，与商品市场相比，在雇用交易中，非货币因素如工作环境、工伤风险、管理者的个性特点、对公平对待的感知，以及工作时间的灵活性等，显得更加重要。最后，很多会对雇用关系产生影响的机构和立法在其他市场上是不存在的。

然而，由于以下三个方面的原因，雇主和劳动者之间存在的租借劳动力服务的情况，显然构成了一个市场。第一，为了便于劳动力服务买卖双方之间进行接触和联系，专职招聘机构及就业服务机构等诸如此类的机构就建立起来了。第二，一旦劳动力服务买卖双方之间建立了联系，那么在求职申请和面试的过程中，双方之间就会彼此交换关于劳动力服务的价格和质量方面的信息。第三，当双方经过协商达成一致后，还需要签订某种正式或非正式的合同，在合同中约定薪酬、工作条件、就业保障，甚至合同的期限等。在通常情况下，这些合同都要求雇主根据劳动者的实际工作时间，而不是根据劳动者所生产的产品来支付薪酬。这种形式的薪酬要求雇主在甄选和雇用劳动者的过程中，必须对劳动者的工作动机及其可靠性给予充分的关注。

雇主和劳动者之间在劳动力市场上交易的最终结果，是以一定的工资率将劳动者配置于一定的工作岗位上。对劳动力服务的这种配置，不仅仅是劳动者个人的需要，同时也是整个社会的需要。借助于劳动力市场，劳动者就被配置到了不同的企业、行业、职业及地区。

有一种分类将劳动力划分为生产部门的劳动者和非生产部门的劳动者。这种思想的产生与劳动价值论的思想和学说是联系在一起的。马克思认为，只有创造物质产品的劳动才是生产劳动。因此，只有从事物质生产的劳动者才属于生产劳动者。这种理论是以苏联为代表的计划经济国家的国民经济核算体系构造的基础。

在市场经济国家的历史中，也有一种类似“体力劳动”和“脑力劳动”的划分，这就是人们通常在实际经济生活中所说的“蓝领”与“白领”。在工业化的早期，这种划分概括了当时经济生活中的劳动力的一些特征和属性，有一定的意义。但是在后工业化的时代，特别是在服务业成为经济活动主体的时代，不仅第一产业的劳动力的比重大幅度下降，第二产业的劳动力的比重也大幅度下降。如果继续捍卫传统的理论，我们甚至都无法解释和说明这一时期社会财富增长的变动趋势和成因。依照传统理论的解释，我们必然会认为，创造财富的“劳动力”会越来越少，而不创造财富的“劳动力”会越来越多，那么社会的财富怎么可能在不断增大？况且，大量的事实已经证明，随着时代的发展，“白领”与“蓝领”的界限也变得模糊起来。“白领”从主要特征上，目前已逐渐接近于体力劳动工人的范畴。车间和办公室共同向更加机械化、计算机化和信息化的方向发展，逐渐把“白领”和“蓝领”毫无二致地转变成半技术机器操作者的角色。正是由于这种情况，以及其他方面的发展，非管理行业白领工人和装配线上的同类人的差别已成为表面上的，而不是实质上的。特别值得指出的是，20 世纪 90 年代以后，随着知识经济的兴起、信息化产业的巨大发展，现代的产业工人已摆脱传统的受教育程度低、以体力劳动为主的特征。技术的变动，特别是计算机的普及使用，使脑力劳动者和体力劳动者、“白领”工人和“蓝领”工人的差别已不再表现在劳动的本质特征上。随着网络经济的发展，不同工作的性质有趋同化的倾向，劳动力的概念和范畴甚至有了新的表达和说法。为了更便于概括新环境下的劳动力的特征，目前，大量的企业，甚至各类组织都开始广泛使用“员工”这一范畴。随着新技术革命的发展，在发达经济体中，传统的就业模式——劳动者依赖与雇主的雇用关系赚取稳定的工资和薪金的全职工作模式，越来越不占据主导地位。如今，赚取周薪和月薪的就业大约只占全球就业的一半，且发生率一直呈下降趋势；相反，在传统的雇主与劳动者范畴之外的自营工作和其他形式的非标准就业却在不断上升。网络经济使人们在家中工作的时间不断增加，大大模糊了工作场所的界限，由传统工作场所发展出来的一系列劳动力范畴的界定正面临着新的挑战。

1.1.2 劳动经济学的定义

经济学是什么？经济学是研究稀缺资源怎样或应当怎样被配置的一门学问，它是回答人和自然的关系的一种理论。如果说劳动经济学是研究劳动力资源的学问，那么人们实际上是将劳动经济学视为以研究劳动力的经济活动为主题的一个经济学分支。不过，对劳动经济学的定义，也存在着几种不同的表述。

一种定义是强调劳动经济学涉及人的行为特征。例如，朱通九于 1931 年在所著的《劳动经济》一书中描述，劳动经济学是研究劳动者的经济行为的科学。伊兰伯格和史密斯教授在 2011 年出版的《现代劳动经济学——理论与公共政策》中指出，劳动经济学是对劳动力市场的运行及其结果进行研究的一门学科。更确切地说，劳动经济学所要研究的是雇主和雇员对工资、价格、利润及雇用关系中的非货币因素（如工作条件）做出的行为反应。这些因素既会鼓励个人的选择，同时也会限制个人的选择。经济学的关注点在于推导出非个人化的，且能够适用于广泛人群的行为。

还有一种定义强调劳动经济学研究劳动力在经济活动中的作用，以及实现这些作用的条件。劳动经济学分析和设法探讨个人作为劳动力的经济活动。正如消费经济学研究消费者职能的性质和作用一样，劳动经济学是探讨在经济生活中的劳动力的性质及其作用的环境。

也有学者将侧重点放在劳动力市场上，如英国经济学家阿尔弗雷德·马歇尔说："劳动经济学描述、分析、概括工业化和工业化进程中劳动力市场的组织、制度和行为。"另外，还存在着特别强调劳动力的市场特征或与劳动的投入和产出相关的一些定义。1997 年牛津大学出版社出版的《牛津经济学辞典》指出："劳动经济学是关于劳动力的供给和需求方面的经济学问。它涉及影响劳动参与率、工资谈判、培训、工作小时和劳动条件，以及有关雇用、劳动力流动、移民和退休年龄等实践活动的各种因素。"大卫·桑普斯福特在其主编的《劳动经济学前沿问题》中指出："劳动力作为一种生产要素，其价格及配置是由哪些因素决定的？这就是劳动经济学所要回答的问题。"

总体而言，虽然上述几种定义强调的重点不同，但基本都离不开劳动力的供求，离不开劳动力的市场，离不开劳动者的行为，更离不开经济学的基本范畴——成本、收益和价格，以及基本的分析方法和资源配置优化的目标。因此，我们认为，绝大多数的学者对劳动经济学的研究对象的定义是基本一致的。概括起来我们认为，如下的表述可能更为简洁和明确：劳动经济学是对劳动力资源配置市场经济活动过程中劳动力需求和供给行为，及其影响因素的分析和研究。

1.2　劳动经济学的研究方法

我们对劳动经济学的研究主要采用两种方法。

1.2.1　实证经济学

实证经济学是一种行为理论，它假定人们通常都会对收益做出积极的反应，而对成本则做出消极的反应。就此而言，实证经济学非常类似斯金纳的心理学理论，他认为，人们的行为是通过报酬和惩罚塑造出来的。在经济学理论中，这种报酬包括货币方面的和非货币方面的利益（收益），而惩罚则是所放弃的机会（成本）。例如，一个人如果因为外科医生的工资性报酬和社会地位较高而选择成为一名外科医生，那么，他就必须放弃成为一名律师的机会，并且必须 24 小时随时做好为病人提供服务的准备。因此，在进行这种职业选择时，必须同时考虑收益和成本两个方面的因素。下面，我们通过稀缺性和理性这两种假设对实证经济学进行简单介绍。

1．稀缺性

实证经济学的一种普遍假设就是资源的稀缺性。根据该假设，无论是社会还是个人，都没有充分的资源来满足他们的需要。因此，用来满足某一组需要的资源，本来都是可以用来满足另外一组需要的。这就意味着，任何一项决策或者行动都是有成本的。例如，一位政府业务承包商在雇用劳动力修筑公路时的真实成本，实际上是由于未能将这些劳动力用于其他商品或服务的生产而导致的产出损失。因此，用一句俗话来说，就是“天下没有免费的午餐”。总之，我们必须不断地做出选择，并且承受这些选择带给我们的收益和成本。此外，当我们做出这些选择时，总是会受到可获得的资源的约束。

2．理性

实证经济学的第二种基本假设是人是理性的，人有自己的目标，并且总是会以前后一致的方式来追求这种目标。在考虑到人的问题时，经济学家总是假设，他们所追求的目标是效用最大化——假设人们总是会努力（在自己有限的资源范围内）使自己过得幸福。当然，这里所说的效用既可以从与就业有关的货币收益中获得，也可以从与之相关的非货币因素中获得。

在考虑企业行为时，对这种非个人化的实体，经济学家假设其行为目标是利润最大化。事实上，利润最大化只不过是效用最大化的一个特例而已，它只强调了货币收益，而忽略了非货币因素。

这种理性假设意味着行为主体对一般性经济刺激所做出的行为反应具有一致性，同时，当这些经济刺激发生变化之后，行为主体的行为又具有适应性。这两种行为特征是预测劳动者个人和企业如何对各种经济刺激做出反应的基础。

1.2.2 规范经济学

研究和分析劳动力市场上的实际运行是怎样的，只是告诉了我们一个客观的运行状态，并没有说明这种状态是对的还是错的。或者说，没有说明这种状态是否符合我们的要求。比如，按照国际通行的基尼系数所衡量的我国 2015 年居民收入差距已达到 0.462，这个数字并没有说明这种状态究竟是好还是不好，以及我们应当保持多大的收入差距。说明和解决这个问题，需要规范经济学的理论和分析方法。在劳动经济学领域，规范经济学严格地讲是一种价值判断的理论，或者说它是“应该是什么”的理论。实证经济学会告诉我们两个或者多个变量实际的状况，究竟如何相互作用，即我们通常所说的“实际是什么”，但它并未告诉我们这究竟是对的还是错的，或者说，对实际发生的事情的价值判断，依赖于我们通常所说的规范的价值判断分析。这就是规范经济学。

为了理解规范经济学，我们先从认识两种不同类型的经济交易开始。一种经济交易是自愿达成的交易，因为参与交易的各方均能从中受益。例如，如果王莉愿意在每小时得到 100 元的条件下绘制一份工程规划图，而海通工程服务公司愿意为此项工作支付的报酬最高为每小时 120 元，那么，一旦海通工程服务公司以每小时 100～120 元之间的某个工资水平雇用王莉来从事这项工作，则双方都会获益，这种交易就是互惠的。而劳动力市场的作用就是为这种自愿的、互惠的交易的达成提供方便。如果劳动力市场成功地促成了所有可能的互惠交易，那么，我们就可以说它达到了被经济学家称为帕累托效率的状态。如果它真正达到了帕累托效率状态，就不会再有任何自愿交易发生了，因为再发生交易的话，就不再是互惠的了。

第二种经济交易是一方或多方受损的交易。这些交易通常涉及收入的再分配，即一方以牺牲他方利益的方式获益。这些再分配性质十分明显的交易是不会自愿发生的，除非出于善心（在这种情况下，捐赠者获得了非货币因素的满足），或者这些再分配性质的交易是由政府通过税收和支出政策强制进行的。因此，一方面，市场可以为自愿交易提供便利；另一方面，政府为了促进收入公平以强制手段进行交易。

任何规范性的陈述（指明应当是什么的陈述），都是以某种价值观为基础的。对劳动力市场产生影响的政府政策常常是建立在人们普遍比较认同，但是可能并不是一致认同的一种价值观的基础之上的，社会应该努力使收入的分配更加平等。各种福利计划、最低工资法及对移民的限制等，都是基于对这种分配方面的考虑制定政策的例子。其他方面的劳动力市场政策旨在改变或者规范劳动者在追求个人效用最大化时做出的选择。隐含在这些情况背后的价值观常常是不应该允许劳动者将自己的身体或者他们的家庭经济状况置于会受到伤害的境地之中。例如，要求劳动者戴上头盔或耳塞之类的劳保用品的做法，在某些特定情况下被视为是非常有益的，因此即使有些劳动者不愿意使用这些劳保用品，他们也不被允许有其他的选择。

涉及收入再分配或者强制使用某些好产品的政策常常会引起争议，因为有些劳动者认为在这些政策得到执行之后，他们的处境反而变得更糟了。因此，这些交易一定要由政府强制执行，因为它们是无法被所有劳动者自愿达成的。

市场和价值观经济理论提醒我们，确实存在某些没有受损者的交易。如果受到某些政策或交易影响的各方均能从中受益，则这种情况就可以被称为帕累托改进，这是因为它们促进了帕累托效率的实现。由于这些政策或交易明显提高了社会福利待遇，它们的存在是有意义的，从而会得到一致的支持。

在下述情况下，一项交易能够得到一致的支持。

（1）交易涉及的各方均能从中受益。

（2）交易涉及的某些人受益，但没有人受损。

（3）交易涉及的某些人受益，另外一些人受损，但是受益者能够充分补偿受损者的损失。

如果上述第三种情况下的补偿发生了，则第三种情况就会转化为第二种情况。在现实中，经济学家常常根据受益者获得的收益是否超过了受损者蒙受的损失，来对一笔交易做出判断，这样，可能就会出现没有受损者的交易。但是，如果受损者本来是可能获得补偿的，但是这种补偿在现实中没有发生，那么就会出现事实上的受损者。因此，许多经济学家认为，一项政策如果想真正促进帕累托效率的实现，就必须使补偿能够实际发生。如上所述，劳动力市场所扮演的角色就是为那些自愿的互惠交易的实现提供便利。因此，如果劳动力市场未能促进这些交易的达成，那么大概很少有人会反对这样一种观点——政府至少应当对劳动力市场施加某些类型的干预。那么，为什么会出现劳动力市场的失灵呢？

1．市场失灵：不知情

人们可能会不了解某些重要的事实，这导致他们做出对自己的利益不利的决策。例如，一位吸烟的劳动者可能会选择到一家石棉加工厂去工作，原因是他并不知道吸入人体的烟和石棉尘埃混合在一起会极大地增加患病风险。这位劳动者如果了解这一情况，他可能就会要么戒烟，要么换一份工作，但是由于这位劳动者对此并不知情，因此后两种交易就被阻滞了。

2．市场失灵：交易障碍

市场中存在某些有碍互惠交易完成的因素，这种障碍常常是由禁止进行某些交易的法律造成的。例如，直到几十年前，美国的许多州还禁止雇主雇用女性每周工作超过 40 个小时。结果，那些希望雇用员工每周工作 40 个小时以上的企业就不可能与那些愿意从事加班工作的女性进行交易，这会给双方带来损失。当互惠交易为政府禁止时，作为一个整体的社会就会因此蒙受损失。

阻碍互惠交易达成的另外一个因素可能是交易费用。在某个地区就业机会非常有限的非技术工人，可能会希望流动到其他地区去寻找一份较好的工作，或者希望能够加入某些培训项目。但是，他们有可能会因为缺乏资金而无法达成理想的交易。

3．市场失灵：外部性

市场失灵也可能会在下面这样一种情况下发生，买方和卖方都同意达成一项交易，但是这项交易的成本或收益却被强加给并不属于这个交易决策当事人的第三方。换言之，有些决策的成本或收益对决定达成交易的决策者来说是具有外部性的。为什么这种外部性会引起市场失灵呢？

当买方和卖方做决策时，他们通常只会权衡这项交易给自己带来的成本和收益，当然，只有在收益大于成本的时候，他们才会决定去达成这项交易。如果所有的交易成本和收益都归于决策者本人，那么我们可以肯定地说，这种交易对整个社会来说是向帕累托效率迈进了一步。然而，如果这种交易的一部分成本或收益要由那些不能影响这一决策的人来承担，那么这种交易可能就不会给整个社会带来正向的净收益。

如果要确认某项特定的交易是向帕累托效率迈进了一步，那么我们就必须确保受到这一决策影响的所有人都是自愿接受这项交易的。如果一项交易存在外部性，受到交易影响却不能影响最终决策的人，就会被迫接受一项他们可能本来并不愿意达成的交易。如果事实果真如此，那么，一旦将所有的（而不仅仅是决策者的）成本和收益都计算在内，这项交易的成本很可能会大于收益。

4．市场失灵：公共物品

有一种特殊的外部性有时被称为“搭便车问题”。例如，有一个工会代表的是在噪声很大的锯木行业中工作的工人，它打算资助一项针对过量噪声对工人听力受损影响的研究。这项研究的费用很高，但是研究结果对其他有噪声的行业中的工会或者工人来说也同样有用，因此，代表锯木工人的工会就会考虑是否可以通过将研究结果卖给对此项研究感兴趣的其他工会或者工人的方式，来筹集研究费用。然而，代表锯木工人的工会很快就意识到，一旦将这项研究的结果告知会员或者第一批“客户”，那么这项研究成果很快就会通过口头、报纸或互联网等渠道传播出去，进而被所有人获取，包括那些未付费的“搭便车者”。

上面所说的这种研究结果只是公共物品的一个例子。公共物品是指可以被任意数量的人在同一时间进行消费的物品，其中也包括那些未付费的人。由于提供者无法将那些未付费的人排除在物品消费的范围之外，因此没有一位潜在消费者愿意为此物品付费。一旦清楚了这一点，物品或服务的潜在提供者很可能就会决定不去提供这些物品或服务了。

1.3　劳动经济学的研究特点

劳动是一种生产要素，也是一种稀缺资源，我们是否能够套用微观经济学的定义，认为劳动经济学就是研究劳动这种稀缺资源如何有效配置的呢？如果这样的话，一旦所有以生产要素为研究对象的经济学科，如金融经济学、土地经济学、资源经济学和环境经济学等都可以按照类似的方式定义，则微观的作用就被架空了。或者反过来说，微观经济学也完全可以替代每一门具体的经济学分支学科。

显然上述观点是不成立的。因此，我们还需要进一步探索劳动经济学自身的特点，从而赋予其独一无二的学科地位。实际上，从与劳动这种生产要素的关系角度来看，经济行为主体分别是劳动服务的所有者（雇员）、劳动服务的租用者（雇主），以及监督和规范这种雇用行为的政府和组织（如工会）等。这些行为主体分别对劳动力的稀缺或丰裕、工资和利润、工作条件和工作组织方式等，做出特定的但可能不尽相同的反应，形成劳动力市场运行的整个过程。因此，劳动经济学研究的直接对象，应该是劳动力市场的运行和结果。劳动力市场机制是通过合同的形式，将劳动力服务的买卖双方对劳动力的需求和供给匹配起来。

尽管从个体出发，但就像微观经济学本身一样，劳动经济学研究的是群体的行为，即研究当事人的平均行为，而不是每一个个体有别于其他个体的特殊行为。为了考察劳动经济学与微观经济学的关系，或者说在什么意义上，我们可以说劳动经济学是以微观经济学作为自身的理论基础的，我们需要来看劳动力市场行为是怎样发生的。从中我们也可以看到劳动经济学作为微观经济学的应用，看到其与后者的共同之处，以及作为一门独立经济学分支学科，其所具有的特殊性。

首先，任何经济行为者都有各自的追求或选择目标。例如，企业家追求利润最大化，个人和家庭追求收入最大化，政府追求经济和社会发展最大化和协调。研究劳动力问题也要从最大化目标出发，这样才可以理解劳动力市场上各个主体的行为。表面看来，劳动者最关心的就是自己进入劳动力市场可以挣到多少钱。但是，在劳动经济学中，问题没有这么简单，这个问题会转化成如何看待工作和闲暇之间关系的问题。

其次，人们在追求自己的目标时，总是面对着各种价格信号，如产品的价格信号、生产要素的价格信号等。人们将这些价格信号与自己需要付出的成本和机会成本进行比较之后，做出有利于自身利益的选择。这里有两层含义，一个劳动者做选择时，首先要对所要选择的劳动力市场状态的价格信号有所了解，如选择就业就需要牺牲闲暇时间，选择退出劳动力市场就必然要牺牲工资收入，选择接受相对低报酬的工作就意味着牺牲失业保险这项福利；其次要对与选择相关的其他替代状态的价格进行比较，这样才能做出最理性或者说最有利于个人的选择。具体来说，人们根据自己对挣钱、闲暇和对特定工作的热衷或偏好，面对劳动力市场上的价格信号，做出就业、失业或者退出劳动力市场等决定。这些都是标准的劳动经济学要研究的问题。

再次，人们在劳动力市场上的抉择，正如在其他经济领域中的抉择一样，所能进行的选择范围和程度是有限的，或者说是有约束条件的。例如，我们想消费什么东西，一定有个人收入的预算约束，在这个约束范围之内，才能选择自己的消费，消费不可能是无限的。在劳动力市场上，人们的选择受到就业机会的限制，受到一定时期对特定劳动力偏好的限制，也受到自身人力资本的限制，以及作为“工作狂”受到生理规律的限制等。

既而，人们是在相互关联中进行自己的选择的。例如，我们有一个目标，但是这个目标不是自我努力就可以达到的，而是要通过和别人打交道，在进行交易的过程中才能达到的。处在相互关联中的人们，在市场上都有特定的身份，通常被称作经济当事人、经济参与者，或利益相关者，既表明他们有特定的追求，也表明他们是在各方的互动关系中存在的。

由于人们之间的互动性和相关性，劳动力市场表现出来的不只是简单的劳动力的供给和需求曲线，以及两者之间的相交，还有各种制度因素的影响。例如，计划经济条件下也可以有劳动经济学的分析，但是我们看不到计划经济条件下，劳动力市场上有这样的供给和需求曲线。劳动力的供给不是在市场上表现出来的，企业对劳动力的需求也没有反映在劳动力市场上，而是在计划的大“盘子”里，在计划书上完成的、采用的完全是另一种供给和需求的协调方式。

最后，对劳动力市场进行经济学分析有其特殊性。有的经济学家说，劳动力市场的一个特点就是劳动力不是卖出去的，而是租出去的。也就是说，在租用的期间内，劳动者出租了劳动力的使用权。我们最关心劳动力在被租用以后是如何使用的。租用价格是已经确定了的，怎样使用是指劳动者在什么样的条件下工作，可以享受什么样的保障制度和其他福利，这些都会影响劳动者的劳动态度、工作热情和生产力。

除此之外，劳动力的使用还有一个社会道德的规范。也就是说，在普通商品的交易中，人们只需要把握“愿买愿卖”这个交易原则即可，而在劳动力的交易中，则不能仅考虑交易双方的一时意愿。由于劳动力的拥有者是人本身，用纯粹的市场中的办法衡量人的生命价值，是有悖于社会规范的。

因此，政府根据相关的法律和法规，超越市场的范围对劳动者的生命和健康加以保护。虽然劳动力市场上的自愿交易是雇主和雇员双方自愿达成的一种交易，但是从社会的角度看，这不是一个社会规范可以接受的结果。表面看上去是他们买卖双方自己的事，但劳动力市场是一个特殊的市场，涉及怎么对待人的问题，因此这项交易就变成了社会的问题。政府会通过立法的手段，以及通过必要的援助项目进行干预。

此外，我国的劳动力市场有着自己的特殊性，西方劳动经济学并没有提供现成的理论来帮助我们回答所有的问题。中国现有的研究未结合我国具体的环境发展，迫切需要新一代青年学者不断贡献力量，完善理论体系。如果说过去我们的重点在于吸收和消化西方劳动经济学的理论，或者说是运用国外已有的理论、方法和技术研究我国的劳动经济学问题的话，那么现在我们应更多地关注我国劳动经济学理论的创新和发展。

结合产品市场和资本市场来研究和处理劳动力市场的问题，也是值得我们关注的一个重点。长期以来，劳动经济学理论和实际部门不关心也不了解商品市场和资本市场的变化和规律，即忽视劳动经济派生需求的这一特点，造成了劳动与经济的脱节。我国劳动经济理论的教学和研究，包括劳动管理部门，往往会忽视劳动经济理论与实践活动、与其他经济理论的教学和研究以及与经济管理部门的融合，这方面需要进一步改进和完善。

应当指出，劳动经济学的研究对象与劳动者有关，与整个社会的发展趋势有关，因而对劳动经济学的研究也常常表现出这样一个特点：劳动经济问题的研究离不开一个国家一定时期的劳动力市场上的制度和全球化及网络经济发展的宏观背景。

1.4　劳动经济学与其他学科的关系

学者们人为地把研究社会经济中相互关联现象的学问划分为不同的学科家族。甚至在经济学内部，根据研究内容的不同，原本具有统一的研究方法论的学问也被划分为各种各样的经济学分支。一方面，学科的分化有利于学者们运用相对独特的研究方法，针对一种特定现象深入研究，揭示尽可能真实的规律。另一方面，这种学科分类容易导致复杂的社会经济问题简单化或者将完整的问题割裂开来，进而妨碍了我们深入地认识问题。

劳动力市场现象也是如此，在形成了独立的劳动经济学，并且这一经济学分支的确为我们提供了有用的分析“武器”的同时，也容易使我们忘记，劳动力市场现象其实是一种十分复杂且涉及多个学科领域的问题。过于狭隘地局限于一门学科分支，不可避免地限制了我们的眼界和思路。目前，解决这个问题最好的办法就是了解劳动力市场现象具体表现在哪些方面，以及在何种程度上与其他社会科学学科相联系、相交叉。下面从几个主要的方面，介绍与劳动经济学研究对象直接相关的其他学科。

劳动经济学与人口经济学两者的关系往往容易引起误解。有一段时间，我国进行学科调整，有人认为应该将两者合二为一。其实，劳动经济学与人口经济学研究的角度并不相同。人口经济学研究的是人口的生产与再生产的经济问题。虽然其与劳动经济学有一定的联系，但是两者有着完全不同的研究对象和研究范围。从人口经济学角度来讲，自然人口增长的经济规律，特别是人口对物质资源消费的影响，是它集中研究的对象。人口经济学更多地将人作为消费者来看待，它的研究范围既包括劳动力人口，又包括非劳动力人口。劳动经济学的核心命题是劳动力市场中的劳动力和劳动。因为只有达到法定劳动年龄的人才能被称为劳动力，所以劳动经济学研究 16 周岁（包括 16 周岁）以上的劳动力人口，或者与劳动者的工作有关的问题。劳动经济学主要研究劳动力而不涉及非劳动力。非劳动力既包括未达到法定劳动年龄的人，也包括因在校就读、健康等原因退出劳动力市场，并已达到法定劳动年龄的人。用专业术语来表达就是劳动经济学将人作为生产者而非消费者来研究，它研究处于市场活动中的劳动的人。

劳动经济学与产业关系或劳动关系之间的联系在历史上不太明确，目前也是需要进一步澄清的问题。据观察，早期的劳动经济学与产业关系或劳动关系有着极为密切的联系。在 20 世纪 50 年代以前，劳动经济学和劳动关系几乎被视为同一个专业领域，特别是作为劳动经济学的制度学派的部分，两者的关系尤为密切。按照基思怀特·菲尔德和乔治·斯特劳斯教授的说法，在英语国家，虽然产业关系或劳动关系在某种程度上受到其他学科，特别是产业社会学和职业心理学的影响，但其主要还是受来自劳动经济学制度学派的影响。例如，我们熟悉的 19 世纪 90 年代在美国以康芒斯等为代表的制度经济学家，他们对产业关系学科的发展有直接的影响。不过，随着时间的推移，劳动经济学与产业关系日益分离成为不同的学科领域。特别是 20 世纪 60 年代以来，以新古典经济学为代表的劳动经济学家试图将劳动经济学与主流经济学的方法论加以结合，他们更多的是强调劳动经济学的“经济学”方面，或者说经济分析的方面，如人力资本和效率工资模型等。而研究产业关系或劳动关系的学科，早期在北美更多的是强调劳动经济学的“劳动”这一方面。在 20 世纪 50 年代以后，研究产业关系的学者除重视劳动经济学的内容吸取、劳动经济学作为劳动关系领域的基本理论分析之外，越来越重视与社会学、法学、组织行为学和政治科学等不同学科领域学者的互动和交流，使劳动经济学成为一个跨学科训练的领域。在澳大利亚和英国，劳动经济学甚至成为一个独立的、让学生接受训练的学科领域。在我国，长期以来，传统的劳动经济学就是研究劳动关系的。随着经济分析学科的日益强化，以及市场经济条件下的劳动关系问题的大量出现，劳动经济分析对劳动关系的研究无疑会提供直接的理论支持。劳动经济学会越来越体现出作为一种经济分析工具的价值，而劳动关系则越来越成为一个更接近研究和解决实际劳动问题的跨学科领域，越来越多的院校开设劳动关系本科专业，两者显示出不同的发展特点和走向。

劳动经济学与人力资源管理的关系也是十分令人感兴趣的。传统的劳动经济学在计划经济体制下，表现出最大特点是劳动经济也是劳动管理。在计划经济体制下的劳动经济学系，实际上也就是劳动管理系，或者说是人力资源管理系，甚至包括之前所谈到的劳动关系或者产业关系学科。

20世纪90年代以来，我国的劳动经济学界开始接受北美的劳动学科划分模式。因此，在职业化和专业化理念的背景下，传统的企业劳动管理，或者目前在北美流行的人力资源管理，在我国管理学和经济学分开（即管理学成为一级学科）的新的条件下，同劳动经济学逐渐区分开来，成为一个有着巨大的市场需求和学术发展潜力的管理学分支。

最后，我们需要说明的是劳动经济学与理论经济学的关系。很显然这是特殊与一般的关系。理论经济学是一门研究资源配置的一般机理和市场供求的变动行为的学科。劳动经济学是一门研究在劳动力市场上，劳动力的供给和需求的变动行为的学科。劳动经济学是一个特殊的领域，是理论经济学分析和研究的一种延伸。

宏观经济学、制度经济学、发展经济学、增长经济学、转轨经济学、人口学、社会学都会在我们的分析中得到应用，为此我们有两点要求：第一，具备这些相关学科的必要知识，这对深入掌握劳动经济学，特别是了解中国劳动力市场的现状是十分有益的；第二，我们并不能要求每一个学习劳动经济学的学生，在多个经济学领域都能成为专家，但是，每当学习和分析一个特定的话题时，如果学习劳动经济学的学生尽可能地运用其他学科的知识，而不是封闭于劳动经济学的固定范围，那么很可能会取得事半功倍的效果。

【本章小结】

劳动经济学在经济学发展的基础上根据现实需要逐渐分化出来，成为一门独立的经济学科。劳动力市场并非我们所理解的产品买卖的市场，而是劳动力“租借”使用的市场。劳动经济学是对劳动力资源配置市场经济活动过程中劳动力需求和供给行为，以及其影响因素的分析。实证经济学和规范经济学是劳动经济学的两种主要研究方法。劳动经济学由于其自身的特点，被赋予独一无二的学科地位。从与劳动这种要素的关系角度来看，经济行为主体分别是劳动力的所有者（雇员）、劳动力的租用者（雇主），以及监督和规范这种雇用行为的政府和组织（如工会）等。这些行为主体分别对劳动力的稀缺或丰裕、工资和利润、工作条件和工作组织方式等，做出特定的但可能不尽相同的反应，形成劳动力市场运行的整个过程。因此，劳动经济学研究的直接对象，应该是劳动力市场的运行和结果。而且劳动经济学并不是单一的学科，它与人口经济学、劳动关系、人力资源管理，以及理论经济学都有着密切的关系。

【复习思考题】

1. 劳动经济学中“劳动”的内涵和外延是什么？
2. 实证经济学和规范经济学有什么区别？

3. 劳动经济学有哪些特点？

【案例分析】

全球制造业的转移是一个不断追逐低劳动力成本的过程。每一次全球制造业的转移路径都是从技术领先的国家向技术相对落后国家转移，同时也是从劳动力成本高的地区向劳动力成本低的地区转移。从本质上而言，制造业全球布局具有追寻“成本洼地”的特点，劳动力成本是制造业转移的核心驱动因素，每一次随着全球制造业主要承担国家人口红利渐渐消失、人力成本不断上升，制造业企业自然会寻找成本更低的区域予以替代，形成制造业转移现象。

劳动力供给是影响劳动力成本的关键因素之一。一般而言，劳动力供给越充足，该经济体劳动力的成本就越低，因此人口结构对劳动力成本乃至制造成本都有着显著的影响。国际经验表明，每一轮产业转移时期，制造业承接地区都经历了或正在经历少儿人口的上升期。例如第一次产业转移期，主要的产业承接地——德国和日本的少儿人口波峰期从 1960 年一直延续到 1980 年，世界人口红利的分布对制造业转移流向具有重要的作用。

目前，全球主要经济体都面临人口老龄化问题。人口老龄化最严重的地区是日本和欧洲；我国已处于人口红利末期，正在步入轻度人口老龄化阶段；美国因为有移民优势而处于有利位置；而人口最有优势的是东南亚、印度、墨西哥等地区。

随着 20 世纪 60 年代出生的人口逐步进入劳动力市场，我国劳动力总人口（世界银行：劳动力的定义是满 15 岁至不满 65 岁之间且具有劳动能力的人口）逐渐由 1980 年的 5 亿人快速增加到 2006 年的 7.8 亿人左右，期间每年净增劳动力人口约为 1070 万人，从 2007 年开始劳动力总人口不再大幅度增加并逐步稳定。世界银行曾预测，从 2019 年开始我国劳动力总人口将逐年减少，并一直持续到 2050 年。

在高端制造业中，持续的技术创新大大提高了我国制造业的综合竞争力。载人航天、载人深潜、大型飞机、北斗卫星导航、超级计算机、高铁装备、百万千瓦级发电装备、万米深海石油钻探设备等一批重大技术装备取得突破，形成了若干具有国际竞争力的优势产业和骨干企业，我国已具备建设工业强国的基础和条件。

人口老龄化的到来，或将减少我们中低端产品的供给，人力成本将可能维持在一个较高的水平，从制造业到交通运输业，再到服务业和农业等，整个社会年轻劳动力都会面临一个供给相对不足的局面，因此企业只有生产中高端的产品，才能有合理的利润回报。

我国的人口老龄化速度会比别的国家快，老人的各项需求相对减少，社会整体需求或将面临不足，需求端的传导将会变得更慢。同时，我国的社会存量财富已经很大，基础设施和房地产经过几十年的大规模建设，制造业已经处在世界领先水平，无论是固定资产还是生产、生活产品的供给，都已经很充裕。受到人口老龄化带来的年轻人口不足的影响，处于工作状态的年轻人的工资或将处在相对较高的水平，年轻人的购买力水平较高，其需求的产品将是中高端产品。随着人口老龄化的加剧和国内大量基础设施建设的完成，我国制造业的需求或将减少，而服务业的需求有望增加，经济或将逐步从房地产和固定资产投资占比较高的阶段过渡到服务业和消费占比较高的阶段。

在制造业方面，我国近年来对制造业进行了大量自动化投入，自动化程度大幅度提高，对劳动力的成本已有一定的承受力，制造业劳动力成本上升趋缓。但是，随着未来人口老龄化问题的日趋严峻，自动化、智能化装备领域仍有望存在较大的投资机会，在农业、现代服务业和生活的各个方面，自动化和智能化装备都还有很大的改造余地，像物联网等生活服务型智能化技术也有望逐步实现大规模应用。

据国家统计局统计，2016 年，我国企业海外并购项目为 561 个，交易金额达 824 亿美元（包括境外融资），几乎涉及国民经济中的所有行业，其中制造业以近 230 亿美元的并购金额名列首位。同时，信息传输、软件和信息技术服务业、制造业对外投资增长较快。2016 年对外投资流向制造业的金额为 297.3 亿美元，比上年增长 151.9%，占对外投资总额的 18.4%，其中流向装备制造业的金额为 167.6 亿美元，是 2015 年的 2.8 倍，占制造业对外投资的 56.4%。海外并购作为中国制造企业实现快速扩张的良好渠道，为中国制造业的转型升级提供了清晰的运作方向。

根据美国经济分析局的统计，2007 年美国制造业增加值达 1.92 万亿美元，创下了当时美国历史上的最高水平，但经历了 2008 年金融危机以后，美国制造业增加值出现下滑。从 2010 年开始，美国的制造业开始复苏，产业增加值有所提高，直到 2017 年制造业增加值才超过金融危机前（2007 年）的增加值水平。

从制造业增长趋势来看，2008—2017 年的多数年份美国制造业的增速均跟不上美国整体的经济增长，金融危机后增长率出现剧烈波动且始终处于相对低位。2009 年制造业增长率跌至-7.6%的历史低位后，除 2010 年出现 5.3%的较高增速外，其他年份增长率均没有超过 2.0%，且多数年份的增速低于同年美国 GDP 的增速。

从制造业占比情况来看，2008—2015 年美国制造业增加值在 GDP 中的比重始终在 12.0%～12.3%范围内小幅度波动，远远低于金融危机爆发前的占比水平。制造业在美国 GDP 中的比重一直没有超过金融危机前（2007 年）12.8%的水平，更远远低于 21 世纪初 15%左右的较高水平。2013 年以后，制造业在 GDP 中的比重反而再次下降，2016 年、2017 年制造业在 GDP 中的比重分别跌至 11.7%、11.6%。

据美国经济分析局的数据，2017 年在美国制造业增加值中，化学产品、电子产品、食品饮料烟草产品、汽车及配件制造对美国制造业增加值贡献较大，总和约占美国制造业产值的一半。金融危机以来的美国制造业的复苏主要还是依赖于电子产品行业的增长，其他行业的产值仍然没有恢复到金融危机以前（2007 年）的最高水平。

我们判断美国的制造业处在产业链的中高端，制造业占 GDP 的比重虽然低，但却是美国产业的几大根基之一，因此美国一直在大力推动制造业回流，但由于制造业对劳动力和成本天然敏感，美国制造业回流效果并不明显。以智能手机为代表的电子行业自身增长面临瓶颈，又要和其他国家竞争，也开始增长乏力。同时，新的产业革命还未到来，未形成规模，因此美国制造业中短期内还是会面临来自新兴经济体的竞争。

资料来源：http://www.chyxx.com/industry/201805/641734.html

思考题

1. 全球制造业转移与人口老龄化是什么关系？
2. 人口老龄化如何影响全球制造业的劳动力成本？

第2章
劳动力需求

学习目标

1. 理解劳动力、劳动力相关概念、劳动力需求及其分类。
2. 理解完全竞争市场条件下劳动力需求和不完全竞争市场条件下劳动力需求。
3. 理解劳动力需求弹性。

关键术语

劳动力、劳动力需求、完全竞争、不完全竞争、需求行为、劳动力需求弹性

导入案例

随着我国全面深化改革进入新阶段，科技变革带来的不确定性势必扩大现阶段发展矛盾带来的影响。因此，我国应协调好科技变革带来的全新挑战，牢牢掌握技术进步“快车”的方向，使经济与民生提升至全球前沿水平。然而要想达到这个目标，我国必须重视优化全国劳动人口的技能结构，把建设一支能够迅速适应新型经济格局与生产方式的劳动者队伍摆在国家发展战略的优先位置。

现阶段，我国劳动市场技能结构存在两个特点：①低技能劳动力存量较大；②产业升级使技能缺口扩大。首先，我国目前低技能劳动力存量可观。据国家统计局《2015年全国1%人口抽样调查主要数据公报》显示，我国目前接受初中或以下教育程度（含小学以下）的低技能劳动力约为接受高中或以上教育程度（含大学以上）的高技能劳动力的2.16倍（国家统计局，2016）。按照世界银行对各地区教育系统效率平均情况的估算，这意味着我国大约三分之二的适龄劳动者很可能不具

备应对科技变革的基本技能。其次，产业升级带来了新的劳动力技能挑战。一方面，高技能劳动力供给不足问题出现。清华大学发布的《中国劳动力市场技能缺口研究》发现，2010—2015 年期间各主要城市均出现高技能、高职称劳动力供给不足的现象（清华大学，2016）。另一方面，企业对高技能人才需求大幅度增加。据“中国企业—劳动力匹配调查”团队在广东、湖北两省收集的数据，企业用工不断提高技能密集程度，特别是新增用工中更加依赖技术人员，同时，缩减低技能工人需求（CEES 研究团队，2017）。

教育系统作为我国最大的劳动力培训体系和人力资本积累的源头，必须做出相应调整，特别是对现有目标、内容、分工、范围等方面进行重新定位。三大调整方向依次是：①重视培养学生基础技能，促进快速学习能力的习得；②建立新型“协同教育”供给模式，解锁教育质量制约因素；③建立新型“终身学习生态圈”，积极推进劳动力技能升级。

资料来源：http://edu.cssn.cn/jyx/jyx_jyjjx/201811/t20181112_4774182_4.shtml

2.1 劳动力和劳动力需求

2.1.1 劳动力的概念

马克思在《资本论》中对劳动力做了如下定义：我们把劳动力或劳动能力，理解为一个人的身体即活的人体中存在的、每当他生产某种使用价值时就运用的体力和智力的总和。这个定义说明以下四点。

1. 劳动力是人所特有的一种能力

无论是风力、水力、畜力，还是电磁力、化学力、核动力，以及电脑表现出来的人工智力，都不能被称为劳动力。这些力不管多么强大、多么精确，不管能在多大程度上代替人的劳动，或者模仿人的劳动，它们都只能是劳动手段，而不是劳动力。

2. 劳动力是存在于活的人体中的能力

人是劳动力的承担者，但并不是任何人都是劳动力的承担者，只有达到一定的成熟程度、具备一定的健康条件、能够参加社会劳动的人，才是劳动力的承担者，才具有劳动力。

3. 劳动力是人在劳动中运用的能力

劳动力是马克思所说的人在生产某种使用价值时所运用的能力。这就把人的劳动力和人的其他能力区别开了。劳动力只是人的能力的一部分，是人在劳动中运用和体现的能力。人在其他活动和交往中运用和体现的能力，则不是劳动力。在研究劳动经济学的课题中，我们着重研究劳动力在人的能力结构中所占的位置，提高人的能力结构中劳动力所占的比重。

4．劳动力是人在劳动中运用的体力和智力的总和

劳动力由体力和智力两部分组成。人的躯体活动产生体力，人的头脑活动产生智力。人的体力和智力活动是同时发生的，没有只耗费体力而完全不耗费智力的劳动，也没有只耗费智力而完全不耗费体力的劳动。

2.1.2　与劳动力相关的概念

1．劳动

劳动是指人类使用生产资料创造自身生存和发展所必需的物质财富和精神财富的有目的的活动。这种活动的实现以劳动力的使用作为前提条件之一。劳动是人类独有的活动，劳动的起因和动力在于人类自身的需求。

2．人口

人口是指生活在一定社会和一定区域的人的总和。从本质上说，人口是全部社会行为的主体，是一切社会生活的起点和基础。人口包括一切有劳动能力的人和无劳动能力的人，不管他们的年龄大小、健康状况，以及是否参加社会劳动。人口是向国民经济提供劳动力的源泉。人口的数量和质量决定着劳动力资源和劳动力的数量、质量。

3．劳动适龄人口

劳动适龄人口是指人口中处于劳动年龄的那部分人口。如前所述，并不是任何人都是劳动的承担者，只有达到一定成熟程度的人，才是劳动的承担者，这种成熟程度的基本标准就是年龄。人在出生后经过发育，成长到开始具备劳动能力的年龄，是劳动年龄的下限。而当人继续成长发展、逐步衰老，开始丧失劳动能力的年龄，是劳动年龄的上限。处于劳动年龄上限和下限之间的人口就是劳动适龄人口。劳动年龄的上限和下限通常是由国家规定的，由于各国的国情不同，具体规定也不同。劳动年龄的上限和下限不是固定不变的：随着生产的发展、文化教育水平的提高和对劳动力质量要求的提高，劳动年龄的下限会提高；随着人的体力劳动的减轻和寿命的延长，劳动年龄的上限也会提高。

在阐述劳动力本质含义的基础上，人们经常把具有劳动能力的人称为劳动力。因此，经济学进一步把人口中的劳动适龄人口分为劳动力人口和非劳动力人口。

4．劳动力资源

劳动力资源是指能够从事各类工作的具有劳动能力的人口总数，它是劳动力人口的数量和其平均质量的乘积。劳动力资源包含数量和质量两个方面。所以，判断一国劳动力资源量的大小，不应只考虑劳动力人口的数量，还应该考虑劳动力人口的平均质量。

劳动力资源还可以分为潜在的劳动力资源和现实的劳动力资源。所谓潜在的劳动力资源，就是劳动适龄人口中具有劳动能力的人口和劳动适龄人口以外实际从事劳动的人口。所谓现实的劳动力资源，是指一个国家或地区实际可以动用的劳动力资源。它等于从潜在的劳动力资源中减去那些虽然具有劳动能力但是由于种种原因没有从事社会劳动的人口，如从事家务劳动的妇女、在校学习的青年学生等。

劳动力资源是人力资源的一部分，人力资源还包括尚未成为劳动力（主要是指未达到劳动年龄的未成年人），但未来能够成为劳动力的人口。在劳动力资源中还有由一些在某个工作领域中已经或未来有很大的可能做出较大贡献的人群所形成的人才资源。劳动力资源不等于劳动适龄人口，后者的划分标准只有一条，即劳动年龄的上限和下限，凡处于劳动年龄上限和下限之间的人口均属于劳动适龄人口，而劳动力资源除了劳动年龄这个标准，还有是否具有劳动能力这个标准。虽然在劳动年龄的界限内但是不具备劳动能力的人口，不包括在劳动力资源的范围之内。此外，劳动年龄之外实际从事劳动的人口属于劳动力资源，但不属于劳动适龄人口。

2.1.3 劳动力需求的概念和分类

1. 劳动力需求的概念

劳动力需求是指一定时期内，在某种工资率下雇主愿意并能够雇用到的劳动力的数量。劳动力是一种生产要素，对劳动力的需求是在生产要素市场上进行的。生产要素市场与产品市场具有不同的性质，因此对劳动力的需求不同于对产品的需求。在产品市场上，需求来自消费者。消费者购买产品的目的是满足自己的吃、穿、住、行等需求。因此，对产品的需求是所谓的直接需求，即满足“效用”的需求。与此不同，在生产要素市场上，需求不是来自消费者，而是来自厂商。厂商购买生产要素（如劳动力）不是为了满足自己的直接需求，而是为了生产和出售产品以获得收益，即满足“利润”的需求。例如，厂商增加雇用劳动者并不是为了提高厂商的效用，而是为了增加生产的产品数量，从而增加厂商的利润。因此，从这个意义来说，对生产要素的需求不是直接需求，而是间接需求。

从企业购买生产要素的目的来看，企业希望利用买到的生产要素进行生产，并将生产的产品出售给消费者，从中获得收益。企业实现其收益的目的有时取决于消费者对其生产的产品的需求。如果不存在消费者对产品的需求，则企业就无法从生产和出售中获得收益，从而也不会去购买生产资料并生产产品。例如，如果没有人购买汽车，就不会有企业对汽车工人的需求。由此可见，企业对生产要素的需求是从消费者对产品的直接需求中派生出来的。从这个意义上说，对生产要素的需求应被称为“派生需求”或“引致需求”。

对生产要素的需求还有一个特点是共同性，即企业对各种生产要素的需求具有相互依赖的特点。这个特点是由于技术上的原因，即企业在生产过程中使用的生产要素往往不是单独发生作用的，而是协同发生作用的。一个人赤手空拳不能生产任何东西，光有机器本身也无法创造产品。只有人与机器（及原材料等）结合起来才能达到目的。对生产要素需求的这种共同性特点使企业对某种生产要素的需求不仅取决于该生产要素的价格，而且也取决于其他生产要素的价格。因此，企业对生产要素的需求理论应当是多种生产要素共同作用的理论。但是，同时处理多种要素的需求将使分析过于复杂，为简化起见，一般的经济分析集中分析一种生产要素。

2．劳动力需求的分类

（1）劳动力的企业需求、行业需求和市场需求

对劳动力需求的说明，一般分三个层次展开，即企业需求、行业需求和市场需求。劳动力需求的主体是企业。企业是从事生产或流通的经济单位，企业的行为目标是利润最大化。因此，企业家特别关心增加劳动力数量而引起的总成本变化，以及由此产生的总收入变化。投入如果能使总收入的增加大于总成本的增加，企业将决定投入，因为这样会使企业获得更多的利润。反之，企业则不会投入。行业需求是本行业的企业劳动力需求之和。市场需求是劳动力市场上所有行业的劳动力需求之和。劳动力市场是劳动力需求方和供给方依据工资率这一价格信号自由进出的系统，一般而言，市场是由为数众多的需求方和供给方组成的。企业需求表示在每种工资率下，企业愿意雇用的劳动力数量；市场需求则表示在每种工资率下，某市场企业劳动力需求的总和。市场需求是由企业需求叠加而成的，同样存在着劳动力需求量与工资率之间的反向关系。当然，市场结构不同，劳动力需求的形态也存在差异。总之，三个层次的劳动力需求不仅范围不同，说明的问题也不同，而且因为工资率变化的影响程度不同，所以劳动力需求的特征也有所差别。

（2）短期需求与长期需求

在分析考察劳动力需求时，我们必须明确分析的是短期需求还是长期需求。经济学中对于短期需求和长期需求的划分并没有一个确切的时间界限。短期需求是指资本存量不变，唯一可变的因素是劳动投入量，即在资本投入量不变，技术条件也不变的条件下，对劳动力的需求被称为短期需求；长期需求则是指企业的一切生产要素，无论资本、技术还是劳动力要素都是可变的，即任何条件都有可能变化。因此，工资、资本价格或产品需求等因素对长期需求产生的影响比对短期需求产生的影响更大、更复杂。

3．关于劳动力需求的假设

在考察劳动力需求时，我们可以从不同的角度进行，既可以考察完全竞争条件下的劳动力需求，也可以考察不完全竞争条件下的劳动力需求。在不同的市场条件下，劳动力需求的分析框架一般都是先做一些基本的假设，然后考察劳动力需求的行为主体（企业，有时也包括政府）为了达成其经营目标，在劳动力使用方面必须遵循的原则。这些基本假设包括生产技术的假设、组织目标的假设、市场环境的假设、劳动力是否同质的假设。

（1）生产技术的假设

要么假设技术条件不变，要么假设技术条件可变。假设技术条件不变在设计劳动力需求基本模型时是必须的，否则问题就会复杂化。后一种假设实际上是对前一种假设的放宽，这种放宽在对劳动力需求进行动态分析时无疑是必要的。

（2）组织目标的假设

在生产性组织中，生产目标是其根本目标。企业的生产目标也是设计劳动力需求基

本模型的一个重要条件。有关生产目标的假设有三种情况：利润最大化、人均产量最大化、总产量最大化。

在市场经济条件下，企业是一个独立的商品生产者和经营者，它要组织商品生产和销售，通过市场交换，弥补生产费用并获取盈利。因此，在经济理论中，企业经常被假定为一个追求利润最大化者或成本最小化者。我们认为，这种有关企业行为目标的假设，不仅适用于资本主义企业，也适用于在社会主义市场经济条件下的社会主义企业。因此，企业生产经营活动就是企业按市场价格出售其产品、收回成本和获得利润的活动。从中可以看出，企业对劳动力的需求是企业生产经营活动的一个重要组成部分。从劳动者与企业的关系来看，劳动力需求则是劳动者与企业建立劳动关系、实现就业的一个基础。当然，雇主的动机是复杂的。尽管大多数雇主的行为受追求利润最大化的动机支配，但并不是所有的雇主都以追求利润最大化为动机，非利润的动机和目标也可以影响雇主的行为。

关于非生产性组织的目标假设，一般不能是利润等经济效益的最大化。例如，公共部门掌握着公共权力，如果其组织目标是部门经济效益最大化，可能会对整个社会的经济秩序造成巨大的破坏。公共部门的组织目标可以概括为“服务最大化”“财政收入最大化”等。

（3）市场环境的假设

分析劳动力需求还要考虑不同的市场环境。市场环境分为完全竞争市场和不完全竞争市场两种。在不同的市场环境下，影响劳动力需求的特征是不同的，因此企业的劳动力需求也有所不同。关于劳动力需求的分析在市场环境方面的假设，最常见的是假设市场处于完全竞争的条件下。

完全竞争的条件，是指一种竞争没有任何障碍且不受任何干扰的市场状况，资源完全可以自由流动。市场主体可以完整、迅速地获得市场供求信息；企业和劳动力均可以自由地进入或退出某个行业；假设获得信息的成本为零；劳动力是同质的；劳动力面临的劳动条件是一样的。

在完全竞争条件下最重要的条件是，市场上有众多的供给者和需求者，市场上任何一个主体的供给量与需求量占市场总量的比例很小，从而使任何主体的交易都不能影响市场的价格。就劳动力市场而言，企业可以在市场工资率上雇用到任何数量的工人，如果以低于市场工资率到劳动力市场上去雇用工人，那么将无法实现。

然而，上述假设只是为了简化分析的要点，使问题更加清晰明了。在现实的劳动力市场上，这种完全竞争的条件很难出现，这不仅因为劳动力的异质性、信息的不完全性和不对称性，还因为工资率是变化的，工资率受劳动生产率、工会组织、政府政策等影响，进而影响劳动力的供求状态。

（4）劳动力是否同质的假设

劳动力供给基本模型假设劳动力是同质的，也就是说，劳动力具有相同的质量。但是实际上，劳动力的异质性是劳动力市场主要的特征。有大量不同类型的劳动力分布在不同的技术、专业和职业岗位上，即使在同一职业岗位上、在同一职场中从事同样的工作，也没有两个劳动者提供的劳动力质量绝对相同的情况。

如果所有的劳动力都是同质的，那么即使有劳动者处于失业状态，也不会出现劳动力短缺的现象。然而，在现实的劳动力市场上，一面是大量劳动者持续失业，一面是在许多职业中存在技术工人的短缺，产生了许多劳动力供给问题。虽然劳动力的异质性是普遍的、绝对的，但是大量的工作并不排斥劳动力的相对微小的异质性。因此，在现实中广泛地存在着一种劳动力替换另一种劳动力的可能性，尤其是当训练、教育和经验得到充分利用时。基于此，经济学家可以假定劳动力是同质的，以便对劳动力供给进行分析。

2.1.4　劳动力需求表和劳动力需求曲线

企业在雇用劳动力时，将企业愿意支付的工资率定义为劳动力需求价格。那么，将劳动力需求价格与劳动力需求量之间的关系用表格的形式表示出来，就可以得到劳动力需求表（见表 2-1）。进一步假设工资率与劳动力需求量的变动无限可分，则可以根据劳动力需求表画出劳动力需求曲线（见图 2-1）。

表 2-1　劳动力需求表

工资率（W）/（元·时$^{-1}$）	劳动力需求量（L）/人	组　合
2.0	2400	a
2.5	1850	b
3.0	1450	c
3.5	1150	d
4.0	900	e
4.5	700	f
5.0	550	g

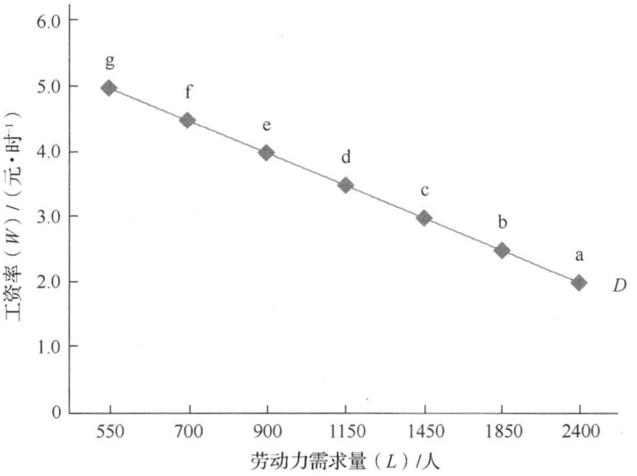

图 2-1　劳动力需求曲线

劳动力需求表和劳动力需求曲线是用表格和几何图形的形式来表述劳动力需求的概念的。在图 2-1 中，横轴为劳动力需求量（L），纵轴为工资率（W），曲线 D 为企业的劳动力需求曲线。从劳动力需求表和劳动力需求曲线中我们可以看出，工资率由 2.0 元/时提高到 5.0 元/时，随着工资率的提高，企业的劳动力需求量逐渐减少。劳动力需求曲线 D 是一条自右下向左上倾斜的曲线，它充分说明了在其他条件不变的情况下，劳动力需求量（L）与工资率（W）之间的反向关系。

2.2 完全竞争市场条件下的劳动力需求分析

我们假设处于完全竞争市场条件下的企业其产品市场和要素市场都是完全竞争的。也就是说，在产品市场和要素市场上，供求双方的人数都很多，产品和产品之间、要素和要素之间没有任何区别，产品和要素的供求双方都掌握完全的信息，产品和要素可以充分自由地流动等。显然，完全满足这些要求的产品市场和要素市场在现实生活中是不存在的。但为了考察劳动市场配置劳动资源的情况，我们可以利用完全竞争模型对其加以说明。

企业作为劳动力需求的主体，追求各种目标。在完全竞争市场条件下，大多数企业的基本目标是利润最大化。劳动力的需求来自企业，企业雇用劳动力并不是为了满足自己的消费，而是要把劳动力分配到生产过程中，生产出各种产品或服务并向市场销售，以获得利益。如果在产品市场上消费者对其产品有需求，企业就会雇用劳动力；如果在产品市场上消费者对其产品的需求减少，企业对劳动力的需求就会减少。

2.2.1 生产函数

企业生产产品或提供服务，会派生出对劳动力的需求。因此，我们需要从企业的生产行为着手，了解劳动力需求的产生过程。经济学借助生产函数的概念来阐述和分析劳动力投入和产出之间的关系。生产函数描述的是企业使用的投入品与产出品之间的技术关系。我们看到企业为生产产品进行了大量的投入，但机器、厂房和用于生产的原材料都可以归结为资本投入，而忙碌的工人则是企业为生产产品所必需的劳动投入。为了方便表达，我们把资本投入用 K 来表示，把劳动投入用 E 来表示。

我们知道，机器、厂房及原材料等投入品尽管在形式上千差万别，但都可以用价值量进行反映，劳动投入虽然可以用投入的人数来表示，但用每个人工作的时间来衡量显然会更加精确。所以，K 是指所需要投入的土地、厂房、机器设备和其他物质投入品的加总存量，而 E 则是指企业的工人投入的有效劳动时间。所有的投入都是为了生产产品，我们用 q 来表示企业的产出。投入品和产出品之间存在着某种技术关系，我们可以一般性地将这种技术关系通过以下公式表达：

$$q=f\left(E,K\right) \quad \text{（公式 2-1）}$$

上式中 $f(E,K)$ 实际上暗含了企业目前的生产技术；如果该企业和同行业的其他企业在技术上有差异，那么 $f(E,K)$ 的形式也会有所不同。E 表示雇用工人的人数乘以平均每个工人工作的小时数。需要指出的是，我们在这里的分析有一个暗含的假定，即每个工人投入的劳动质量都是相同的。

2.2.2　边际产品和边际收入

前面我们介绍了企业利用投入品生产产出品的过程，当我们需要考察该企业劳动投入所发挥的效率时，我们还需要借助其他手段。在衡量投入和产出之间的关系时，可供选择的指标有很多，平均产品和边际产品是其中比较常用的指标。平均产品是指某种要素投入所对应的产出水平。因此，企业通过投入了数量为 E 的有效劳动获得了数量为 q 的产出，其劳动的平均产品可以表示为：

$$\mathrm{AP_E} = \frac{q}{E} \qquad \text{（公式 2-2）}$$

$\mathrm{AP_E}$ 就是我们经常听到的劳动生产率。很显然，我们用劳动的平均产品来表示劳动的产出效率有所欠缺，因为企业是通过厂房、机器设备、原材料和工人的劳动等大量的投入才获得产出的。如果用 $\mathrm{AP_E}$ 来反映劳动生产率，实际上它所表示的单位劳动的产出中也有其他生产要素的贡献，难以反映劳动力要素在这一过程中所产生的净影响。于是，经济学家们找到了另外一种方法来分析劳动生产率。

要考察劳动投入对企业的产出所产生的净影响，一个可行的方法是在其他投入品数量和形式都保持不变的情况下，仅仅增加或减少劳动投入，这样产出发生的相应变化就应该是劳动投入变化所产生的净影响。劳动的边际产品是与生产函数相联系的最重要的概念，我们可以借助下面的公式来表达劳动的边际产品。ΔE 是劳动投入发生的变化，Δq 是劳动投入变化所引起的产出变化，而我们用下式表示在资本存量保持不变的情况下，劳动投入引起的产出变化，$\mathrm{MP_E}$ 被称为劳动的边际产品。

$$\mathrm{MP_E} = \left.\frac{\Delta q}{\Delta E}\right|_K \qquad \text{（公式 2-3）}$$

企业在确定雇用劳动力的数量时，劳动的边际产品（$\mathrm{MP_E}$）是必须考虑的因素，即在其他生产要素保持不变的情况下，多雇用一个单位的劳动力给企业带来的产出会增加多少。那么，随着企业在生产经营过程中不断扩大生产规模、增加劳动投入，劳动的边际产品会出现怎样的变化趋势呢？在其他经济学课程里，大家会学习到一个基本定律，即边际产品递减的规律，劳动的边际产品也遵循此规律。具体来说，当资本存量的投入保持不变时，每增加一个单位的劳动投入所带来的边际产品是逐渐减少的。

到目前为止，我们对企业的产出和边际产品还是以实物的方式来衡量的。由于各个企业所生产的产品形形色色，本企业生产的产品可能不同于其他企业，因此以实物来衡量产出的变化，在各个企业之间就很难进行比较。所以，为了方便对本企业和其他企业进行比较，我们需要引入边际收入的概念。边际收入是边际产品的价值量，是以货币来度量的，因此可以在不同的企业间进行比较。我们用 VMP_E 来表示企业的劳动边际价值，它等于产出品的价格（p）乘以劳动的边际产品（MP_E）。

$$VMP_E = p \times MP_E \qquad （公式 2-4）$$

我们可以通过表 2-2 表示这几个重要变量的变化情况。如果企业的厂房、机器设备等资本存量保持不变，而劳动投入不断增加，我们可以看到，总产出、劳动的边际产品及劳动的边际收入等也都处于变化之中。

表 2-2　劳动的边际产品和平均产品

劳动投入（E）	总产出（q）	劳动的边际产品（MP_E）	平均产品（q/E）	劳动的边际收入（$p \times MP_E$）	平均收入（$p \times q/E$）
0	0	—	—	—	—
1	11	11	11	22	22
2	23	12	11.5	24	23.0
3	38	15	12.7	30	25.4
4	57	19	14.3	38	28.6
5	74	17	14.8	34	29.6
6	89	15	14.8	30	29.6
7	102	13	14.6	26	29.2
8	113	11	14.1	22	28.2
9	122	9	13.6	18	27.2
10	129	7	12.9	14	25.8

注：p=2。

2.2.3　边际成本

对企业而言，无论是增加劳动力的数量，还是多使用一些资本，都会导致企业总成本的上升。在竞争的市场上，某个特定的企业需要和其他企业一样，作为生产要素的购买者，从要素市场获取所需要的资本或者劳动力。因此，这个企业对于生产要素价格没有控制力，是价格的接受者。企业必须以市场价格支付其使用生产要素的费用，那么某种投入品的边际成本实际上等于其单位价格。具体到劳动力要素，企业多雇用一个单位的劳动力的边际成本，就是它为这个工人支付的工资率。

因此，当企业在进行劳动投入决策的时候，不仅要考虑劳动所能带来的边际产品，还要考虑多雇用劳动力所必须付出的成本，即支付给工人的工资。虽然在资本存量保持不变的情况下，不断增加劳动投入所带来的边际产品是递减的，但是，企业雇用劳动力的边际成本却不会发生变化。企业需要从劳动力市场上获得工人，如上所述，单单一个企业是不能决定市场工资的，企业必须按照劳动力市场上的平均工资水平支付雇用工人的工资。所以，企业的边际劳动力成本（工资）保持不变。

因此，企业到底雇用多少劳动力还必须考虑边际成本与边际劳动产品所带来的边际收入，并从边际成本和边际收入的变化过程中寻找最优的雇用决策。除此之外，还可能会存在一些因素使企业要面临的问题更加复杂化。

企业要维持正常运转，不仅要使用劳动力，还要使用一些资本。企业的资本投入也会导致其生产费用发生变化。在特定的时间内，企业如果多使用一个单位的资本，也必须多支付一个单位资本的价格。在后面的内容中，我们用 r 来表示企业在一段时间内租用一个单位资本需要支付的费用。

2.2.4　利润最大化

企业之所以要投入大量的资本和劳动力来生产产品，是因为企业要通过销售产品获得利润。企业追求的目标是通过资本和劳动力的有效配置获得利润最大化。因此，利润最大化是企业使用特定数量的劳动力的主要原因。那么，这个过程是怎样的呢？

我们已经知道，企业获得收入的主要来源是销售产品，而它要付出的成本包括使用资本和劳动力所付出的费用。因此，企业需要根据生产要素（资本和劳动力）的价格和收益变化，不断调整其使用效量，以实现利润最大化的目标。

根据前面的介绍可知，企业是生产要素市场上价格的接受者，因此企业在追求利润最大化的过程中，只能通过调整生产要素的使用数量，即使用多少资本或雇用多少劳动力，来实现利润最大化。具体来说，企业多出售一个单位的产品，就会多获得相应的收入，如果该收入超过了企业为此付出的生产要素成本，那么企业就愿意再多投入一些生产要素，以扩大生产；反之，如果边际收入小于企业付出的边际成本，企业不但不愿意追加投入，而且会缩减资本或劳动力的使用规模。

因此，依照生产函数，对从事生产的企业而言，其利润函数（π）就是他们的产品收入减去使用的要素成本，我们可以用下面的公式来表示：

$$\pi=pq-WE-rK \qquad \text{（公式 2-5）}$$

将生产函数公式代入利润函数，可以进一步得到下面的公式：

$$\pi=pf(E,K)-WE-rK \qquad \text{（公式 2-6）}$$

2.2.5　企业短期劳动力需求分析

由于在短期内，企业无法调整资本存量（K 是固定的），因此调整劳动力的雇用规模是企业实现利润最大化的主要手段之一。在这种情况下，企业的决策过程相对简单，它只需要确定增加投入的劳动力是否能带来更多的收入。当投入的劳动力的边际收入超过其边际成本，企业就会继续扩大雇用的规模。相反，只要减少劳动力投入所节省的边际成本大于劳动的边际收入，企业就会持续减小雇用的规模。很显然，企业在实现利润最大化时，处于劳动力的边际收入等于劳动力的边际成本的状态。我们可以用下面的公式来表示：

$$\mathrm{VMP_E}=W \qquad \text{（公式 2-7）}$$

上式表明，当企业雇用一个劳动力所带来的边际收入等于企业付出的成本时，企业达到最佳雇用规模，这就是企业的短期劳动力需求。我们可以用图 2-2 来表示企业的短期劳动力需求形成过程，图 2-2 中横轴是雇用的劳动力的数量，纵轴是工资率。企业在短期内不能调整生产规模，资本存量（K）保持不变，通过前面的内容我们已经知道，在资本存量保持不变的情况下，劳动投入的增加受边际收益递减规律的制约。因此，企业的短期劳动力需求曲线具有负斜率，表现在图 2-2 中，就是一条向右下方倾斜的线。我们已经知道，企业是劳动力市场上价格的接受者，它雇用每一个劳动力都需要支付相同的工资。因此，企业雇用劳动力的边际成本不会随着雇用规模的变化而变化，也就是说企业所面临的边际成本线是水平的。在图 2-2 中，短期劳动力需求曲线和边际成本线的交点决定了企业的劳动力需求规模。

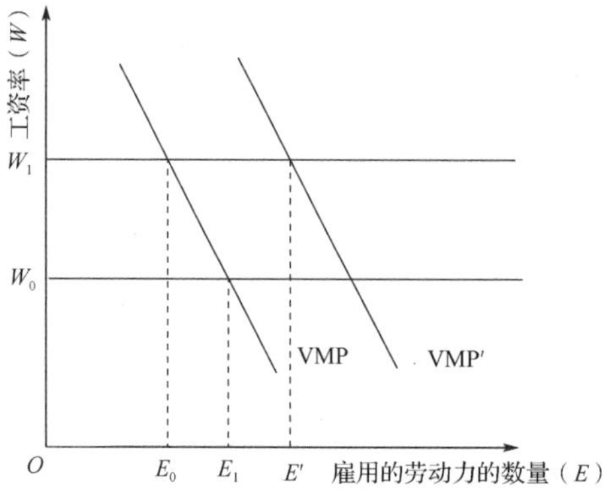

图 2-2 企业的短期劳动力需求过程

很显然，雇用劳动力的边际成本和边际收益变化都会导致企业劳动力需求数量的变化。例如，如果企业生产产品的市场价格上涨，则使用劳动的边际收入也相应地增加，边际收入曲线会向右移动到 VMP′。此时，即使企业面临的劳动力边际成本没有变化，即市场的工资率仍然保持在一定的水平，但企业仍然愿意扩大生产规模，多雇用劳动力。此时，企业雇用劳动力的规模由原先的 E_0 上升到 E'。所以，当产出品的价格上升的时候，即便劳动力的边际产品没有变化，劳动力的边际收入也会上升，进而会推动劳动力的边际收入曲线向右移动。

类似地，雇用劳动力的边际成本发生变化，也会改变企业的劳动力需求决策。如果企业的产品价格在市场上上涨了，而且劳动力市场上劳动力的工资率也由 W_0 上升到 W_1，那么，企业所面临的边际成本线会相应地上升，反映在图 2-2 中，就是企业雇用的劳动力规模由 E'缩减到 E_1。

综上所述，企业在短期内难以改变固定资本的投入，因此它的资本存量是一个固定的值。也就是说，企业的厂房、机器设备等固定的投入品都维持在一个不变的水平。所以企业在考虑使用多少劳动力的时候，影响企业决策的因素包括现有的资本存量有多大，劳动力市场上的工资水平，以及企业的产品所能出售的价格。我们可以用下面的公式来表示企业短期的劳动力需求函数，其中 E_{SR} 是短期劳动力需求，W 是市场上的工资水平，

p 是企业生产的产品的价格，K_0 是企业所拥有的资本存量。

$$E_{SR}=E(W,p,K_0) \quad \text{（公式 2-8）}$$

我们需要注意，企业在短期内只需要考虑它的资本存量有多大，而不需要考虑资本存量的变化情况，所以资本的价格并不影响短期的劳动力需求决策。

2.2.6　企业长期劳动力需求分析

在进行短期雇用决策分析时，假定企业的资本存量不变，因此利润最大化决策等同于对一种可变投入使用数量的决策。也就是说，企业只需要分析劳动力的边际成本和边际收益之间的关系，就可以做出最优雇用决策。然而，企业所面临的环境并不是一成不变的。正如 20 世纪 90 年代，国有经济的重组和来自私营企业、外资企业的竞争，使当时的企业不得不调整规模。所以，在很长一段时间内企业需要调整资本存量，对资本价格的变动做出反应。在这种情况下，企业的利润最大化决策不仅需要考虑劳动的边际成本和边际收益，还需要考虑资本价格变动所产生的影响。下面，我们先介绍一些基本概念，然后再解释企业长期的雇用决策是如何形成的。

1. 等产量线

在国有经济改革和市场竞争的双重压力下，企业需要通过减员增效的方式进行调整，以缩减企业的生产规模。但在调整生产规模之前，企业还需要弄清楚资本和劳动力在生产过程中的作用，因此企业的决策者需要了解当前资本投入和劳动力投入在生产过程中的作用，即用多少资本及劳动力来获得产出。我们可以通过等产量线帮助企业了解生产过程中资本和劳动力的组合及其产出的情况。

图 2-3 所表示的就是企业的等产量线，图中的横轴表示企业的劳动力投入，纵轴表示使用的资本。由于企业使用的资本存量是可以调整的，企业需要在使用多少资本和使用多少劳动力之间进行选择，而不同的资本和劳动力组合所得到的产出数量是相同的，因此图 2-3 的曲线被称为等产量线。

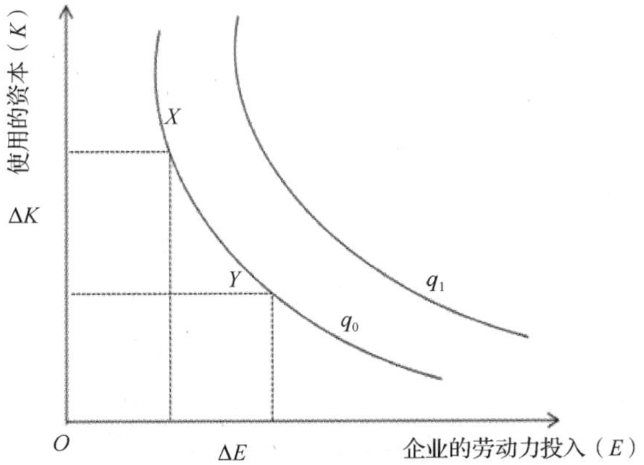

图 2-3　企业的等产量线

等产量线具有以下几个特点。

首先，更高的等产量线表示更高的产出水平。由于企业在使用相同数量的资本时，更高的等产量线对应着更高的劳动力投入，因此总产量也更高。同样，在使用相同数量的劳动力时，更高的等产量线也对应着更高的资本投入。此时，由于企业面临着来自其他企业市场竞争的压力，它不得不缩减生产的规模，企业的产量水平也由 q_1 下降到 q_0。

其次，等产量线向下倾斜，具有负斜率。这反映了企业投入的两种生产要素——资本和劳动力是此消彼长的关系。所以，企业投入的可能的要素组合是曲线 q_0 上的各个点所对应的资本存量和劳动力投入水平。对企业的决策者来说，在调整过程中要增加资本投入，就需要减少劳动力投入；反之，要增加劳动力投入就要减少资本投入。尽管不同的资本和劳动力组合所产生的产出效果，都会获得相同的产量，但企业需要在使用多少资本及使用多少劳动力之间权衡。

最后，等产量线不能相交。因为在同一条等产量线上的各个点的产量都相同，不同的等产量线又对应着不同的产出水平，因此相交的等产量线会违背上述两个原则。

最终，在减员增效目标的推动下，企业决定减少员工的数量。从图 2-3 中可以看出，从 Y 点到 X 点企业少雇用了 ΔE 的劳动力，从而减少的边际产出为 $\Delta E\times \mathrm{MP_E}$；同时，从 Y 点到 X 点企业多使用了 ΔK 的资本，从而增加的资本边际产出为 $\Delta K\times \mathrm{MP_k}$。由于等产量线上所有的要素投入组合产出均相同，因此少雇用劳动力减少的产出应该与多使用资本增加的产出相抵，这样会得到以下公式：

$$\Delta E\times \mathrm{MP_E}+\Delta K\times \mathrm{MP_k}=0 \qquad \text{（公式 2-9）}$$

该式也可以用另外一种形式来表达：

$$\left.\frac{\Delta K}{\Delta E}\right|_q=-\frac{\mathrm{MP_E}}{\mathrm{MP_K}} \qquad \text{（公式 2-10）}$$

上式左边部分是在产量一定的情况下，资本变化量和劳动力变化量之比；而右边部分则是劳动的边际产品和资本的边际产品的比值。少雇用劳动力就需要多使用资本，所以等式右边的符号为负。实际上，上式表达的是等产量线的斜率，是两种要素边际产品之比的负值。等产量线的斜率的绝对值被称为边际技术替代率，表示生产过程中使用的两种生产要素——资本和劳动力的相互替代关系。

2．等成本线

企业需要缩减生产规模的另外一个重要原因是，企业在任何时候都是在成本约束的情况下从事生产经营的，扩大生产规模就需要提高成本，而缩减规模可以降低成本。在前面介绍等产量线时，我们提到如果企业多使用资本，就需要少雇用劳动力，也是由于企业面临着总预算的约束。也就是说，企业可以用于生产的资源是有限的。等成本线就是用来表示企业所面临的这种资源的约束关系。我们接着看看企业的情况，如果企业可以用于生产的总资源为 C，那么，它需要在资本和劳动力两种生产要素间分配总的资源，即支付所雇用劳动力的工资，以及支付使用资本品的利息。几者的关系可以用下式来表示，其中 C 是企业的总成本，W 是工资率，E 是雇用劳动力的规模，r 是利率，K 是资本存量。

$$C = WE + rK \qquad \text{（公式 2-11）}$$

上式也可以表示为 $K=\frac{C}{r}-\frac{W}{r}E$。将该公式画在以劳动力投入为横轴，资本投入为纵轴的图上，就可以得到图 2-4 所示的曲线，其中，截距为 C/r，斜率为 $-W/r$。

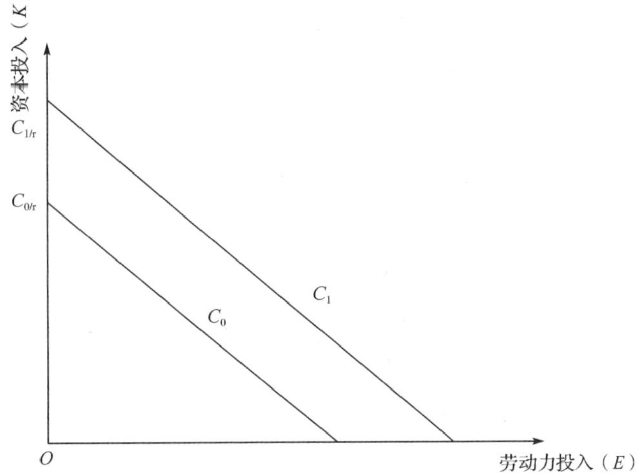

图 2-4　等成本线

在同一条等成本线上的各个点，表示企业使用不同数量的资本和劳动力的组合，但总成本都相同，这也是为什么图 2-4 的线被称为等成本线。更高的等成本线则表示企业需要支付更多的总成本，在图 2-4 中 C_1 线的成本要高于 C_0 线。因为在雇用相同规模的劳动力时，C_1 线对应着更多的资本，其总成本也更高。

3．成本最小化与长期劳动力需求

企业现在可以同时调整资本和劳动力的投入量，因此和以前只能调整雇用数量时的决策也有差异。所以，企业的长期劳动力需求决策是在同时调整资本和劳动力两种要素的情况下实现的。

如图 2-5 所示，如果企业面临的成本约束为 C_0，则当等产量线与其相切的时候，企业实现成本最小化与长期劳动力需求的最优决策。因为，如果 q_0 向外移动，虽然企业的产出水平更高，但现有的资源条件难以满足；如果 q_0 向内移动，虽然在成本约束的范围内，但企业的产出水平会更低。因此，在 A 点企业实现了利润最大化，它所对应的资本和劳动力投入量分别是 K_0 和 E_0。

在 A 点，企业的等成本线的斜率和等产量线恰好相等，也就是说 $\frac{MP_E}{MP_K}=\frac{W}{r}$，这说明在长期，当要素的边际替代率等于要素价格之比时，企业确定其资本和劳动力使用比例，即雇用劳动力的数量。

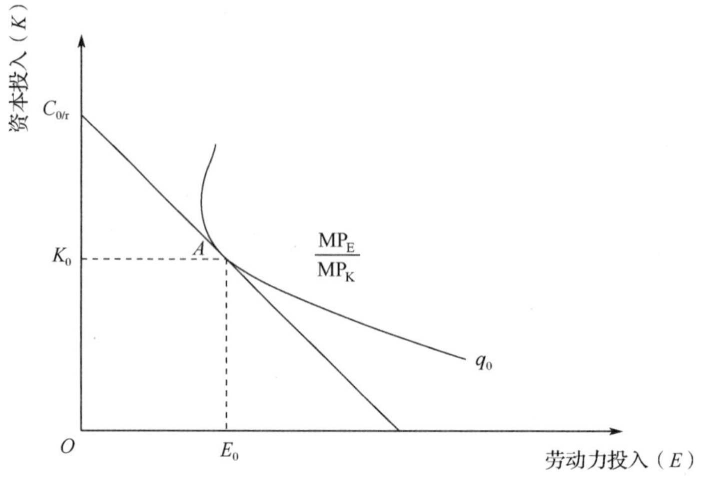

图 2-5 成本最小化与长期劳动力需求

因此，和企业的短期决策不同，在长期，企业不仅对产品价格和劳动力价格做出反应，也会根据资本价格的变动调整生产要素的配置。因此，生产要素的价格和产出品的价格都是影响企业劳动力需求的因素。如果企业的长期劳动力需求为 E_{LR} ，劳动力、产出和资本的价格分别为 W、p 和 r，则企业的长期劳动力需求函数可以通过下式表达：

$$E_{LR}=E(W,p,r) \quad \text{（公式 2-12）}$$

应该注意的是，在短期资本以存量的形式影响企业的劳动力需求，而在长期，资本的价格会影响企业的劳动力需求。

2.2.7 企业长期和短期的劳动力需求曲线

在短期，企业无法有效地调整资本存量，从而无法对资本的价格变动做出反应。因此，当资本的价格降低时，企业不能马上增加使用资本，减少雇用劳动力；当工资率上涨时，企业也不能很快通过资本来替代劳动力。同时，在短期内解雇员工也往往受到限制，使企业调整雇用劳动力的规模困难增加。而在长期，企业可以根据生产要素价格的变化，调整生产规模，企业也可以通过减少新增的应用规模等方式来应对解雇困难。因此，长期劳动力需求曲线较短期劳动力需求曲线更富有弹性。

如图 2-6 所示，企业的长期劳动力需求曲线比企业的短期劳动力需求曲线更加平坦，直观地观察，长期的劳动力需求调整会较短期更加明显。例如，工资率从 W^* 上升到 W'，短期劳动力需求从 E_3 下降到 E_2，而长期的劳动力需求水平则从 E_4 下降到 E_1，长期劳动力需求震动的幅度更大。

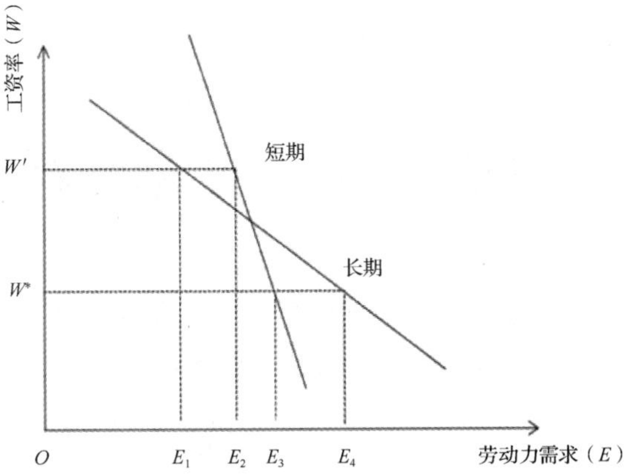

图 2-6　企业长期和短期的劳动力需求

2.2.8　替代效应和规模效应

显然，工资率的变动对企业的劳动力需求会产生影响。但影响的路径到底如何呢？一方面，工资率变化使企业的预算线斜率发生变化，从而企业可能会重新调整生产规模；另一方面，工资率是劳动力的价格，其变动必然引起资本和劳动力相对价格关系的变化，企业可能因此重新配置使用资本和劳动力的比例关系。例如，如果工资率下降而资本的价格保持不变，那么劳动力相对于资本而言就变得比以前便宜，企业将重新调整其投入组合，用劳动力来代替资本。此外，由于工资率下降，企业生产的边际成本也会降低，企业可以通过多雇用劳动力的方式来扩大生产规模。因此，工资率变动的总影响可以分解为上述两种效应，分别被称为替代效应和规模效应。

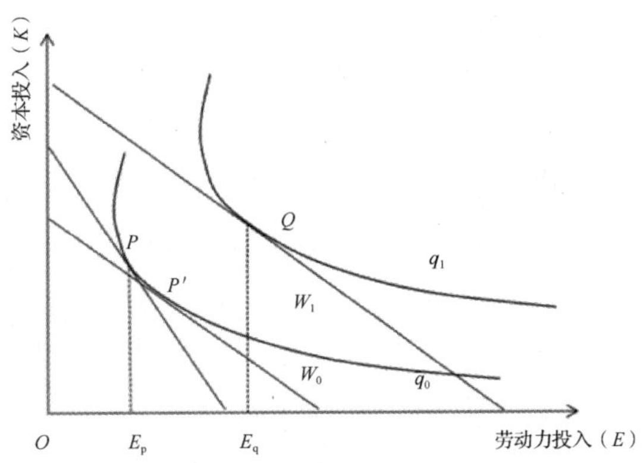

图 2-7　替代效应和规模效应

下面，我们结合图 2-7 来说明工资率的变动对就业产生的替代效应和规模效应。当劳动力市场的工资率水平为 W_0，等产量线为 q_0 时，企业的就业需求由 P 点决定，其水平为 E_p。由于工资率下降，企业倾向于选择更加劳动密集型的技术，多使用劳动力，少使用资本，因此在第一阶段，维持产出不变的情况下，企业的生产要素组合在等产量线上移动，由 P 点移动到 P'，此时企业的生产技术发生了变化，尽管总产出没有变化，但会雇用更多的劳动力，少使用资本。由于工资率的下降，还改变了企业的预算约束。在第二阶段，企业可以在同样的资源条件下使用更多的劳动力，因此预算约束线向外扩张。此时，企业可以用更多的生产要素进行生产，等产量线也可以移到 q_1，这样，企业的劳动力需求将决定于 Q 点，即 E_q 的水平。

2.3 不完全竞争市场条件下的劳动力需求分析

前面我们分析了完全竞争市场条件下的劳动力需求，接下来我们来分析不完全竞争市场条件下的劳动力需求问题。不完全竞争市场有垄断市场、垄断竞争市场和寡头市场三种形式。这里我们只讨论典型的垄断市场。垄断市场又分为卖方垄断市场（企业）和买方垄断市场（企业）。

2.3.1 卖方垄断企业的劳动力需求分析

卖方垄断企业是指企业在产品市场上是垄断者，但在劳动力市场上是完全竞争者。我们已经知道，一个以利润最大化为目标的企业使用劳动要素的原则是，使用劳动力的边际成本和相应的边际收益相等。在完全竞争市场条件下，企业使用劳动要素的边际成本等于劳动力价格，即工资率。这一点在卖方垄断情况下仍然成立。由于卖方垄断企业在劳动力市场上仍然假定为完全竞争者，故劳动价格仍然是既定的常数，使用劳动要素的边际成本仍然等于不变的工资率。但是，由于垄断企业在产品市场上不再是完全竞争者，而是垄断者，它所面临的产品价格不再是固定不变的常数，而是取决于产量和销售量的一个变量。因此，垄断企业使用劳动要素的边际收益（边际收入）不再等于其边际产品价值。下面我们首先考察卖方垄断企业使用劳动要素的决定，然后考察其对劳动力需求的影响。

1．卖方垄断企业使用劳动要素的决定和劳动力需求曲线

企业在产品市场上（作为产品的卖方）是垄断者，卖方垄断企业使用劳动要素的边际收益是其收益函数对要素的导数，它反映了增加一个单位的劳动要素所增加的收益。企业的收益则取决于产量，产量又取决于劳动要素。假定所讨论的卖方垄断企业的收益函数和生产函数分别为 $R=R(Q)$ 和 $Q=Q(L)$，则收益可以看成是劳动要素的复合函数 $R=R\left[Q(L)\right]$。根据复合函数求导法则有：

$$\frac{\mathrm{d}R}{\mathrm{d}L}=\frac{\mathrm{d}R}{\mathrm{d}Q}\times\frac{\mathrm{d}Q}{\mathrm{d}L} \qquad \text{（公式 2-13）}$$

上式右边第一项 $\frac{\mathrm{d}R}{\mathrm{d}Q}$ 为收益对产量的导数，即产品的边际收益（MR），它反映了增加一个单位的产品所增加的收益；第二项 $\frac{\mathrm{d}Q}{\mathrm{d}L}$ 为产量对劳动要素的导数，即劳动的边际产品（MP），它反映了增加一个单位劳动要素所增加的产品。因此，在卖方垄断条件下，企业使用劳动要素的边际收益等于产品的边际收益（MR）和劳动的边际产品（MP）的乘积。这个乘积通常被称为劳动的边际收益产品，并用MRP来表示：

$$MRP = MR \times MP \quad （公式 2-14）$$

由于卖方垄断企业使用劳动的边际收益为劳动的边际收益产品，使用劳动要素的边际成本为劳动力价格，故卖方垄断企业使用劳动要素的原则可以表示如下：

$$MRP = W \text{ 或 } MR \times MP = W \quad （公式 2-15）$$

边际收益产品是指在其他生产要素的投入量固定不变时，追加一个单位的某种生产要素投入所带来的收益。它等于边际产品（MP）与边际收益（MR）的乘积，即 $MRP = MP \times MR$。

如果劳动的边际收益产品大于劳动价格，则增加使用劳动要素带来的收益就大于支付的成本，那么企业便倾向于增加劳动要素使用量。随着劳动要素使用量的增加，一方面劳动的边际产品下降，另一方面产品的边际收益也下降，从而劳动的边际收益产品将下降，最终下降到与劳动价格相等；反之，如果劳动的边际收益产品小于劳动价格，则减少使用劳动所损失的收益就小于所节省的成本，于是企业便倾向于减少劳动要素使用量。随着劳动要素使用量的减少，一方面劳动的边际产品将上升，另一方面产品的边际收益也上升，从而劳动的边际收益产品将上升，最终上升到与劳动价格相等。

边际收益产品是以收益表示的边际生产力，它受边际产品和边际收益两个因素的影响。边际产品是递减的，因而边际收益产品也是递减的，边际收益产品曲线向右下方倾斜。边际收益要视不同的市场曲线而定。在完全竞争市场条件下，企业的边际收益等于价格，而边际产品价值 $VMP = MP \times p$，所以边际收益产品曲线与边际产品价值曲线重合，两条曲线按同一速度下降；在不完全竞争市场条件下，企业面临一条倾斜的需求曲线，边际收益递减，边际收益小于价格，因而边际收益产品曲线与边际产品价值曲线不再重合，前者以更快的速度下降。边际收益产品曲线反映了企业增加一个单位这种生产要素给其带来的收益。企业正是根据这一收益大小来决定它对该要素的需求量及价格。因此，边际收益产品曲线就是企业对生产要素的需求曲线。它与生产要素供给曲线的交点，决定了该生产要素的均衡价格与均衡量。在这一点上，该生产要素的边际收益等于该生产要素的边际成本，只有在这一条件下，企业才会实现利润最大化。如图 2-8 所示，劳动的边际收益产品曲线是一条向右下方倾斜的曲线，且倾斜的程度大于边际产品价值曲线。图中横轴表示劳动力需求量，纵轴表示工资率。

2．卖方垄断企业的市场劳动力需求曲线

市场的劳动力需求曲线就是 n 个卖方垄断企业的边际收益产品曲线的简单水平相加，前提是将劳动力市场所有企业简化为卖方垄断企业。

$$D = \sum MRP \quad （公式 2-16）$$

上述情况是将劳动力市场所有企业简化为卖方垄断企业的情形。如果在劳动力市场上的企业并非都是卖方垄断企业，而是有的企业有可能是各自产品市场上的卖方垄断者，另外一些可能构成了某几个产品市场上的寡头结构等。在这种情况下，整个劳动力市场的需求曲线不再等于所有企业的边际收益产品曲线的简单水平相加，因为许多企业的边际收益产品曲线并不是它们在行业调整下的劳动力需求曲线。要得到市场的劳动力需求曲线，仍需要求得到每一个企业在各自行业调整情况下的劳动力需求曲线，然后再将它们相加。换句话说，仍然要对每一个劳动力价格分别求出每一个企业的对应劳动力需求量，再将它们相加求和。

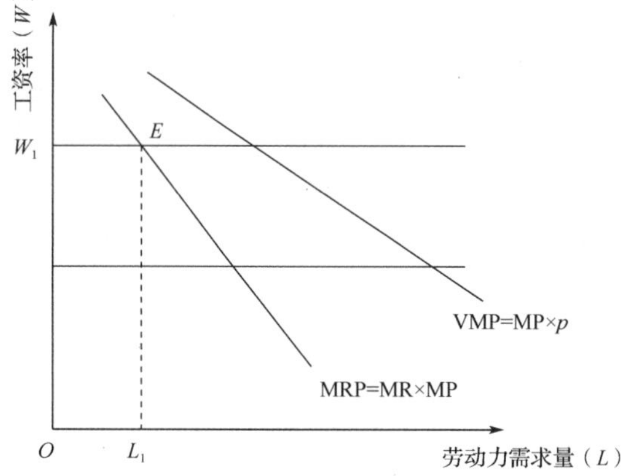

图 2-8 卖方垄断企业劳动边际收益产品曲线及劳动力需求曲线推导

2.3.2 买方垄断企业的劳动力需求分析

1. 买方垄断企业使用劳动要素的决定和劳动力需求曲线

买方垄断企业是指企业在劳动力市场上是垄断者，而在产品市场上是完全竞争者。在产品市场上，产品的边际收益等于产品的价格，劳动力的边际收益就等于劳动力的边际产品价值 $\text{MRP} = \text{VMP} = \text{MP} \times p$。在劳动力要素市场上劳动力价格是变化的，因此使用劳动力的边际成本不再等于劳动力价格。我们在下面讨论买方垄断企业使用劳动力的边际成本问题。

企业使用劳动力的边际成本等于其所使用的劳动力数量与劳动力价格的乘积，而劳动力价格通常又是劳动力数量的函数，即企业所面临的劳动力供给曲线。因此，只要知道了企业的劳动力供给曲线就可以求得企业的劳动力的边际成本函数。我们假定劳动力的供给函数为 $W(L)$，则成本函数为 $L \times W(L)$，故使用劳动力的边际成本函数（MLC）如下：

$$\text{MLC} = \left[L \times W(L)\right]' = W(L) + L \times \frac{\mathrm{d}W(L)}{\mathrm{d}L} \qquad \text{（公式 2-17）}$$

它包括两个部分：第一部分是必须支付给增加的劳动力的工资；第二部分是必须支付给所有其他劳动力现在已经变得较高的工资。我们知道，买方垄断企业与完全竞争企业的不同之处在于，其必须支付的工资取决于它所想要雇用的劳动力数量。如果增加使用劳动力就必须采取提高工资的办法，从其他的地方吸引劳动力，而这种工资的增加必须针对所有的劳动力，因为企业不大可能只对新雇用的劳动力支付高工资，而对原来已雇用的劳动力支付低工资。买方垄断企业只有支付所有劳动力相同的工资，才能保持劳动力的积极性。因此，增加劳动力使用量的边际成本应该包括支付新增劳动力的工资和支付所有其他劳动力比原来高的工资两个部分。

在构成劳动力的边际成本的两个部分中，$W(L)$ 是企业所面临的劳动力供给曲线。在买方垄断的条件下，买方垄断企业是劳动力市场上的唯一购买者，因此它所面临的劳动力供给曲线与市场的劳动力供给曲线是一致的。由于市场的劳动力供给曲线通常是向右上方倾斜的，即劳动力的市场供给量随劳动力价格的上升而增加，于是 $W(L)$ 向右上方倾斜，从而其导数 $\frac{\mathrm{d}W}{\mathrm{d}L} \geqslant 0$。再由 MLC 的表达式可知：

$$\mathrm{MLC} \geqslant W \quad \text{（公式 2-18）}$$

即劳动的边际成本曲线位于劳动力供给曲线之上。如图 2-9 所示，横轴表示劳动力需求量，纵轴表示劳动力的边际成本和工资率。其中，劳动力供给曲线 $W(L)$ 表示吸引一定数量的劳动力必须支付的工资，劳动力的边际成本曲线 MLC 表示吸引最后一个劳动力的成本。由于 $\mathrm{MLC} \geqslant W$，故 MLC 曲线总是位于劳动力供给曲线之上。两条曲线间的垂直距离代表对那些本来愿意在较低工资下工作的劳动力所多支付的工资。注意两条曲线是不平行的，MLC 曲线始终比劳动力供给曲线更加陡峭。

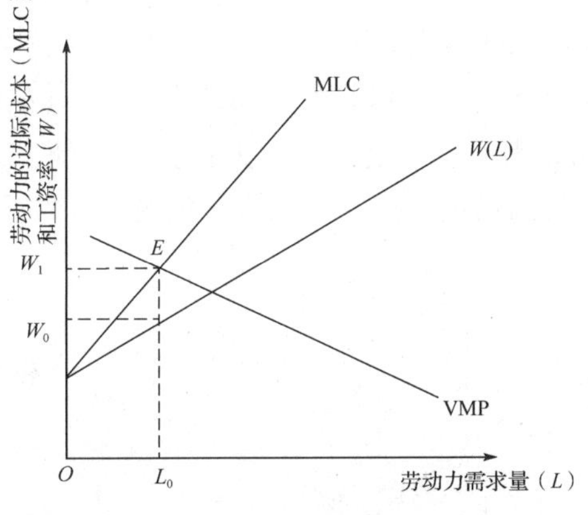

图 2-9　买方垄断企业使用劳动要素原则

根据买方垄断企业使用劳动力的边际收益和边际成本相等的原则，我们将上述结论归纳成下式：

$$\mathrm{VMP} = \mathrm{MLC} \quad \text{（公式 2-19）}$$

如图 2-9 所示，劳动力的边际产品价值 VMP 曲线与劳动力的边际成本 MLC 曲线的交点确定了买方垄断企业的最优劳动力使用数量。当企业的劳动力需求量确定为 L_0 时，劳动力的价格如何决定呢？显然，它应该由劳动力供给曲线$W(L)$决定，即W_0。一方面，如果劳动力价格低于W_0，则企业不能吸收到足够的劳动量；另一方面，劳动力价格也不会高于W_0，既然企业能以W_0的价格吸收到足够的劳动量L，故不会支付更高的价格。

根据劳动力需求函数的定义，显然，(L_0, W_0)是劳动力需求曲线上的一点。如果我们通过公式 2-19 再找到类似于E的点，那么，就可以推导出买方垄断企业的劳动力需求曲线。然而，我们无法通过改变劳动力价格找到另一个最优的劳动力数量。如图 2-9 所示，我们任意确定一个工资率W_1，只要它不等于W_0，则不存在对应于该价格下的最优劳动力数量，因为在该工资率下，企业不可能找到某个劳动量L_1，使企业使用劳动要素原则 VMP = MLC 成立。事实上，在这种情况下，工资率不可能为W_1。因为假如一开始工资率为W_0，则买方垄断企业为了利润最大化仍然决定使用的劳动量为L_0。一旦决定使用劳动量为L_0，则根据劳动力供给曲线，买方垄断企业恰好能支付等于W_0的工资率。因此，公式 2-19 本身只能决定一对劳动力数量与劳动力价格（工资率）(L_0,W_0)，无法得到更多的劳动力需求曲线上的点，除非劳动力供给曲线发生变化时，劳动的边际成本曲线也发生了变化，因此其与边际产品收益曲线的交点也发生变化，从而得到不同的工资率与劳动量的组合点。

买方垄断企业是劳动力市场上的唯一购买者，因此它所面临的劳动力供给曲线与市场上的劳动力供给曲线是一致的，而且劳动力的边际成本曲线位于劳动力供给曲线之上。如图 2-10 所示，劳动力供给曲线$W(L)$和劳动力的边际成本曲线 MLC 为初始的状况，它们与边际产品价值曲线 VMP 共同决定了劳动力价格W_0和劳动力需求量L_1。现在假定劳动力供给曲线变动到$W_1(L)$，从而引起劳动力的边际成本曲线变动到MLC_1，它们与 VMP 曲线共同决定了新的劳动力价格W_0和劳动力需求量L_1。现在的情况是，相同的劳动力价格有两个不同的最优劳动力需求量，这样劳动力价格与劳动力需求量之间不存在一一对应的关系。由此我们可以得出结论，买方垄断企业的劳动力需求曲线是不存在的。

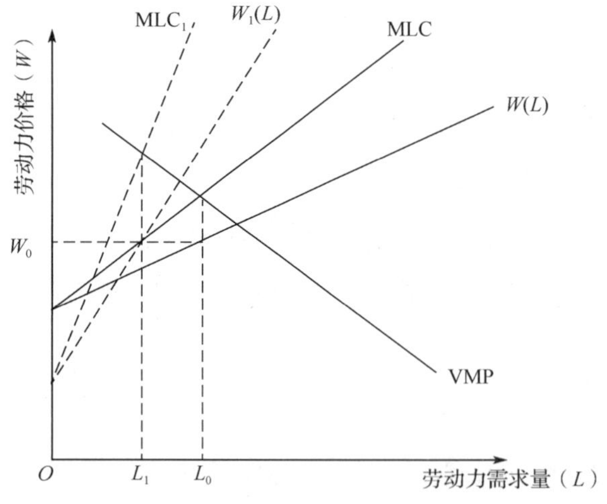

图 2-10 既定劳动力价格下的多种需求

2.4 劳动力需求弹性

我们知道，当劳动力价格（工资率）发生变化时，劳动需求量会发生变化。例如，工资率上升会导致劳动需求量下降。但是，这仅仅是从定性的角度做出的分析。本节将从定量的角度，分析工资率的变化到底会引起劳动需求量发生多大的变化。

2.4.1 弹性的概念

弹性概念是经济学中的一个重要概念，是定量分析的一种重要方法。一般来说，只要两个经济变量之间存在着函数关系，我们就可以用弹性来表示因变量对自变量的反应的敏感程度。我们一般用自变量变动的百分比所引起的因变量变动的百分比来表示，在经济学中，弹性的一般公式为：

弹性系数=因变量的变动的百分比/自变量的变动的百分比

假定两个经济变量之间的函数关系为$Y=f(X)$，具体的弹性公式为：

$$e=\frac{\Delta Y}{Y}/\frac{\Delta X}{X}=\frac{\Delta Y}{\Delta X}/\frac{X}{Y} \quad \text{（公式 2-20）}$$

在公式 2-20 中，e为弹性系数，ΔX和ΔY分别为X和Y的变动量。

如果经济中自变量的变化量趋于无穷小，即当ΔX趋向于零，ΔY也趋向于零时，则弹性公式为：

$$e=\lim\frac{\Delta Y}{Y}/\frac{\Delta X}{X}=\frac{\mathrm{d}Y}{\mathrm{d}X}/\frac{X}{Y} \quad \text{（公式 2-21）}$$

我们通常将公式 2-20 称为弧弹性公式，将公式 2-21 称为点弹性公式。需要指出的是，弹性概念是一个比值，是一个具体的数字，它和自变量、因变量的度量单位无关。我们下面探讨劳动力需求的工资弹性，以及影响该弹性的各种因素。

2.4.2 劳动力需求的工资弹性

劳动力需求的工资弹性是指劳动力需求量的相对变动与工资相对变动之比。它显示劳动力需求量对工资反应的灵敏程度。劳动力需求的工资弹性分为劳动力需求的自身工资弹性和劳动力需求的交叉工资弹性。这里首先分析前者。

劳动力需求的自身工资弹性，是指某种劳动力的工资率变化 1% 而引起的劳动力需求量变化的百分比，或者说，是指工资率的一定程度的变动所引起的劳动力需求量的变动程度。公式如下：

$$E_{\mathrm{d}}=-\frac{\Delta L}{L}/\frac{\Delta W}{W}=-\frac{\Delta L}{\Delta W}/\frac{W}{L} \quad \text{（公式 2-22）}$$

在公式 2-22 中，E_{d}为劳动力需求的工资弹性，ΔL和ΔW分别为劳动力需求量（L）和工资率（W）中的变动量。由于劳动力需求曲线是一条向右下方倾斜的曲线，因此劳动力需求量和工资率的变动方向相反，即工资率上升，劳动力需求量下降，故劳动力需求的工资弹性为负，但为了计算方便，我们一般在弹性的定义公式中加上负号。

按绝对值的大小，劳动力需求的工资弹性可以呈现图 2-11 所示的五种状态。

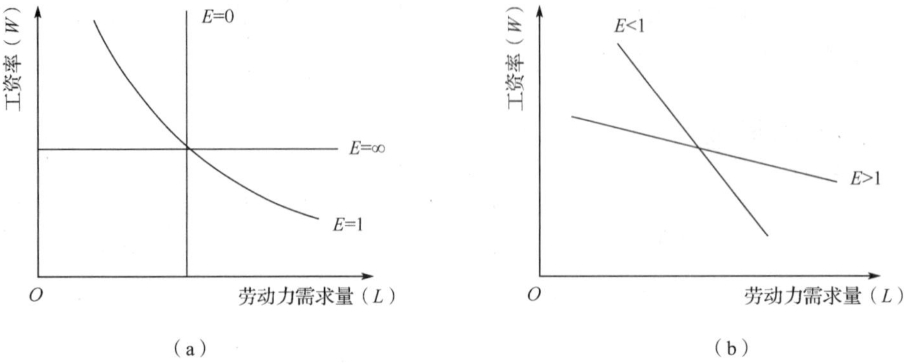

图 2-11 劳动力需求的工资弹性的五种状态

① 劳动力需求的工资弹性等于零。如果劳动力市场上的工资率不论如何变化都不会对劳动力需求产生任何影响，也就是$\left|E_{\mathrm{d}}\right|=0$，此时的劳动力需求的工资弹性称为完全无弹性。对应图 2-11（a）中的垂线，是劳动力需求的工资弹性的一个特例。

② 劳动力需求的工资弹性小于 1。如果劳动力需求的工资弹性小于 1 但大于 0，此时的劳动力需求的工资弹性较小。例如，工资水平上升了 10%，企业的雇工数量下降了 3%，即劳动力需求的工资弹性等于 0.3。劳动力需求曲线的弹性较小，意味着企业的雇工数量对工资的升降速率变化不敏感，这种情况对应一条较为陡峭的劳动力需求曲线，如图 2-11（b）所示。

③ 劳动力需求的工资弹性等于 1。这是指劳动力需求变动的百分比刚好等于工资率变动的百分比，即劳动力需求的工资弹性等于 1，称为单位弹性。如图 2-11（a）所示，呈单位弹性的劳动力需求曲线是一条渐近线夹角为直角的双曲线。

④ 劳动力需求的工资弹性大于 1。如果企业雇工水平变动的百分比大于工资的变动速率，劳动力需求的工资弹性大于 1，就称为劳动力需求的工资弹性较大，或称为劳动力需求的工资有弹性。劳动力需求的工资弹性较大，意味着企业的雇工数量对工资变动的敏感程度较高，这种情况对应一条相对扁平的劳动力需求曲线，如图 2-11（b）所示。

⑤ 劳动力需求的工资弹性无穷大。如果在现行的工资水平上，企业乐于雇用市场所能供给的全部劳动力，而当工资略有上涨时，却一个也不雇用，此时的劳动力需求称为完全有弹性。如图 2-11（a）所示，其几何图是一条水平线，也是劳动力需求的工资弹性的一个特例。

这里需要提醒的是，我们在理解和把握劳动力需求的工资弹性时，应当注意以下两点。第一，工资率和劳动力需求量变动的百分比都是针对某一确定的区间而言的，既包括工资率变动的确定区间，也包括时间间隔。例如，2000 年的工资率是多少，2019 年的工资率又是多少，同时劳动力需求量变动是多少等，这样计算劳动力需求的工资弹性是没有多少意义的。第二，要注意区分弹性和曲线的斜率，这是两个不同的概念。弹性是百分比的比值，斜率是绝对值的比值。例如，把劳动力需求曲线抽象为一条向右下方倾斜的直线，那么，如图 2-12 所示，在任一区间其斜率全部相等，但其弹性值不一样。

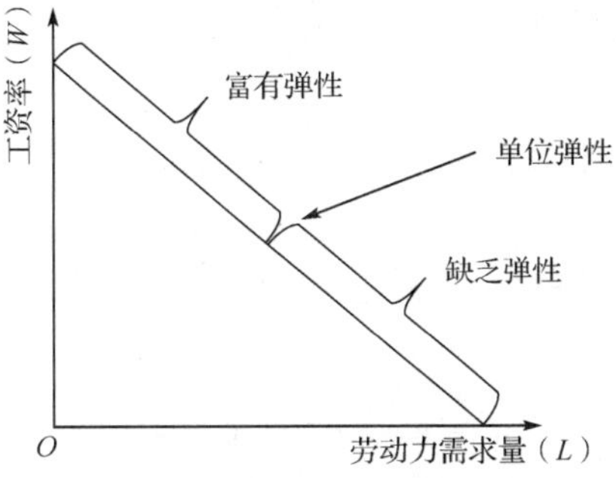

图 2-12　劳动力需求的工资弹性的相对变化

2.4.3 劳动力需求的工资弹性的决定因素

劳动力需求的工资弹性是劳动经济学中一个十分重要的概念。劳动经济学中的许多基本问题都可从中得到答案。例如，为了达到理想的就业水平，一个国家的工资水平应该进行怎样的调整？政府制定的最低工资水平会对就业产生什么影响？某些特殊行业的工资补贴政策对该行业的雇工规模有何影响？等等。

尽管企业或行业的劳动力需求曲线、长期或短期的劳动力需求曲线都是向右下方倾斜的，但是，工资率提高 10%，劳动力需求是下降 1%还是下降 10%，这显然不是微小的差别，反映这种差别的不是劳动力需求曲线本身，而是劳动力需求的工资弹性。那么，为什么会有这些差别呢？哪些因素决定了这些差别呢？按照马歇尔和希克斯的归纳和总结，劳动力需求的工资弹性的决定因素包括以下四个方面。

1．其他生产要素替代劳动力的可能性

其他生产要素替代劳动力的可能性越大，劳动力需求的工资弹性就越大；其他生产要素替代劳动力的可能性越小，劳动力需求的工资弹性就越小。其他生产要素替代劳动力的可能性包含了技术和成本两个层面的含义。

从技术的角度而言，当工资率提高，资本很容易替代劳动力时，企业就会决定用资本替代劳动力。在生产中，简单的、无技术的、重复性的劳动力就很容易被替代。例如，非技术性工人的工资水平上升，则企业将乐于以技术性工人替代非技术性工人。但如果技术性工人的供给数量既定的话，则随着对技术性工人需求数量的上升，其工资水平也会相应地上涨，从而减少了企业进一步以技术性工人替代非技术性工人的可能性。因此，技术含量不高的工种或劳动力，在工资率提高后，企业对其需求就会大幅度地减少。所以，替代越容易，劳动力需求曲线就越有弹性；反之，劳动力需求曲线的弹性就越小。例如，民航客机的飞行员、航天飞机的宇航员等，用资本替代他们就很困难，甚至不可能。

从成本的角度而言，假设资本的价格不变，用一个单位的资本和用两个单位的资本替代同量的劳动力，其替代的可能性是完全不同的。如果工资率提高了，造成越来越大的资本数量替代同量的劳动力，那么替代的可能性就小，从而劳动力需求曲线的弹性就小；反之，替代一定量劳动力所需的资本数量越小，在工资率提高的情况下，企业减少的劳动力就越多，从而劳动力需求曲线的弹性就越大。

2．产品的需求价格弹性

工资水平的上涨会迅速导致产品成本上升，企业无疑会提高产品的价格；产品价格的上涨将会引起销售额下降、产出量减少，因此价格一旦提高，消费者的购买数量将会减少。在这种情况下，产品价格的变动必然影响产品的需求数量，影响的程度则取决于产品的需求弹性。

（1）当其他条件保持不变时，产品市场的竞争力越强，则该市场中单个企业的劳动力需求的工资弹性就越大。原因是，竞争性行业中企业的数目较多，某企业的产品一旦涨价，消费者可以很容易地转向购买其他企业的产品，因此单个企业的劳动力需求的工资弹性要比整个行业或市场的劳动力需求的工资弹性大得多。

（2）整个行业或市场的劳动力需求的工资弹性要比单个企业的小得多。以木制地板行业为例，在其他条件相同的情况下，如果某家企业的地板价格上涨，由于各厂家的地板是无差别的产品，消费者会很快地转向其他企业，从而使涨价企业的产量急剧下降，雇工规模也相应地缩小。但对整个木制地板行业来说，情况则不然。如果木制地板行业的总体价格上涨，消费者虽然也能够以某种产品（如纤维板、塑料地板革、地板块、地毯等）来替代木制地板，但二者之间毕竟不具有完全替代的关系，木制地板涨价虽然也会影响地板行业的总产量及对劳动力的需求，但其影响作用要比对单个企业的影响作用小得多。

3．劳动力成本占总成本的比率

劳动力成本占总成本的比率对劳动力需求的工资弹性具有重要影响。不同的产品，其成本结构有很大的差别。通常所说的劳动密集型的产品，劳动力成本占总成本的份额较高，而资本密集型的产品，劳动力成本占总成本的份额较低。例如，有 A 和 B 两家企业，A 企业劳动力成本只占总成本的 20%，即使工资水平上涨了 10%，该企业的生产总成本也只上涨了 2%，因此该企业所面临的产品提价和产量降低的压力就比较小，裁减员工的数量也不会多。而 B 企业劳动力成本占总成本的 80%，如果工资水平同样上涨 10%，该企业的生产总成本上涨则会高达 8%，这样企业面临的产品提价和产量降低的压力就比较大，裁减员工的可能性及数量就会大大提高。我们可以得出结论：在劳动密集型行业中，由于劳动力在总成本中所占比重较高，工资的变动会对就业水平产生较大影响；在资本密集型行业中，工资的变动对就业水平的影响相对较小。

4．资本的供给弹性

资本及任何其他可以在生产中替代劳动力的生产要素都存在供给弹性，这是决定劳动力需求的工资弹性的第四个因素。资本和劳动力的相互替代，如果没有任何技术上的障碍，那么二者在经济上的比较就占据突出的位置。在第一个因素的讨论中，我们曾假设资本价格不变，工资率提高，将导致企业用资本替代劳动力。确实，当企业面临极富有弹性的资本供给时，企业增加资本的使用不会刺激资本供给价格的较大上升。但是，如果资本的供给弹性很小，对资本的需求稍有增加就会导致其供给价格大幅上升，这必将阻碍企业用资本替代劳动力。因此，在生产要素相互替代的技术可能性给定的情况下，资本的供给弹性越大，劳动力需求的工资弹性也越大；资本的供给弹性越小，劳动力需求的工资弹性也越小。

2.4.4　劳动力需求的交叉工资弹性

在前面的劳动力需求分析中，一个基本假设是劳动力必须是同质的，即劳动力之间没有质的差别。但在实际中，企业的生产往往使用多种类型的劳动力，其中任何一种劳动力的需求都会受到其他类型劳动力价格的影响，即对某种商品的需求，会随着其他商品价格的变动而变动。

在市场上，一种劳动力与其他劳动力或与其他生产要素之间亦存在着某种替代关系。企业往往使用几种不同的劳动力和资本，其中任何一种需求都可能受到其他种类价格变化的影响。例如，如果木匠的工资上升，一方面，更多的人会建造砖瓦结构的房子，砖瓦工的需求量增加；另一方面，这可能使房屋建设规模萎缩，管道工的需求量下降。一种劳动力价格的变化可能导致三种工人需求量的增加或减少。劳动力需求的交叉工资弹性反映的正是这样一种相互关系。

设 $E_{A,B}$ 为劳动力需求的交叉工资弹性，$\frac{\Delta L_A}{L_A}$ 表示 A 类劳动力需求量变动的百分比，$\frac{\Delta W_B}{W_B}$ 表示 B 类劳动力的工资率变动的百分比，则有以下公式：

$$E_{A,B} = \frac{\Delta L_A}{L_A} / \frac{\Delta W_B}{W_B} \qquad \text{（公式 2-23）}$$

同理，亦有以下公式：

$$E_{B,A} = \frac{\Delta L_B}{L_B} / \frac{\Delta W_A}{W_A} \qquad \text{（公式 2-24）}$$

劳动力需求的交叉工资弹性值为正值，表示一类劳动力的工资率上升，引起另一类劳动力需求的增加，那么这两类劳动力为总替代；劳动力需求的交叉工资弹性值为负值，表示一类劳动力的工资率上升，引起另一类劳动力需求的减少，那么这两类劳动力为总互补。

2.5　劳动力需求理论的运用

2.5.1　贸易自由化对劳动力需求量的影响

从 20 世纪初期开始，学者们就开始探讨贸易与就业的关系问题，该领域的焦点之一是探讨贸易自由化对劳动力需求量的影响。

20 世纪 70 年代，安妮 • 克鲁格主持研究了 10 个发展中国家的贸易情况，她通过系统分析后认为，实行出口导向的国际贸易战略，可以促使发展中国家在国际市场上获得廉价劳动力等资源的比较优势，扩大生产和出口资本比率低的商品，从而加快国内产业发展，吸纳更多的劳动力。进入 20 世纪 90 年代以后，发展中国家纷纷开始市场化和贸易自由化改革，经过一段时间的研究发现贸易自由化能促进国内就业，而设置贸易壁垒将会对就业数量产生副作用。关于作用机制，主要包括以下三个方面。①促进劳动密集型产业较快增长的国际贸易战略有助于整个社会就业机会的增加，同时，选择以出口为主的开放性的贸易战略将有助于发展中国家的就业率的增长。②如果一种贸易政策使所有产业和企业采用劳动密集型的技术，将会影响到所有产业的资本比率，从而相应提高整个经济的就业水平。③贸易对一个发展中国家就业水平的影响程度还与国内生产要素市场的扭曲有关，而汇率是连接国内外商品市场和金融市场的一条重要纽带，一国汇率贬值对产业和就业有扩张性作用，会增加国外市场对该国产品的需求，从而刺激该国生产规模的扩大和就业率的提高。

国内有关贸易或贸易自由化对就业影响的实证研究发现，除了产出品角度，中间品贸易自由化显著促进了制造业企业的就业净增长，并且是通过“提高就业创造”和“降低就业破坏”两个渠道同时发挥作用的。

根据经济学理论，劳动力需求弹性增加意味着外力冲击发生时将带来劳动力市场上较大的工资和就业波动，所以劳动力需求弹性的分析对理解贸易对就业的影响非常重要。Rodrik（1997）的研究发现：第一，贸易开放度提高将使本国厂商获取进口中间投入品的种类增加、成本降低，从而对国内劳动要素产生更强的替代性，生产要素替代弹性上升将导致行业劳动力需求弹性提高；第二，更为自由的国际贸易将会增大国内各行业最终产品的需求弹性，这将进一步提高行业劳动力需求弹性。上述第一种机制常被称作“替代效应”，第二种机制则被称作“规模效应”或“产出效应”。国内的实证研究也发现贸易自由化提高了中国劳动力市场的需求弹性。但是，劳动力需求弹性的变化方向及程度存在行业差异，贸易提高劳动力需求弹性主要通过增强其他生产要素与劳动力之间的替代效应发生作用。

此外，FDI（外国直接投资）的流入与外包也提高了中国制造业劳动力需求弹性，这意味着劳动力供给方的地位被相对削弱，劳动力需求的冲击将会带来更大的工资和需求波动。

上述分析表明，在分析贸易开放或贸易自由化对劳动力就业产生的影响时，单纯考虑对劳动力产生的数量冲击是远远不够的，还要考虑贸易开放、FDI、外包等对劳动力市场需求弹性的影响。

2.5.2 对特殊社会群体采取特殊就业促进政策的经济效果

前面讨论劳动力需求的交叉工资弹性问题时提到，“任何一种劳动力的需求都会受到其他类型劳动力价格变化的影响”。现在开始讨论，如果政府对某些特殊社会群体采取特殊就业促进政策，将对劳动力的总需求及其他社会群体产生什么影响，下面仍然假定资本是固定不变的。

假定某国政府为了提高该国妇女的就业水平，要求相关企业必须按政府规定的男女比率雇用劳动者，否则将受到处罚。假定企业完全按照政府的政策行事，在这种情况下，会产生什么样的经济性影响呢？

首先，从政府没有任何性别雇用限制的状态考察男女雇用量的决定因素。设男性劳动者的数量为 L_m，女性劳动者的数量为 L_w，男性劳动者和女性劳动者各自的工资为 W_m、W_w，计划完成产量 X_0 的等产量曲线为图 2-13 中的 *AB* 线。在这条曲线上，令成本最小的点位于与等成本曲线 *CD* 相切的点 *h*，此时，男性劳动者的数量为 L_{mh}，女性劳动者的数量为 L_{wh}。这样，如图 2-13 所示，男性劳动者的数量已超过女性劳动者的数量。

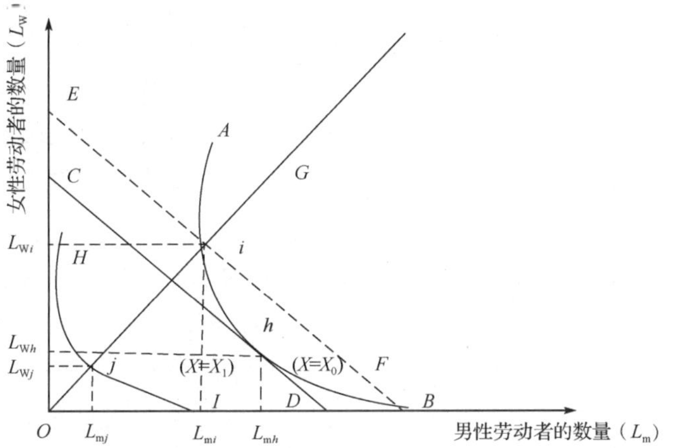

图 2-13　男性劳动者和女性劳动者比率的指定对劳动力需求的影响

政府以促进女性劳动者就业为目标，将女性劳动者的雇用比率提升到 *OG* 线的位置，并要求相关企业加以实行，企业照此比率雇用了男性劳动者和女性劳动者。在这种情况下，为了达到产量 X_0，必须雇用等产量曲线 *AB* 与直线 *OG* 的交点 *i* 的男性劳动者的数量 L_{mi} 和女性劳动者的数量 L_{wi}，相应地，女性劳动者的数量从 L_{wh} 增加到 L_{wi}。此时，企业的总成本将如何变化呢？通过点 *i* 的等成本曲线 *EF* 处于无政府限制时的等成本曲线 *CD* 的上方，增加的部分就是政府就业政策限制所造成的新成本。

这种成本的上升并不完全由企业来承担，一部分要通过产品需求的变化，影响到劳动者和消费者。如果相关企业全部受到这样的政策限制，那么，如前所述，工资的上升对产品需求造成的影响，将使产品的供给曲线上移，价格上升。这部分成本由消费者来承担。

但是，如果政府仅限制某些特定企业，假如没有相应的政府补贴，那么与其他企业相比，此类企业增加的成本部分只能由自己承担，从而使此类企业竞争力下降。这样，此类企业的产量会随着需求的减少而减少，例如从 X_0 减至 X_1，即等产量曲线从 *AB* 移

至 *HI*，由于规模效应发挥作用，劳动力的需求量随之减少。在等产量曲线 *HI* 上，达到指定的男性劳动者和女性劳动者的比率的点为 *j*。结果，男性劳动者和女性劳动者数量分别减至 L_{mj} 和 L_{wj}。如果出现图 2-13 所示的产品需求大幅度减少的情况，虽然政策目标是促进女性劳动者就业，但结果是，不仅女性劳动者就业量下降，从 L_{wh} 降至 L_{wj}，还造成男性劳动者就业量从 L_{mh} 大幅度下降至 L_{mj}。如果这种现象存在，则公平与效率不可兼得。因此，政府在就业政策的制定和实施上，一定要充分考虑对产品需求的影响。

【本章小结】

本章从劳动力和劳动力相关的基本概念入手，逐步解析了劳动力市场的一个重要方面，即劳动力需求问题。劳动力需求假设包括生产技术的假设、组织目标的假设、市场环境的假设和劳动力是否同质的假设。与产品市场需求不同，劳动力需求是一种派生需求。

在完全竞争市场条件下，企业在长期和短期的劳动力需求曲线是不同的。和企业的短期决策不同，在长期，企业不仅对产品价格和劳动力的价格做出反应，也会根据资本价格的变动调整生产要素的配置。

本章对企业在不完全竞争市场条件下的劳动力需求也进行了探讨。在卖方垄断的条件下，企业使用劳动力的边际成本为劳动力的价格，即工资率 *W*，使用劳动力的边际收益为边际收益产品。根据卖方垄断企业使用劳动要素的原则，我们最终可以推导出企业的劳动力需求曲线，并且企业的劳动力需求曲线与市场需求曲线重合。但是，在买方垄断的条件下，根据买方垄断企业使用劳动要素的原则，我们无法推导出买方垄断企业的劳动力需求曲线，因而也无法得出市场需求曲线，原因是劳动力价格与劳动需求量之间不存在一一对应的关系。

影响劳动力需求的工资弹性的有四个因素，即其他生产要素替代劳动力的可能性、产品的需求价格弹性、劳动力成本占总成本的比率、资本的供给弹性。这四个因素在经济学上被称为“希克斯马歇尔派生需求定理”。

本章的最后对劳动力需求理论在政策上的运用进行了分析。第一，从对外贸易的角度分析了劳动力需求的影响机制。第二，从特殊社会群体的角度分析了对这一群体采取特殊就业促进政策产生的经济效果。

【复习思考题】

1. 如何理解劳动力需求的含义？
2. 什么是派生需求？

3. 在考察劳动力需求时，通常有哪些假设条件？
4. 试比较短期劳动力需求和长期劳动力需求的异同。
5. 试比较完全竞争企业、卖方垄断企业和买方垄断企业的劳动力需求曲线的异同。
6. 什么是劳动力需求弹性？

【案例分析】

苏南地区是长江三角洲重要的经济腹地，在长江三角洲中的经济地理位置非常优越，不仅毗邻上海，能够接收上海的经济辐射，还拥有较长的海岸线，对外进出口贸易非常繁荣，如今的苏南地区已经迈入了全国经济发达地区的行列。苏南地区的经济主要依靠中小型制造企业，但在大力发展制造企业的同时，也面临着诸多的发展问题，其中最突出的就是技术工人短缺问题。

根据中国劳动科学研究所《2010—2020 年我国技能劳动者需求预测研究报告》，目前，我国技能劳动者总需求约为 11 577.3 万人，短缺 927.4 万人；高技能人才需求为 3 067.1 万人，短缺 105.8 万人。近年来苏南第二产业在其国民生产总值中不断攀升，现比例已超过 60%，在第二产业迅速发展的同时，技术工人短缺现象也更加明晰化。“高级蓝领”万金难求的现象纷纷见诸报端。据报道，南京一家企业为高级钳工开出 10 000 元的月薪，但仍未得其人，只能发出“好钳工比研究生难找”的感叹。苏州汽轮机厂将数控机床工人的月薪提高到 8 000 元，在人才市场上仍一无所获。

技术工人队伍结构与现代产业结构相匹配的情形应是中级和高级技术工人占多数，而目前我国技术工人队伍结构却恰恰相反，技术工人中初级工占 60%，中级工占 36%，高级工、技师、高级技师仅占 4%。据江苏省劳动和社会保障局调查，苏南地区大量企业招不到技术工人，尤其是高级技术工人，平均每位高级技术工人大约有 7 个岗位可供选择，但实际上高级技术工人占比还不到 4%。

资料来源：唐莉. 苏南企业技术工人短缺及应对策略[J]. 现代交际，2014(03)：59-60.

思考题

1. 为什么苏南地区企业技术工人会存在短缺的现象？
2. 根据苏南地区企业对于技术工人大量需求的现象，你认为可以采取哪些措施来改善？

第3章
劳动力供给

学习目标

1. 理解劳动力供给、劳动力参与率等基本概念。
2. 掌握劳动力供给弹性的不同类型。
3. 理解无差异曲线与预算约束线的基本概念。
4. 理解收入效应、替代效应的基本概念并掌握个人、家庭和市场的劳动力供给曲线。

关键术语

劳动力供给、劳动力参与率、劳动力供给弹性、收入效应、替代效应、劳动力供给曲线

导入案例

“民工荒”是指在劳动力市场上，农民工的供给数量严重不足，农民工的质量未能满足企业的要求，使企业不断招聘也不能满足其生产经营需要的一种现象。

沿海地区企业在2008年遭遇金融危机，出现“失业潮”，迫使近2 000万农民工下岗失业，返乡回流。随后，在世界经济企稳和我国经济强劲回升的拉动下，2010年广东等地区外贸订单急增，企业用工需求随之加大。春节过后，沿海地区和内地企业纷纷出现“招工难”，再次掀起新一轮的“民工荒”。

据相关资料显示，20世纪80年代以来农民工数量越来越多，2004年保守估算已经超过1亿人，且每年仍将以5%的速度递增。这种情况在大多数经济学家看来，劳动力接近无限供给。而现实呢？虽然总体上我国农村劳动力供大于求，但仍然有

3.4 亿农村劳动力主要从事农业生产，农村劳动力向非农产业和城镇转移仍将持续相当长的时间。

劳动密集型企业一向是吸纳就业的重要渠道，长期以来，依赖低水平的工资，获取微利来发展。一旦企业招不到农民工，就会造成开工不足、接单能力削弱的现象，极大地降低了市场竞争力。一些地方甚至出现了抢工、骗工事件，使原本就不健全的劳动力市场更加混杂不堪。而工资上涨的压力又使企业不堪重负，仅以广东为例，东莞市劳动局当地调查显示，仅因工资每月提高 100 元，当地就有数百家工厂关闭。

资料来源：黄京华. 刘易斯拐点理论下的"民工荒"现象解析[J]. 通化师范学院学报，2015，36（03）：119-122.

3.1　劳动力供给的含义和假设

3.1.1　劳动力供给的含义

经济学所说的供给，不是无偿供应，而是一种有代价的供应。这种代价表现为物质，如工资、社会保险福利等；有时也表现为精神，如自我实现、自我创造、自我发展等。

劳动力供给，也叫劳动供给，是指劳动者个人及其家庭为社会生产提供的劳动，它是人们向社会再生产过程提供的能动的生产条件。劳动力供给的主体是具有一定质量的劳动者，它有一定的时间持续过程。其构成要素包括劳动力的数量和结构、劳动日和工作周长度、节假日数、劳动强度、工时利用率、劳动力的受教育程度及其生产工作经验和技能等。如果劳动力数量和结构不变，其他任何一种要素的变动，都会引起劳动力供给规模的变化。进一步分析劳动力供给的内涵，必须把握以下几个方面。

第一，劳动力供给是构成社会生产过程诸要素的主观条件。在社会生产的其他条件，如劳动的技术装备程度不变的情况下，劳动力供给决定着社会生产的总规模。

第二，人们之所以向社会提供劳动力，是因为只有如此，才能获得自身再生产的条件。人们参加社会劳动，首先是为了满足自身对劳动产品的需要，各种物质形式的使用价值是劳动力再生产的条件，所以，劳动力供给总是与以消费品为表现形式的一定的物质利益相联系。

第三，人们只有向社会提供劳动力，参与社会劳动，才能实现自身的劳动力，改造并发展劳动力。劳动活动过程本身已构成了劳动力生命活动的组成部分，因此劳动力供给的另一个直接目的是满足人们对劳动活动本身的需求。

第四，劳动力供给是通过每一个劳动者个人及其家庭有意识的活动方式进行的。在现代社会，劳动仍然是个人谋生的手段，因此个人及其家庭的劳动力供给与个人及其家庭的物质利益有关。然而，劳动只是个人生活的一部分，个人生活还包括休息、娱乐、学习，以及从事家务劳动等，劳动与这些非社会劳动活动在时间上有矛盾。因此，个人及其家庭的劳动力供给还与个人及其家庭的时间安排有关。劳动者的劳动力供给的总和，构成了社会劳动力供给。

第五，劳动力供给是劳动者向社会提供的劳动能力，而劳动能力又是以健康的人体为依托的，因此劳动力供给从人员数量上看，就是参与和要求参与社会劳动的人口，即就业人口和正在谋业人口的总和。

在我国，劳动力是指 16 周岁及以上、有劳动能力、参加或要求参加社会经济活动的人口，包括就业人口和失业人口。

就业人口是指 16 周岁及以上，从事一定社会劳动并取得劳动报酬或经营收入的人口（我国也包括在职但未工作人口）。这一指标反映了一定时期内，全部劳动力资源的实际利用情况，是研究我国基本国情、国力的重要指标。

失业人口是指在规定的劳动年龄内，具有劳动能力，在调查期内无业但在积极寻找工作，且没有身体或家庭等客观因素干扰的人口。

3.1.2 劳动力供给的假设

劳动力供给是一个相当复杂的问题。这是因为劳动力供给决策在很大程度上是一种受经济环境影响的决策。经济环境变了，个人乃至家庭的劳动力供给决策也会变。即使在相同的环境下，个人和家庭的劳动力供给决策也未必相同。如果不采取恰当的方法加以简化，就很难分析劳动力供给问题。简化复杂问题的方法之一是抽象掉某些不重要的因素，为此需要对某些问题做一些假设。

① 劳动力供给主体的目标假设。该假设认为劳动者在做出有关劳动力供给决策时，以追求效用最大化为主要目标。其效用来自两方面：一是劳动力供给主体在市场性劳动时间内获得的；二是劳动力供给主体在闲暇时间获得的。劳动力供给主体既可以通过参加市场性劳动获得效用，也可以通过不参加市场性劳动获得效用。

② 市场环境的假设。参见第 2 章中“劳动力需求的假设”部分。

③ 劳动力质量的假设。参见第 2 章中“劳动力需求的假设”部分。

3.2 劳动力参与率及其影响因素

3.2.1 劳动力参与率

劳动力参与率是与劳动力供给相关的一个重要概念，它是衡量、测度人口参与社会劳动程度的指标，其含义是劳动力在一定范围内人口中所占的比率。劳动力参与率是反映劳动力市场活动水平的一项总指标，它可以以性别和年龄分组进行分类计算，可以反映一个国家经济活动人口的分布情况。

劳动力参与率的计算一般是以劳动力的人数占劳动年龄人口的百分比进行的。劳动力的人数是就业人数和失业人数之和。劳动年龄人口是一定年龄之上的人口，该年龄是为衡量经济特性而规定的。具体的计算公式为：

$$劳动力参与率=\frac{劳动力的人数}{劳动年龄人口}\times 100\%$$

$$总人口劳动力参与率=\frac{劳动力的人数}{总人口}\times 100\%$$

$$年龄（性别）劳动力参与率=\frac{该年龄（性别）劳动力的人数}{该年龄（性别）人口}\times 100\%$$

$$失业率=\frac{失业人数}{劳动力的人数}\times 100\%$$

劳动力参与率指标在研究一个国家人力资源规模和构成因素，以及预测未来劳动力供给时，具有重要的作用。这类数据可用来制定就业政策并确定培训需要。这一指标也为计算男女人口的预期工作寿命和进入、退出经济活动的比率提供了基本数据，对于制订社会保障制度的财务计划也有着重大的意义。但是劳动力参与率只是测度和反映人口参与劳动程度的指标，它本身并不是影响人口参与劳动的因素。

3.2.2　劳动力参与率的影响因素

劳动力参与率的影响因素错综复杂，且各因素对劳动力参与率的影响程度、影响方向也不一样。对于不同的劳动力供给决策主体，即使是同样的因素，其影响程度、影响方向也不一样，所以目前还无法准确计算出各因素对劳动力参与率影响的大小。一般来说，影响劳动力参与率的因素有以下几个方面。

第一，教育事业的发展状况。如教育年限、教育的直接成本和机会成本、就业起点与市场工资率等。教育事业的发展状况对青年人口（15～19 岁年龄组）的劳动力参与率有重大影响。这个年龄组的人口应该在校学习，在校学习的学生一般不计入劳动力，所以如果社会上年轻人受教育年限普遍延长，那么 16 周岁及以上的人口中将有不少人不进入劳动力群体，劳动力参与率自然会降低。我国自 1998 年开始推动高等教育扩招，延长受教育年限，调整进入劳动力市场参与劳动力供给的人口数量，这导致我国青年劳动力供给明显减少。

第二，社会保障等制度的完善程度。养老保险等社会保障制度的完善与否对老年人口的劳动力参与率有很大的影响。如果这些社会保障制度可以达到“老有所养”的效果，那么老年人口劳动力参与率也将降低。另外，养老保险水平的提高，延长退休制度的实施，都会对劳动力参与率产生影响。

第三，性别。劳动力参与率可以根据性别分为男性劳动力参与率和女性劳动力参与率。近年来，随着世界各国女性劳动力参与率的提高，各国劳动力参与率也有所提高。

第四，宏观经济状况。如经济周期波动、繁荣与衰退的交替都会对劳动参与率产生影响。例如，当经济处于衰退时期，失业者长期找不到工作，可能会丧失寻找工作的意愿，从而退出劳动力市场，使劳动力参与率降低。

第五，人口的年龄构成。从整个国民经济来考察，人口的年龄构成与劳动力参与率之间存在着密切的关系。按年龄段划分，人口总体是由儿童人口、劳动力人口和非劳动力人口三部分组成的。劳动力人口只是总人口中的一部分，而且在时间上两者又是相互关联的。劳动力人口的增长，依存于人口总体年龄构成的变动。

3.3 劳动力供给分析

3.3.1 劳动力供给函数、供给表与供给曲线

劳动力供给是指在一定的市场工资率的条件下，劳动力供给的决策主体（个人或家庭）愿意并且能够提供的劳动时间。劳动力供给者提供一定量的劳动时间所愿意接受的工资率被称为劳动力供给价格。

在市场经济中，劳动力供给的决策主体是劳动者个人或家庭。在劳动力进行供给决策时，决策主体一般面临两种选择：其一为劳动参与决策，即是否进入劳动力市场寻求有酬劳动；其二为劳动时间决策，即在个人可支配的时间中，闲暇时间与劳动时间的选择。两种选择可同时进行，亦可分别进行。

如果把影响劳动力供给的因素作为自变量，把劳动力供给作为因变量，则可以用函数关系来表示影响劳动力供给的因素与劳动力供给之间的关系，这个函数称为劳动力供给函数。以 S 代表劳动力供给，以 X_i 代表影响因素，其中 $i=1,2,\cdots,n$，则劳动力供给函数为：

$$S=f\left(X_1,X_2,X_3,\cdots,X_n\right) \quad （公式 3-1）$$

影响劳动力供给的因素有很多，且各因素与劳动力供给的关系极为复杂，完全揭示它们之间的关系是不可能的。因此，只能从劳动力市场分析的角度考察几种最主要的关系。

如果只考虑劳动力供给与市场工资率之间的关系，假设其他条件不变，市场工资率作为影响劳动力供给的唯一因素，以 W 代表市场工资率，则劳动力供给函数为：

$$S=f\left(W\right) \quad （公式 3-2）$$

同时，也可以用劳动力供给表和劳动力供给曲线来表述劳动力供给。表明市场工资率与劳动力供给量之间的关系的表格称为劳动力供给表，如表 3-1 所示。进一步假设市场工资率与劳动力供给量无限可分，则可以把市场工资率与劳动力供给量之间的关系描述为劳动力供给曲线，如图 3-1 所示。劳动力供给表和劳动力供给曲线不过是用表格和图像的形式来表述劳动力供给的概念的。

表 3-1　劳动力供给表

工资率（W）/（元·时⁻¹）	劳动力供给量（L）/人	组　合
1.5	150	a
2.0	200	b
2.5	280	c
3.0	380	d
3.5	500	e
4.0	700	f

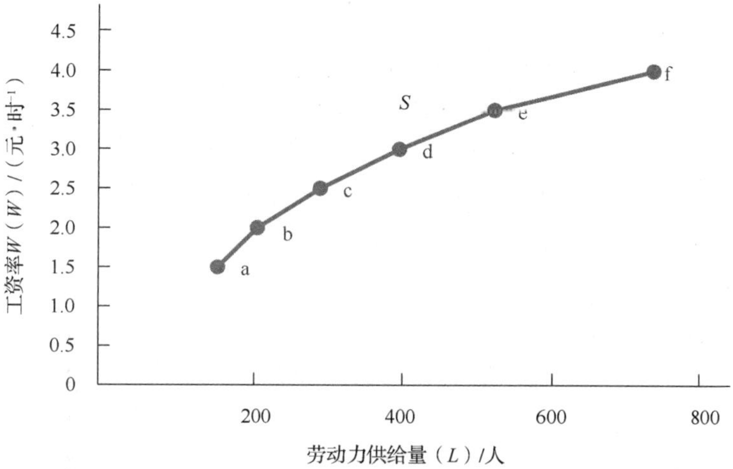

图 3-1　劳动力供给曲线

从表 3-1 和图 3-1 中可以看出，当工资率逐渐从 1.5 元/时提高到 4.0 元/时时，劳动力供给量持续增加。根据劳动力供给表画出的劳动力供给曲线是从左下方向右上方倾斜的曲线。应当说明的是，劳动力供给曲线是一条平滑的曲线，而不是一条折线，这是因为我们假设了工资率和劳动力供给量是无限可分的，虽然这种假设不完全符合实际，但为了分析方便（同时它也确实能反映劳动力供给变化的大致趋势和一般规律），我们仍然这样假设。

3.3.2　劳动力供给弹性

从工资率与劳动力供给量的关系中可以看到，当工资率变动时，劳动力供给量相应地变动。我们将劳动力供给量的变动对工资率变动的反映程度定义为劳动力供给的工资弹性，简称劳动力供给弹性。它是劳动力供给量变动的百分比与工资率变动的百分比的比值。设 E_s 为劳动力供给弹性，$\Delta L / L$ 表示劳动力供给量变动的百分比，$\Delta W / W$ 表示工资率变动的百分比，则有：

$$E_s = \frac{\Delta L / L}{\Delta W / W} \qquad \text{（公式 3-3）}$$

劳动力供给弹性值的分布区间为[0，+∞]。根据劳动力供给弹性的不同取值，我们可以将劳动力供给弹性分为五类，如图 3-2 所示。

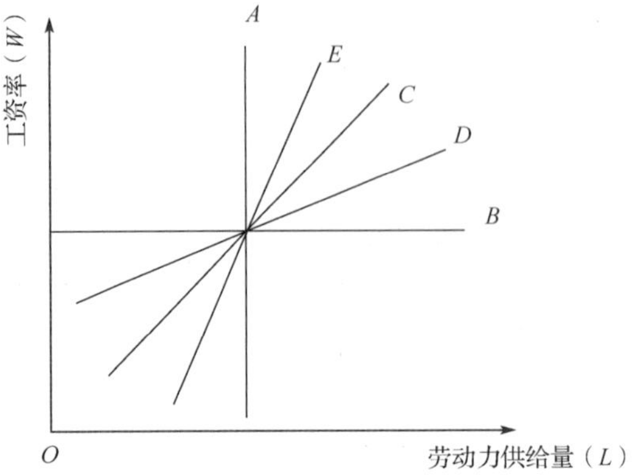

图 3-2　劳动力供给弹性

① 供给无弹性，即 $E_s=0$ 。在这种情况下，无论工资率如何变动（在劳动力市场分析的实际可能范围内），劳动力供给量都固定不变。无弹性的劳动力供给曲线是一条与横轴垂直的线，即图 3-2 中的 A。

② 供给有无限弹性，即 $E_s \to +\infty$。在这种情况下，工资率固定，而劳动力供给量的变动的绝对值大于零。有无限弹性的劳动力供给曲线是与横轴平行的曲线，即图 3-2 中的 B。

③ 单位供给弹性，即 $E_s=1$ 。在这种情况下，工资率变动的百分比与劳动力供给量变动的百分比相同。这时劳动力供给曲线与横轴的夹角为 45°并向右上倾斜，即图 3-2 中的 C。

④ 供给富有弹性，即 $E_s>1$ 。在这种情况下，劳动力供给量变动的百分比大于工资率变动的百分比。这时劳动力供给曲线是一条向右上倾斜且较为平坦的曲线，即图 3-2 中的 D。

⑤ 供给缺乏弹性，即 $E_s<1$ 。在这种情况下，劳动力供给量变动的百分比小于工资率变动的百分比。这时劳动力供给曲线是一条向右上倾斜且较为陡峭的曲线，即图 3-2 中的 E。

在理解和把握劳动力供给弹性时，其分类情况虽然是用数学语言表述的，但要注意，无论是工资率还是劳动力供给量，都不像数学中的变量那样可以无限取值，取值对象只能是劳动力市场中现实的情况和在实际可能的变动范围内的。

3.3.3 劳动力供给量的变动与劳动力供给的变动

工资率虽然是影响劳动力供给变动的重要因素，但其他多种经济的、社会的因素，也会对劳动力供给产生影响。因此，我们在考察劳动力供给时，需要注意区分劳动力供给量的变动与劳动力供给的变动。

劳动力供给量的变动是指在其他条件不变的情况下，仅由工资率变动引起的劳动力供给量的变动。这种变动表现为在同一条劳动力供给曲线上的某一个点的移动，如图 3-3 所示。

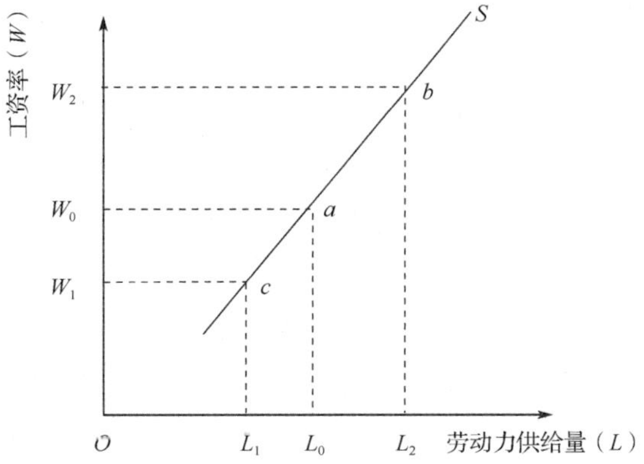

图 3-3　劳动力供给量的变动

在图 3-3 中，纵轴为工资率，横轴为劳动力供给量，S 为劳动力供给曲线。当工资率由 W_0 提高到 W_2 时，劳动力供给量由 L_0 增加到 L_2，在劳动力供给曲线 S 上则表现为从点 a 向右上方的点 b 移动。当工资率由 W_0 下降到 W_1 时，劳动力供给量由 L_0 减少到 L_1，在劳动力供给曲线 S 上则表现为从点 a 向左下方的点 c 移动。

劳动力供给的变动是指在工资率不变的情况下，由其他因素的变动引起的劳动力供给的变动。劳动力供给的变动表现为整条劳动力供给曲线的移动，如图 3-4 所示。

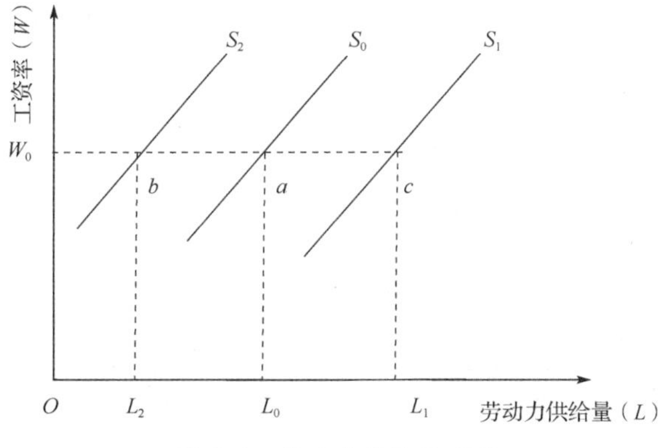

图 3-4　劳动力供给的变动

在图 3-4 中，工资率为 W_0，其他因素（如教育成本、保障制度等）的变化引起劳动力供给曲线的移动。在同样的工资率 W_0 的情况下，由 S_0 的劳动力供给曲线决定的劳动力供给量为 L_0。工资率不变，其他因素变化，劳动力供给曲线由 S_0 移动到 S_2，劳动力供给量则由 L_0 减少到 L_2；劳动力供给曲线由 S_0 移动到 S_1，劳动力供给量则由 L_0 增加到 L_1。由此可见，劳动供给曲线向左方移动，劳动力供给量减少；劳动供给曲线向右方移动，劳动力供给量增加。

3.3.4 劳动力供给类型

在劳动力市场上，劳动力供给或倾向哪个部门，或选择哪个职业，都有其内在的规律，其行为的最终指南是追求收入的最大化。

在市场经济条件下，人们提供的劳动与经济之间的关系，表现为一条劳动力供给曲线。为方便起见，我们把每一单位的劳动力供给量都看作取决于工资。当然，还有诸如劳动条件、劳动强度、自我实现等因素。我们暂且用一种简化实际行为的方法，来对劳动力供给这一复杂的经济现象进行分析。因此，我们在这里考察劳动力供给，主要是研究劳动力供给量与工资率之间的关系。此种关系可用图 3-5 来表示。图 3-5 中的横轴表示劳动力供给量（可用工时或人数来表示），纵轴表示工资率，*S* 表示劳动力供给曲线。图中的不同曲线表示的是存在于工资率与劳动力供给量之间的四种不同关系。

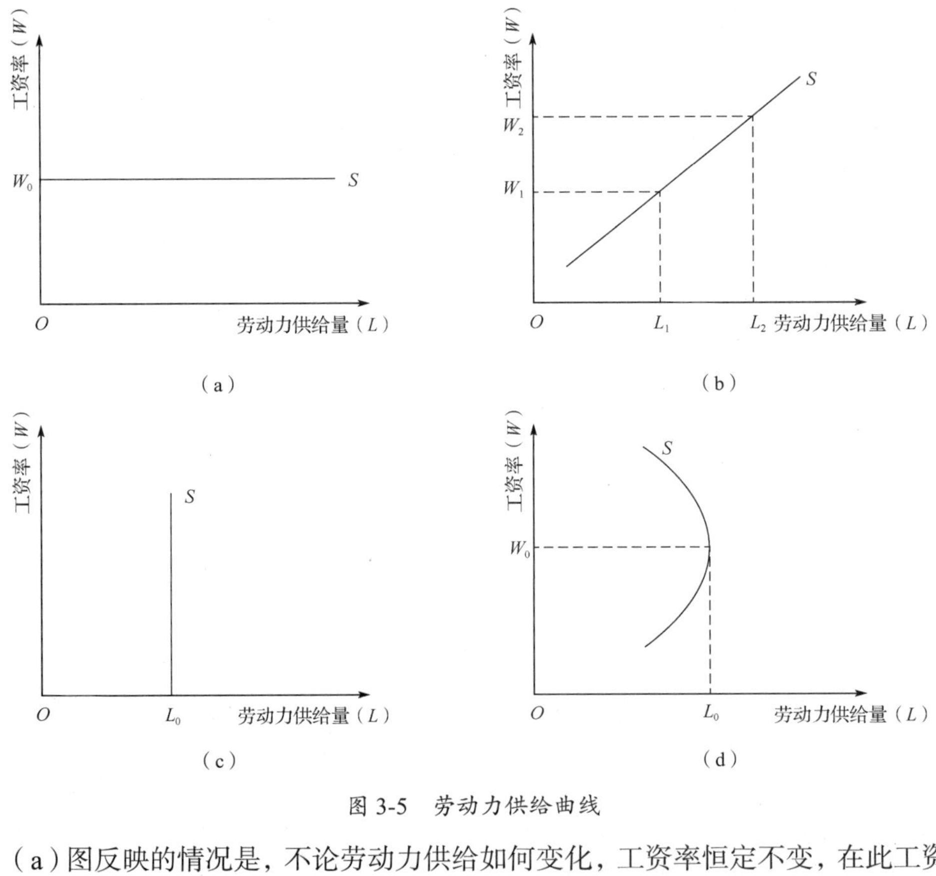

图 3-5 劳动力供给曲线

（a）图反映的情况是，不论劳动力供给如何变化，工资率恒定不变，在此工资率上企业可以雇用其想雇用的任何数量的劳动力；在 *W* 低于均衡工资率的条件下，企业不可能雇用任何劳动力；在 *W* 高于均衡工资率的情况下，企业雇用的劳动力数量也不会增加。

人们一般认为，欠发达国家的劳动力供给具有无限的弹性。以普林斯顿大学 W. A. 刘易斯教授为首的研究发展问题的专家们认为，在特定的工资水平下，发展中国家可为现代工业部门提供充足的劳动力。因为传统的农业、家务劳动或贸易活动中存在着“就业不充分”的人，所以，劳动力供给至少在许多年内是比较充沛的，这些人只有微薄的收入。因此，当现代工业部门提供就业机会时，他们愿意接受工资为 W_0 的工作。如果以横轴计量现代工业部门中的劳动力，那么这个图就描述了这种类型的劳动状况。另外，人们认为，在一个竞争的市场上，劳动力对单个企业的供给也具有无限的弹性。一个有竞争力的企业能够以工资率 W_0 雇用到所需要的劳动力。这种企业规模太小，难以影响劳动力市场上的工资率。

（b）图反映的情况是，劳动力供给随工资率的提高而增加。当工资率降低时，愿意工作的人就减少了。这是一条向上倾斜的曲线，具有正弹性，弹性越大，为吸引一定数量的劳动力进入或退出一种行业或职业所必需的工资率变动就越小。

（c）图反映的情况是，不管工资率怎么波动，劳动力供给都不会增加或减少，即工资率对劳动力供给量没有影响。这种完全没有弹性的劳动力供给量可能与在较短时期内出现的某些情况有关，即在此期间个人来不及调整他们的工作计划或者某些职业的培训期较长。这时的劳动力供给量主要由过去的而不是现在的经济条件决定。这一曲线还描述了一个经济社会充分利用它的劳动力资源的情况，当人们都在提供他们所愿意提供的最大限度的劳动时，即使增加工资也不能吸引更多的劳动力。

（d）图反映的情况是，在一定阶段，劳动力供给随工资率的提高而增加，但是，随着工资率的进一步提高，劳动力供给量反而减少。在低工资阶段，工资率提高能增加劳动力供给量，是因为此时工资收入虽有增加，但收入水平仅能满足个人的基本物质需要，人们不可能产生更多的增加闲暇时间的需要。当工资率提高到总收入在满足物质需要之后还有足够的剩余，能为闲暇时间的增加提供物质基础之后，工资率的提高便会引起劳动力供给量的减少。

3.4　无差异曲线与预算约束线

个人劳动力供给实质上是个人在时间使用方式上的选择。个人对自己可支配时间的使用有两种对立的安排：一种是让身心放松以享受愉悦的闲暇活动；另一种是让身心用于劳动以获取收益的工作活动。一个人可以在自己家中工作或者学习，比如从事照顾老幼、料理家务等各种家庭生产活动，也可以从事有报酬的劳动，再将劳动所得用于食物、住房、衣饰及幼儿保育等。

因为从事有报酬的劳动与消费闲暇活动是达到同一目标的两种方式，所以我们可以暂时忽略它们之间的区别，并且把这些活动都看作主体追求效用最大化目标的明智的选择。由此，我们可以把个人的选择看作在闲暇时间和有报酬的工作之间进行的选择。

劳动者拥有的时间资源是既定的，劳动者每天只有 24 个小时。劳动者在这固定的 24 个小时之内，有一部分时间必须用于睡眠、吃饭及维持生命的方面，而不能挪为他用。为方便起见，我们假定劳动者每天必须花费 10 个小时在以上的几个方面。因此，劳动者可以自由支配的时间资源每天为固定的 14 个小时。闲暇时间与工作时间是相互冲突的，闲暇时间的需求就是劳动力供给的反面。从而，我们可以通过对闲暇时间的需求分析来分析劳动力供给。对闲暇时间的需求分析可以像对其他商品的需求分析一样进行，然后，从总的自由支配的时间中减去闲暇时间，就是劳动力提供劳动的时间。

3.4.1 效用与无差异曲线

1. 效用

效用是指商品或劳务存在于消费者心目中的满足欲望或需要的能力，它表示商品或劳务同消费者的愉快或痛苦情绪之间的关系。换句话说，效用就是消费者在消费商品或劳务时的满足程度。满足程度高即效用大，满足程度低即效用小。如果从消费中感受到痛苦，则为负效用。

效用首先是一种心理感受，其大小取决于消费者的主观评价而没有客观标准。不同的人对某种定量物品消费所带来的效用是不同的。

效用取决于物品的使用价值，但其与使用价值并不是同一个概念。使用价值是物品本身具有的属性，是一种不以人们的主观评价为转移的客观存在。烈性酒对于饮酒者或不饮酒者，都具有使用价值，但对两者而言，其效用却有天壤之别。所以效用强调消费者对商品或劳务消费所带来的满足程度的评价的主观性。

效用的大小可以感受，但不能准确度量。在效用概念产生的早期，效用的度量主要建立在基数效用理论基础之上，认为效用犹如物质的重量一样，可以计量并能累加求和。用处大的物品其效用就大，甚至会在物物之间进行效用比较，然后得出此物效用是另一物效用的若干倍等结论。

20 世纪初，序数效用理论的出现弥补了基数效用理论的缺陷。这个理论并不要求计量出效用的量是多少，因为效用作为一种主观评价是无法计量，也不能累加求和的。但是，它可以由消费者列出物品消费所得到的效用的高低或者主观选择的优先顺序。例如，消费者消费水果和汉堡，他从中得到的效用无法计量和累加求和，更不能用基数来表示，但是可以比较消费两种物品所得到的效用的高低，或者可以列出两种物品主观选择的优先顺序。根据这样的比较或者选择的优先顺序，赋予其各自的序数。每个序数值只反映效用的高低程度或者先后顺序，而不反映效用量。如前所述，如果消费者认为消费水果的效用大于消费汉堡的效用，则可以说水果的效用值比汉堡的效用值大。效用值大，表明效用的评价高，选择顺序在前；效用值小，表明效用的评价低，选择顺序在后。由此可见，序数效用理论的特点在于效用只有在比较中才有实际意义，从而也就避免了单独对某一物品的效用量做估计的难题。

在个人劳动力供给分析的基本模式中，劳动者个人或家庭消费的物品可以分为两个相互独立的部分——闲暇时间与劳动时间。消费闲暇时间，能够给人带来效用；消费劳动时间，实际上也能给人带来效用。劳动者个人向劳动力市场提供劳动力，从事有酬劳动，可以给劳动力供给者带来劳动收入，进而可以购买生活所需的各种物品。

2. 无差异曲线

劳动时间带来的劳动收入与闲暇时间之间的各种组合，给主体（个人或家庭）带来的效用可以用无差异曲线来描述。

主体在对劳动收入与闲暇时间的组合进行选择或评价时，如果 a 种组合与 b 种组合对他提供的效用相同，他不能区别哪种组合的效用高或者哪种组合的选择顺序在前。此时，a、b 两种组合对于主体来说是无差异的。那么，将与点 a 所示的劳动收入与闲暇时间的组合具有相同效用的所有组合点连接起来，得到的曲线即无差异曲线，如图 3-6 所示。

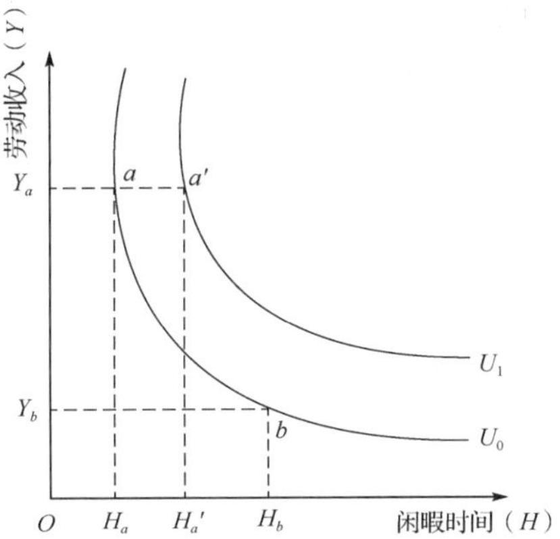

图 3-6　无差异曲线

在图 3-6 中，纵轴为劳动收入，横轴为闲暇时间。点 a 的组合为（H_a，Y_a），点 b 的组合为（H_b，Y_b）。点 a 与点 b 的组合不同，但对主体提供的效用相同。把与点 a 效用相同的所有点连接起来，所得到的曲线 U_0 被称作无差异曲线。它表明，在 U_0 曲线上的任何一点所示的劳动收入与闲暇时间的组合，带给主体的效用一样，均使其不能区别哪种组合的效用高或者哪种组合的选择顺序在前。在 U_0 曲线外的任何一点，例如，处于点 a 右侧的 a'，在它表示的组合中，劳动收入不变，但闲暇时间却为 H_a'，点 a' 的组合与点 a 的组合相比较，点 a' 的组合的效用必定更高，选择顺序也必定在前。因而点 a' 不可能与点 a 无差异。点 a' 同样也可以确定另一条无差异曲线，即 U_1 曲线上所有点所示的劳动收入与闲暇时间组合的效用都比 U_0 曲线上所有点的组合的效用高，也就是选择顺序在前。这样的曲线实际上有无数条，每一条曲线对应不同的效用水平。这些曲线可以在一定程度上反映主体的选择偏好。

根据上述讨论，我们可以概括出无差异曲线具有以下几个特征。

① 在同一平面上存在无数条无差异曲线，同一条无差异曲线上所有点的效用相同，不同的无差异曲线表示效用不同。离原点越远的无差异曲线所表示的效用越高，则选择顺序在前；离原点越近的无差异曲线所表示的效用越低，则选择顺序在后。

② 在同一平面上，任意两条无差异曲线不相交。因为，如果相交，那么在交点上两

条无差异曲线表示的效用相同，这与前述特征矛盾。

③ 无差异曲线是一条斜率为负值、凸向原点的曲线。斜率为负值，表明主体为了保持或得到相同的效用，增加一种物品的消费，必须减少另一种物品的消费。两种物品不能同时增加或减少。凸向原点则是由边际替代率递减决定的。

④ 主体的选择偏好不同，无差异曲线的形状不同，即不同的人具有劳动收入替代闲暇时间的不同比率。

3. 边际替代率

无差异曲线的斜率既是与无差异曲线上任何一点相切的直线的斜率，又是无差异曲线在该点的边际替代率。它的经济含义是在主体保持相同效用（效用序列数不变）的条件下，增加（减少）一些闲暇时间，需要减少（增加）一些劳动收入的比，如图 3-7 所示。

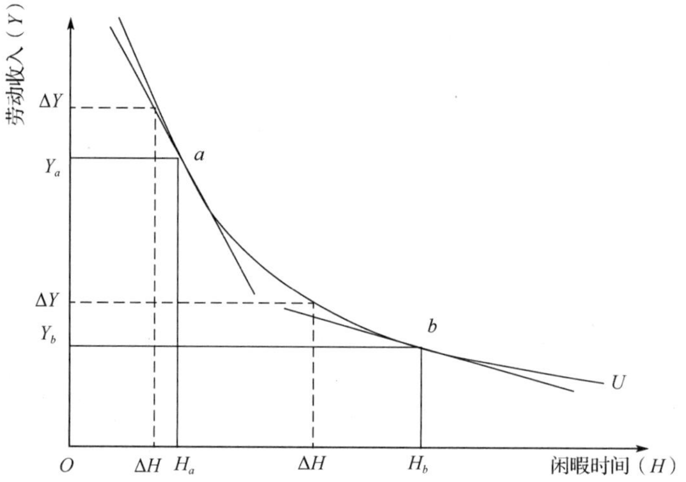

图 3-7 边际替代率

在图 3-7 中，ΔH 为闲暇时间变动量，ΔY 为劳动收入变动量。设 MRS 为边际替代率，则有：

$$\text{MRS} = \frac{\Delta Y}{\Delta H} = \frac{\text{劳动收入变动量}}{\text{闲暇时间变动量}} \qquad \text{（公式 3-4）}$$

如果 ΔH 无限趋近于零，则边际替代率 MRS 就是与无差异曲线相切于点 a 的切线的斜率。从效用的分析中可知，效用水平是闲暇时间与劳动收入的函数，闲暇时间和劳动收入是自变量，效用水平是因变量，效用水平依赖闲暇时间和劳动收入的变化而变化。如果设 H 为闲暇时间，Y 为劳动收入，U 为效用水平，则有效用函数 $U = f(H, Y)$。无差异曲线所表示的闲暇时间—劳动收入偏好，实际上是效用函数的几何表示。

在同一条无差异曲线上，效用水平不变（对效用水平进行微分），则有：

$$\mathrm{d}U = 0 \qquad \text{（公式 3-5）}$$

根据数学中的全微分公式则有：

$$dU=\frac{\partial U}{\partial H}dH+\frac{\partial U}{\partial Y}dY=0 \qquad \text{（公式 3-6）}$$

整理得：

$$\frac{dY}{dH}=-\frac{\partial U}{\partial H}/\frac{\partial U}{\partial Y} \qquad \text{（公式 3-7）}$$

则有：

$$\mathrm{MRS}=\frac{dY}{dH}=-\frac{\partial U}{\partial H}/\frac{\partial U}{\partial Y} \qquad \text{（公式 3-8）}$$

由此说明，为了保持效用水平不变，增加一种物品的消费，就要减少另一种物品的消费，边际替代率恒为负数。无差异曲线向右下方倾斜的原因就在于此，为了方便讨论，通常边际替代率取其绝对值。

无差异曲线上有无数个点，每个点都有不同的斜率，也就是有不同的边际替代率，所以边际替代率是一个变化的值。无差异曲线上的任意一点都表示闲暇时间和劳动收入的组合，所以在任何一种组合中，闲暇时间与劳动收入的边际替代率均不相同。通过观察可以得到，从左上方向右下方移动，无差异曲线的切线由比较陡峭变得比较平缓。这说明边际替代率的绝对值越来越小，也就是边际替代率在递减。

如图 3-7 所示，在同一条无差异曲线 U 上，虽然任何一点所示的闲暇时间与劳动收入的组合在量上存在要素差异，但都可以实现同样的效用水平。例如在点 a，闲暇时间为 H_a，劳动收入为 Y_a，在闲暇时间与劳动收入的组合中，闲暇时间较少而劳动收入较多，增加一些闲暇时间，就要减少较多的劳动收入；而在点 b，闲暇时间较多而劳动收入较少，增加一些闲暇时间，只需减少较少的劳动收入。这充分说明，越是相对稀缺的物品，其替代能力越强。

3.4.2　预算约束线

从前面的分析中我们可以看到，在家庭或者个人闲暇时间—劳动收入选择的偏好系统中，越是位于右上方的无差异曲线，其代表的效用水平越高，故选择顺序越优先。右上方的无差异曲线与左下方的无差异曲线相比，或者闲暇时间多些，或者劳动收入多些。决策主体为什么不在最高的无差异曲线上选择闲暇时间与劳动收入的组合呢？显然，如果没有任何限制，在效用最大化的目标导向下，人们就会这样做。但实际上并非如此，其根本原因在于人们受到可支配资源的约束。

首先，人们受到个人可支配时间的约束。无论以何种时间单位计量，可支配的时间都是有限的。一天有若干小时，一周有若干天，可用于劳动或享受闲暇。任何情况下，可支配的时间都是一个既定的量，这里把个人可支配的时间记为 H 。从自然规律角度来说，一天 24 个小时，其中 10 个小时是必不可少的满足人的自然需要的时间，其余的 14 个小时为可支配的时间，这期间既可以选择享受闲暇，也可以选择从事劳动。

其次，如果个人把他所有可支配的时间都用于劳动（不考虑有关制度因素），这个人可获得多少劳动收入呢？这完全取决于基于个人劳动能力状况所能获得的工资率水平。这里将所有个人可支配的时间全部用于劳动所能获得的劳动收入记为 Y 。如果人们将所有可支配的时间都用于享受闲暇，闲暇也有一个最大量，我们用 H 表示，如图 3-8 所示。

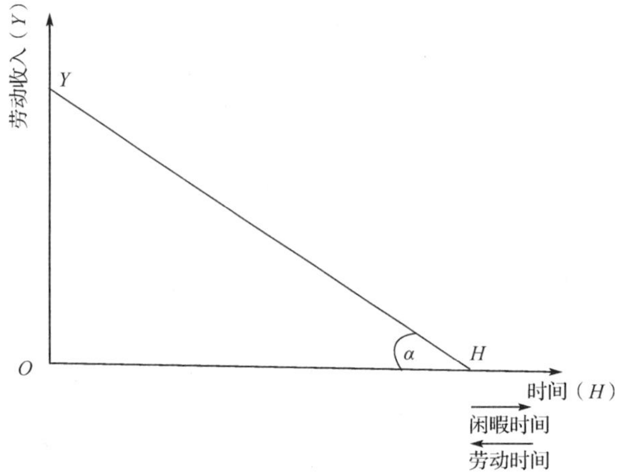

图 3-8　预算约束线

在图 3-8 中，横轴上的 OH 为个人可支配的全部时间，从原点向右计量为闲暇时间，从 H 点向左计量为劳动时间。无论个人在劳动时间与闲暇时间上如何配置选择，劳动时间与闲暇时间之和等于 OH 。纵轴 OY 为劳动收入。如果将全部可支配的时间均用于劳动，依个人劳动能力状况所能获得的劳动收入为 OY 。在横轴的 H 点上，劳动时间为零，劳动收入为零。连接 H 与 Y 的直线叫作预算约束线，它表示个人在可支配的时间和劳动能力状况的约束下，所能消费闲暇和获得劳动收入的最大组合线。预算约束线外任何一点所示的组合，在既定的可支配时间和劳动能力的条件下都是不能达到的。

如果将直线 HY 与横轴的夹角设为 α ，则可以得出直线的斜率为：

$$\tan\alpha = \frac{OY}{OH} = \frac{\text{劳动收入}}{\text{时间}} \qquad \text{（公式 3-9）}$$

由此可见，预算约束线的斜率就是个人放弃闲暇时间从而获得劳动收入的比率，即工资率。另一方面，亦可以看作闲暇的机会成本。

个人可支配的时间不同，劳动能力不同，从而工资率不同，那么个人预算约束线也就不同。

以图 3-9 为例，个人可支配的时间分别为 H_1 、H_2 、H_3 ，劳动能力相同，从而工资率相同，则在纵轴的截距分别为 OY_1 、OY_2 和 OY_3 。显然，三条约束线平行。由于 $H_1<H_2<H_3$ ，所以预算约束线 H_1Y_1 在横轴与纵轴的截距离原点较近，而 H_3Y_3 则较远。如果个人可支配的时间相同，假设同为 H_1 ，但劳动能力有差异，因而工资率不同。工资率低者，劳动收入为 Y_1 ，工资率高者，劳动收入则为 Y_4 ，显然 $Y_4>Y_1$ 。由此可见，预算约束线的形状决定于个人可支配的时间与劳动能力状况，即决定于个人可支配资源的状况。

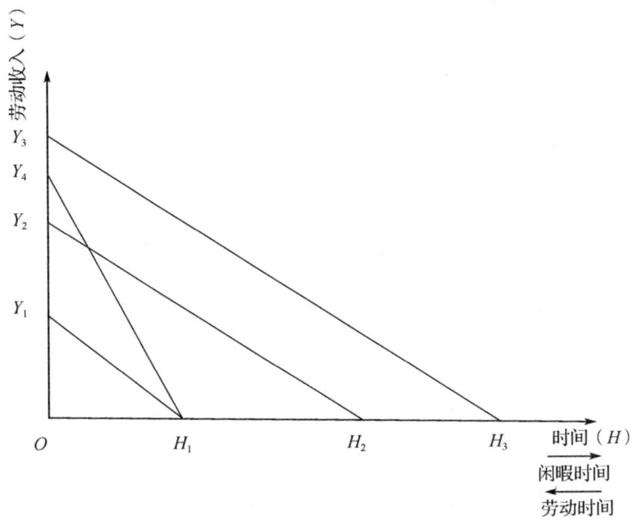

图 3-9　预算约束线

3.4.3　效用最大化目标导向的主体均衡

闲暇时间—劳动收入无差异曲线说明了个人的主观愿望，预算约束线则反映了个人的现实条件。从主观愿望和个人偏好而言，个人可以做出各种效用水平的选择。如果不考虑其他因素，任何人都希望选择离原点较远的无差异曲线，从而获取尽可能大的效用。但是，人们的选择受到可支配资源的约束，这种约束由预算约束线表示。如何将主观愿望与现实条件结合起来，使决策主体获得最大效用，或者说，个人怎样在受到可支配资源约束的条件下，对闲暇时间与劳动收入进行安排，从而做出最佳配置以获得最大效用，这就是主体均衡理论要解决的问题。

所谓主体均衡，就是在资源约束的条件下，闲暇时间与劳动收入的组合能使主体获得最大效用的状态，如图 3-10 所示。

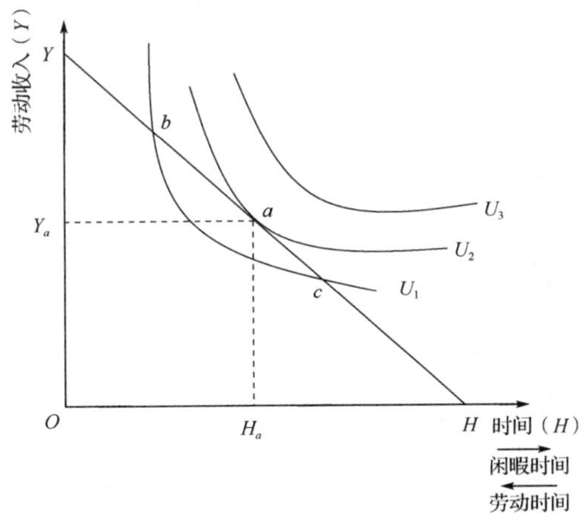

图 3-10　主体均衡

在平面直角坐标系中有无数条无差异曲线，在图 3-10 中，我们画出了其中的三条，即U_1、U_2、U_3。U_2与HY相切于点a，U_1与HY相交于b、c两点，U_1、U_2、U_3的效用水平为$U_1<U_2<U_3$。

那么在预算约束线HY上，选择哪种组合才能使主体获得最大效用呢？毫无疑问，这种组合必然要在效用最高的一条无差异曲线上。如图 3-10 中，U_3虽然效用水平最高，但是由于它在HY的右上方，相对于主体的资源状况而言，它是无法达到的。U_1与HY相交于b、c两点，虽然这种组合是在既定资源条件下的最大组合，但是b与c都在U_1上。显然U_1的选择顺序在U_2的后面，其效用水平比U_2低。而且，如果点b沿无差异曲线U_1向右下方移动，或者点c沿无差异曲线向左上方移动，那么在无差异曲线bc段，其闲暇时间与劳动收入的组合均在预算约束线HY的左下方。显然，主体在资源条件约束下并没有达到最高水平的效用。进一步观察可以得到，既然U_1与HY相交于b、c两点，那么在U_1和U_2之间的无差异曲线仍和HY相交，因为任何一种组合都在HY上，所以均满足规定的资源条件。同时，任何一种组合均在效用水平比U_2低的无差异曲线上，因此都没有达到最大效用；任何一种组合均在效用水平比U_1高的无差异曲线上，其效用水平均比b、c两点高。

可见，在HY右上方的无差异曲线，主体因资源条件的约束而达不到最大效用；与HY相交的无差异曲线，主体在既定资源条件下也没有达到最大效用。因此，只有在点a，预算约束线HY与无差异曲线的切点处，才能实现主体的均衡。也就是说，主体在既定资源条件下获得最大效用的均衡点为点a。在点a上，闲暇时间为OH_a，劳动时间为HH_a，劳动收入为OY_a。

点a是预算约束线与无差异曲线U_2的切点。因此，U_2这条无差异曲线在点a的切线也就是预算约束线HY。无差异曲线在点a的斜率与预算约束线的斜率相等。前面已经讲过，预算约束线的斜率是个人放弃闲暇时间从事劳动而获得劳动收入的比率（工资率）；无差异曲线的斜率是闲暇时间替代劳动收入的边际替代率。所以主体均衡的条件（主体在资源约束的条件下获得最大效用必须满足的条件）是工资率等于边际替代率，即$W = \text{MRS}$。

3.5 劳动力供给曲线

3.5.1 收入效应与替代效应

在前面的分析中，个人在劳动力供给的决策中，个人的资源约束条件是既定的。现在需要继续讨论当资源约束条件改变时，个人如何分配自己的时间以取得最大的效用，以及如何实现新的均衡。

1. 收入效应

收入效应是指在工资率保持不变的情况下，收入变动（ΔY）引起的劳动时间的变化（ΔH）。用公式表示为：

$$收入效应 = \frac{\Delta H}{\Delta Y} \quad （公式 3-10）$$

如果闲暇是正常物品，其需求量与收入增加或减少成正比，收入效应就一定是负值。收入效应只是从静态上孤立地反映了收入变动对劳动时间的影响，并没有考虑收入变动会使闲暇的成本发生变化，从而闲暇的成本也会影响劳动时间的长短的情况，如图 3-11 所示。

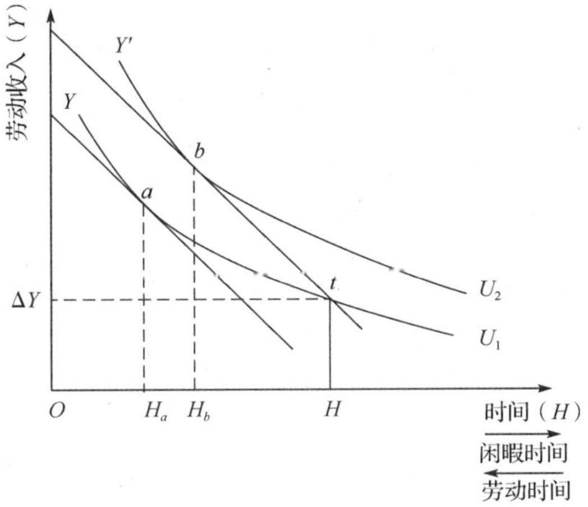

图 3-11 收入效应

在图 3-11 中，当条件不发生改变时，均衡点为 a，由于非劳动收入增加，预算约束线平行向右方移动，得到一条新的预算约束线 bt。从图中可以清楚地看到，均衡点由 a 移向 b，闲暇时间增加，劳动时间减少，闲暇时间的增加量为 H_aH_b。由此可见，在其他条件不变时，由于非劳动收入的增加，个人可达到的效用水平必定提高。收入效应是由一条无差异曲线移向更高效用的无差异曲线引起的。一般情况下，收入效应使闲暇时间增加，劳动时间减少。

2．替代效应

替代效应是指在保持劳动收入不变的情况下，工资率的变化（ΔW）引起的劳动时间的变化（ΔH）。当工资率提高时，意味着闲暇的机会成本上升。生活经验告诉我们，当正常商品变得相对昂贵时人们将倾向于减少消费该类商品。所以闲暇的机会成本上升会促使人们减少闲暇的消费，增加劳动时间。因此，替代效应反映的是当工资率上升时，由于闲暇变得昂贵，人们用劳动时间替代闲暇时间的现象。用公式表示为：

$$替代效应 = \frac{\Delta H}{\Delta W} \quad （公式 3-11）$$

下面来分析其他条件都不变，只有工资率变化对个人时间分配结构调整产生影响的情况。现在假设个人可支配的时间不变，收入不变，只有工资率变化，且工资率提高。

我们先以劳动者甲为例进行分析，见图 3-12。在工资率 W_1 下，预算约束线 HY 与无差异曲线 U_1 相切于点 a，劳动者甲的均衡劳动时间是 HH_a。如果劳动者甲的工资率由

W_1 上升到 W_2，则预算约束线就会以 H 为原点向右上方翻转，从而形成新的预算约束线 HY'。新的预算约束线 HY' 和无差异曲线 U_2 相切于点 b。点 b 是劳动者甲在新的工资率水平下所能实现的最大效用。点 b 与点 a 相比，由于工资率的提高，劳动者甲的劳动时间由 HH_a 增加到 HH_b，闲暇时间则从 OH_a 减少到 OH_b。这就是替代效应。

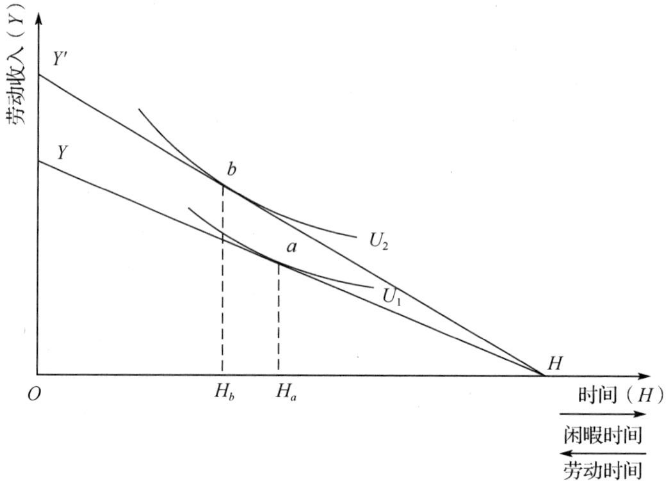

图 3-12　工资率变化的正效应——替代效应

但是应当注意的是工资率的上升，还会使人们的收入水平有所提高，而收入水平的提高对劳动时间具有负效应。下面以劳动者乙为例来加以说明，见图 3-13。

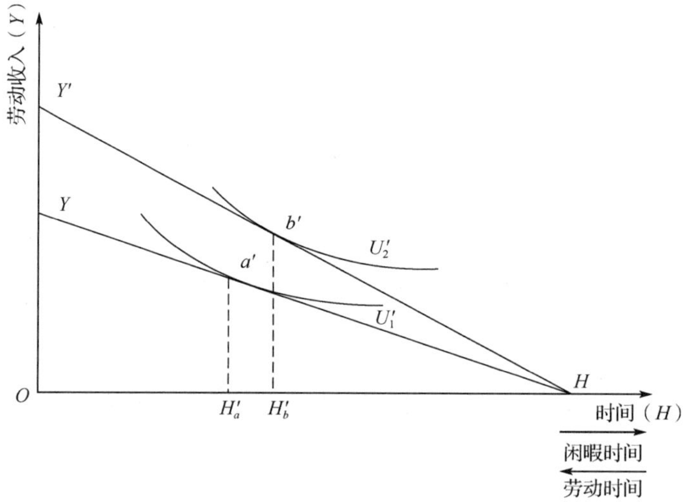

图 3-13　工资率变化的负效应——收入效应

从图 3-13 中可以看出，工资率的提高使人们的收入水平提高，从而改变无差异曲线。当工资率为 W_1 时，预算约束线 HY 与无差异曲线 U_1' 相切于点 a'。此时，劳动者乙的劳动时间为 HH_a'，闲暇时间为 OH_a'。当工资率由 W_1 提高到 W_2 时，预算约束线 HY' 与

无差异曲线 U_2' 相切于点 b'，此时，劳动者乙的劳动时间为 HH_b'，闲暇时间为 OH_b'。由于工资率提高，劳动时间减少了 $H_a'H_b'$。

可见，工资率的变动会对劳动力供给决策主体的闲暇时间与劳动时间的选择产生影响。一是工资率的上升会使闲暇的机会成本增加，从而导致人们减少闲暇时间而增加劳动时间，即形成替代效应；二是工资率的上升意味着收入水平提高，收入水平的提高会促使人们增加闲暇时间而减少劳动时间，即工资率提高也会形成收入效应。工资率的变化对劳动力供给决策主体的最终影响完全取决于两种效应的相互关系，如表 3-2 所示。

表 3-2　工资率变动与劳动时间：替代效应与收入效应

效应大小	对劳动时间的影响		劳动力供给曲线的斜率
	工资率提高	工资率降低	
替代效应大于收入效应	增加	减少	正
替代效应小丁收入效应	减少	增加	负
替代效应等于收入效应	不变	不变	垂直

3.5.2　个人劳动力供给曲线与家庭劳动力供给曲线

1．个人劳动力供给曲线

劳动者的劳动力供给行为可以表述为在既定的时间约束下，合理地安排劳动时间和闲暇时间，以实现最大的效用满足。一般而言，工资率越高，对牺牲闲暇时间的补偿就越大，劳动者宁愿放弃闲暇时间而提供劳动的数量也就越多。换言之，工资率越高，享受闲暇的机会成本相应也就越大，劳动者的闲暇时间也就越短。因此，工资率的提高产生的替代效应使劳动数量增加。同时，工资率的提高，使劳动者收入水平提高。这时，劳动者就需要更多的闲暇时间。也就是说，当工资率提高以后，劳动者不必提供更多的劳动就可以提高生活水平。这说明，工资率提高的收入效应使劳动数量减少，如图 3-14 所示。

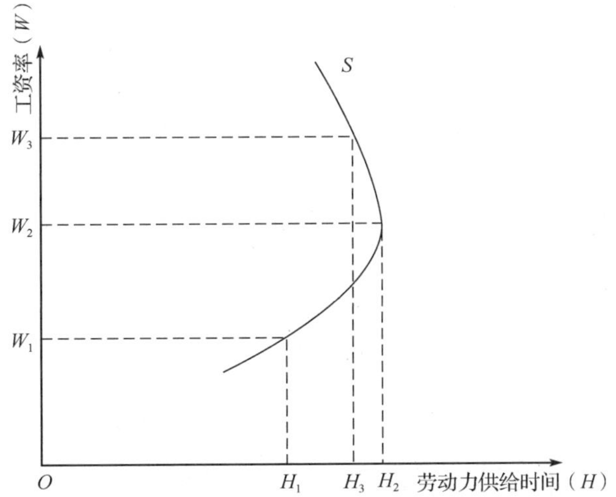

图 3-14　个人劳动力供给曲线

在图 3-14 中，横轴为劳动力供给时间 H，纵轴为工资率 W，S 为个人劳动力供给曲线。当工资率为 W_1 时，劳动力供给时间为 OH_1。随着工资率的提高，劳动力供给时间增加，当工资率为 W_2 时，劳动力供给时间为 OH_2；当工资率进一步提高，由 W_2 提高到 W_3 时，劳动力供给时间为 OH_3，劳动力供给时间反而减少了。由此产生的个人劳动力供给曲线 S 为向后弯曲的形状。工资率低于 W_2，曲线 S 的斜率为正值；工资率高于 W_2，曲线 S 的斜率为负值，即在工资率大于 W_2 时，工资率的提高使劳动力供给减少。

替代效应和收入效应是工资率提高的两个方面。如果替代效应大于收入效应，那么，工资率提高使个人劳动力供给的数量增加，即劳动力供给曲线向右上方倾斜；反之，工资率提高使个人劳动力供给的数量减少，劳动力供给曲线向左上方倾斜。在工资率较低的条件下，劳动者的生活水平较低，闲暇的成本相应也较低，从而，工资率提高的替代效应大于收入效应，劳动力供给曲线向右上方倾斜。但是，随着工资率的进一步提高和劳动力供给时间的增加，闲暇的成本增加，替代效应开始小于收入效应，结果个人劳动力供给的数量减少。基于以上原因，劳动力供给曲线呈现出向后弯曲的形状。

2. 以家庭为单位的劳动力供给

前面的分析是在个人决定就业与否的前提下进行的，但是过去的实证分析的结果反而显示就业与否是以家庭为单位进行的。例如，妻子的就业会受到丈夫的收入、家属构成、子女的年龄、家庭成员的健康状况等方面的影响。如图 3-15 所示，纵轴为家庭收入，横轴为全体家庭成员劳动力供给时间，运用前面所做的一系列分析，会出现如下情况（也可以把横轴换成全体家庭成员的劳动时间，此时应假设其他家庭成员的劳动时间不影响妻子的无差异曲线的形状）。

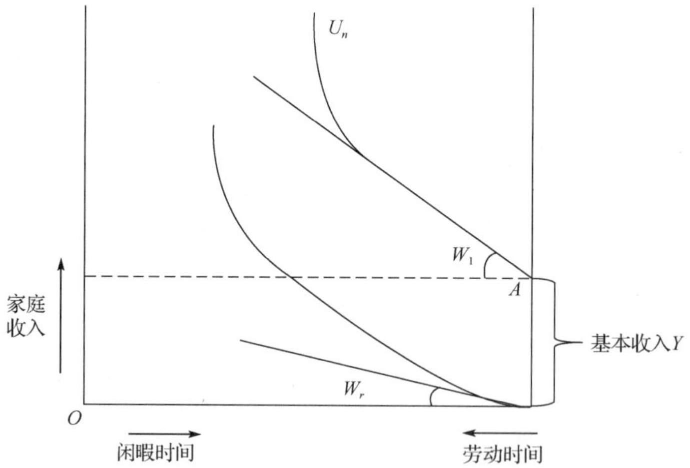

图 3-15 家庭的无差异曲线与最低工资率

妻子不就业也能得到的家庭收入（例如丈夫的劳动收入、财产收入）被称为基本收入，设为 Y。而妻子不就业时的状态和点 T 不同，可以用 A 来表示。那么最低工资率会发生什么样的变化？如果基本收入多，收入的边际效用会下降，闲暇的边际替代率会提高，结果，最低工资率上升，劳动力参与率下降。

这与利用实证分析反复确认的下列事实相符：①丈夫的收入越高，妻子的劳动力参与率越低；②妻子能够得到的市场工资率越高，劳动力参与率越高。这种关系以发现者的名字命名为道格拉斯—有泽法则。

如果劳动力市场疲软，丈夫失业等原因会使基本收入下降，同时妻子能够得到的市场工资率也下降。遇到这种状况时，如果①的效果强，随着丈夫的收入减少，妻子为弥补收入不足将提高劳动力参与率，所以劳动力供给量增加。此时会发生与如图 3-17 所示的劳动力市场不稳定时相同的状况。即使丈夫失业，只要有失业保险，能够保证一定收入，就可以防止最低工资率下降。相反，如果②的效果强，则会随着妻子能够得到的市场工资率下降，劳动力参与率下降，劳动力供给量也减少。这和后面的图 3-16 所示的状况相同，重要的是使市场机制有效地发挥作用。

3.5.3　市场劳动力供给曲线

将所有单个劳动者的劳动力供给曲线水平相加，可以得到整个市场的劳动力供给曲线。尽管许多单个劳动者的劳动力供给曲线可能会向后弯曲，但市场的劳动力供给曲线却不一定如此。在较高的工资水平上，也许现有的工人只提供较少的劳动，但高工资会吸引新的工人进来。因此，市场的劳动力供给一般还是会随着工资率的提高而增加，从而市场的劳动力供给曲线仍然是向右上方倾斜的。应该注意的是，以上结论是在完全竞争的市场条件下得到的。因为在完全竞争的市场条件下，劳动者可以自由进出劳动力市场。工资率提高可能会使一部分原来就在这个市场上竞争的人减少劳动力供给，但同时又会吸引一部分本来不在这个市场上的人进入这个市场，从而使劳动力供给总量最终呈增长趋势，即劳动力供给曲线向右上方倾斜。

如图 3-16 所示，市场的劳动力供给曲线 S 向右上方倾斜，劳动力需求曲线 D 向右下方倾斜，两条曲线综合起来可以决定均衡工资和均衡劳动力数量。图中劳动力需求曲线 D 和劳动力供给曲线 S 的交点是劳动力市场的均衡点。该均衡点决定了均衡工资（W/P）和均衡劳动力数量。假如市场工资高于均衡工资，会产生过度供给，劳动者为免于失业，会竞相降低工资，最终能够达到均衡工资。假如市场工资低于均衡工资，相反的力量会发生作用，最终也能够达到均衡工资。

在劳动力供大于求或供不应求时，政府的作用是采取政策，使调整尽快完成。假如最低工资定得比均衡工资高，市场本身无法进行供求调整，为了减少失业（过度供给），政府必须重新研究下调最低工资，或者支付失业保险金，这样可以使市场机制迅速发挥作用，因为这时失业的原因是市场工资超过了均衡工资。但是此时，如前所述，即使随着最低工资的下调，在短时间内减少了过度供给，收入仍要下降。结果使产品需求减少，劳动力需求曲线向左下方移动，产生均衡工资和均衡劳动力数量缩小的效应。

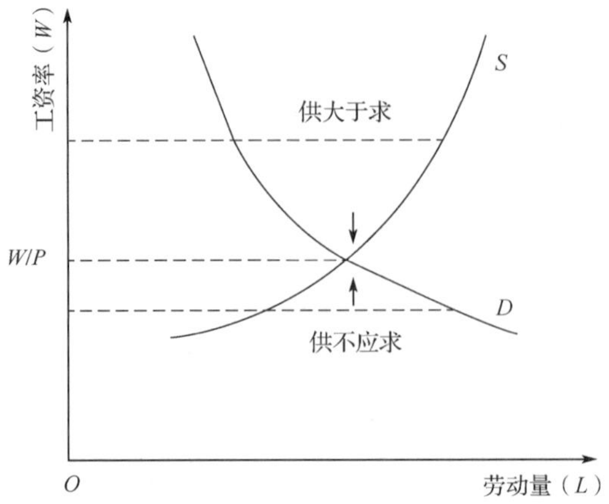

图 3-16 市场劳动力供给曲线

在劳动力供给曲线 S 向右下方移动时，必须重新考虑能够依靠市场自身的需求调整解决问题的理论。如图 3-17 所示，劳动力供给曲线 S 的斜率为负，且它的绝对值大于劳动力需求曲线 D 的绝对值，即使市场机制正常运行，也无法自动达到均衡点。在存在比均衡工资更高的市场工资时，会产生过度需求，企业之间要进行争夺劳动力的竞争，因此市场工资将继续上升。相反，因为某种原因，当市场工资低于均衡工资时，因为劳动者一方要进行工资下调竞争，所以工资将继续下降。此时，为了阻止工资下降，需要最低工资制度发挥作用，而不需要失业保险制度发挥作用，不需要政府推行扩大有效需求的政策。

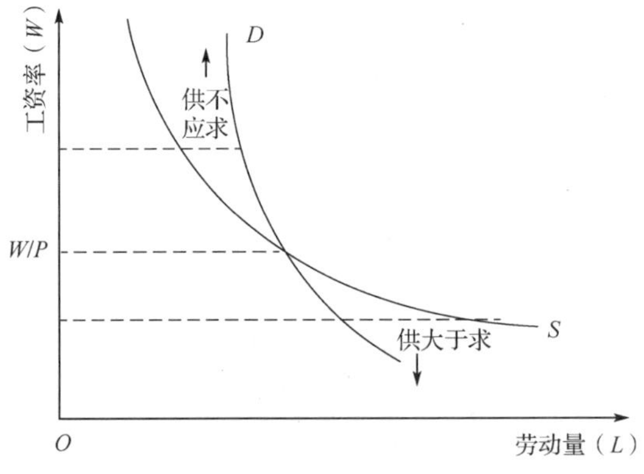

图 3-17 不稳定的劳动力市场

这说明确认劳动力供给曲线的形状，对研究失业对策是极其重要的课题。

【本章小结】

首先，本章阐述了劳动力供给的含义、类型和假设等基本概念；进一步介绍了劳动力参与率，它是衡量、测度人口参与社会劳动程度的指标，其含义是劳动力在一定范围内人口所占的比率，劳动力参与率会受到很多因素的影响；在此基础上，对劳动力市场中劳动力的供给进行了分析，描绘出劳动力供给曲线的不同形态，分析了劳动力供给弹性，并介绍了不同类型的劳动力供给。

其次，本章介绍了无差异曲线和预算约束线，进一步讲解了主体均衡理论，即在资源约束的条件下闲暇时间与劳动收入的组合能够使主体获得最大效用的状态。

最后，本章还对个人、家庭和市场的劳动力供给行为做了详细分析。由于影响因素的复杂性，个人的劳动力供给是一条向后弯曲的曲线，表明在某一工资率之下，个人的劳动力供给随着工资率的提高而增加，而在超过某一数值后，工资率的进一步提高会导致劳动时间的减少；并用替代效应和收入效应解释了个人劳动力供给曲线向后弯曲的原因。尽管许多单个劳动者的劳动力供给曲线可能会向后弯曲，但市场的劳动力供给曲线却不一定如此。在较高的工资水平上，也许现有的工人只提供较少的劳动，但高工资会吸引新的工人进来。因此，市场的劳动力供给一般还是会随着工资率的提高而增加，从而市场的劳动力供给曲线仍然是向右上方倾斜的。

【复习思考题】

1. 如何理解劳动力供给的含义？
2. 劳动力供给通常有哪些假设？
3. 劳动力参与率的含义是什么？哪些因素会影响劳动力参与率？
4. 劳动力供给有哪些类型？
5. 什么是无差异曲线和预算约束线？
6. 什么是收入效应和替代效应？
7. 描述个人、家庭和市场的劳动力供给曲线。

【案例分析】

人口规模与结构变化直接影响劳动力市场中的劳动力供给，间接影响劳动力需求。因此，人口变动与劳动力市场变动有着不可分割的关系。

我国自20世纪70年代开始在全国范围内实施计划生育，生育率的水平出现了明显下降。总和生育率从60年代中期的6.15下降到80年代初期的2.10，随后继续下降，90年代初期开始降到1.60左右，并持续了长时间的低生育率水平。

计划生育政策对我国劳动力市场供给产生了巨大影响，主要体现在以下几个方面。首先，直接减少了我国劳动力供给的总规模，减弱了我国长期存在的就业压力。劳动力规模庞大，人口就业压力大是我国长期存在的问题。计划生育政策的实施，减少了至少 3～4 亿的新增人口，如果没有计划生育政策的长期实施，这些新增人口在过去若干年内都会陆续进入劳动年龄，增大我国的就业压力。而计划生育政策的实施改变了这一现象。其次，优生优育间接提高了劳动者的素质，对经济增长有着重要作用。计划生育政策不仅仅是控制人口规模，提高人口素质也是题中之义。多年的优生优育政策的实行，减少和干预了出生缺陷，提高了新增人口的生理素质，并且通过对经济社会产生间接影响，提高了劳动者的教育水平和综合素质。最后，不可否认的是，计划生育政策的实施，在一定程度上促使当前劳动年龄人口老化，并减小了当前的劳动力供给规模。因为计划生育的结果就是减少出生人口。新生人口减少，必然逐渐导致劳动年龄人口老化，同时劳动年龄人口的总规模和比重也会下降。

人口老龄化意味着老年人口无论比重还是规模都进入了一个新的节点，也就是说 60 岁及以上的老年人口比重或者 65 岁及以上的老年人口比重分别超过 10%或者 7%。与此对应的是 15～64 岁劳动年龄人口比重也开始下降，更为严重的是劳动年龄人口规模也逐渐萎缩。2010 年之后，我国的劳动年龄人口比重和规模先后进入下降的阶段，对劳动力市场供需对比状况产生了一定的影响。2016 年开始，我国政府在对当前人口形势进行多方综合判断后，开始正式实施了全面二孩生育政策。

资料来源：童玉芬，宫倩楠. 全面二孩政策与中国劳动力供给[J]. 中国劳动关系学院学报，2019，33（01）：1-7.

思考题

1. 如何看待全面二孩生育政策对于中国劳动力供给的影响？
2. 你认为还可以采取哪些措施来改善中国劳动力供给的状况？

第4章
人力资本分析

学习目标

1. 理解人力资本和人力资本投资基本理论。
2. 掌握人力资本投资决策、个人教育投资决策和企业培训投资决策。

关键术语

人力资本、人力资本投资、教育投资、一般培训、特殊培训

导入案例

改革开放以来，中国领导人逐渐意识到人力资本上的不足，从而越来越重视教育，对教育的投资力度大大增加，以此培养人才，带动人力资本的发展，从而促进国家经济的发展。在政府的重视和政策的支持下，中国高校规模从1990年开始稳步扩大。

第十届中国人力资本指数发布暨人力资本国际研讨会在中央财经大学召开，会上发布的《中国人力资本报告2018》显示，改革开放以来，中国人力资本增长九倍，这是我国最新的人力资本指数估算结果。

《中国人力资本报告2018》引入国家统计局、高校和社会调查部门等公布的最新数据对所有计算进行更新、调整并改进。该报告计算了全国层面及所有省份（澳门除外）1985—2016年的年度分城乡人力资本的多种度量指标，提供了最新的、更准确的人力资本估算结果。

2018年中国人力资本报告发布包含以下主要内容。

1．传统人力资本度量指标

1985—2016 年间，全国劳动力人口（包括学生）的平均年龄从 31.9 岁上升到了 35.9 岁。城镇劳动力人口（包括学生）的平均年龄从 32.3 岁上升到了 35.2 岁，乡村劳动力人口（包括学生）的平均年龄从 31.7 岁上升到了 36.9 岁。

2016 年，劳动力人口平均年龄最高的前五个地区是黑龙江、辽宁、重庆、吉林、内蒙古；劳动力人口平均年龄最低的五个地区是甘肃、新疆、海南、贵州、西藏。

1985—2016 年间，全国劳动力人口的平均受教育年限从 6.1 年上升到了 10.0 年。城镇劳动力人口的平均受教育年限从 7.8 年上升到了 11.2 年，乡村劳动力人口的平均受教育年限从 5.6 年上升到了 8.5 年。

2016 年，劳动力人口平均受教育年限最高的五个地区是北京、上海、天津、江苏、辽宁；劳动力人口平均受教育年限最低的五个地区是甘肃、贵州、云南、青海、西藏。

2016 年，香港劳动力人口平均年龄是 39.1 岁，台湾是 38.6 岁；香港劳动力人口的平均受教育年限是 12.0 年，台湾劳动力人口的平均受教育年限是 13.5 年。

1985—2016 年间，全国劳动力人口中高中及以上受教育程度人口占比从 11.97%上升到了 34.08%。城镇劳动力人口中高中及以上受教育程度人口占比从 26%上升到了 50%，乡村劳动力人口中高中及以上受教育程度人口占比从 7%上升到了 13%。

1985—2016 年间，全国劳动力人口中大专及以上受教育程度人口占比从 1.26%上升到了 16.99%。城镇劳动力人口中大专及以上受教育程度人口占比从 4%上升到了 28%，乡村劳动力人口中大专及以上受教育程度人口占比从 0.2%上升到了 3%。

2016 年，香港劳动力人口中高中及以上受教育程度人口占比是 72.37%，台湾劳动力人口中高中及以上受教育程度人口占比是 86.65%；香港劳动力人口中大专及以上受教育程度人口占比是 38.45%，台湾劳动力人口中大专及以上受教育程度人口占比是 53.09%。

2．人力资本的综合度量指标

《中国人力资本报告 2018》采用并改进国际上广泛应用的 Jorgenson-Fraumeni 计算法，对中国人力资本的存量和发展动态进行了综合估算。主要结果包括以下内容。

2016 年，中国人力资本总量按当年价值计算为 1 675 万亿元，其中，城镇人力资本为 1 404 万亿元，农村人力资本为 271 万亿元，分别占人力资本总值的 84%和 16%。

1985—2016 年间，中国人力资本总量增长 9.36 倍，年均增长率是 7.98%，城镇和农村年均增长率分别是 10.28%和 3.84%；2006—2016 年人力资本总量的年均增长率为 6.22%。城镇人力资本总量的年均增长率为 7.90%，农村人力资本总量的平均增长率为 0.63%。

1985—2016 年间，香港、台湾实际人力资本总量年均增长率分别是 4.57%、1.29%。

2016 年，人力资本总量前五位是山东、河南、广东、江苏和浙江，后五位是甘肃、海南、宁夏、青海和西藏。

2016 年，中国人均人力资本按当年价值计算为 147 万元，其中城镇为 209 万元，农村为 58 万元。

1985—2016 年间，我国人均人力资本的年均增长率为 7.33%，农村人均人力资本的年均增长率为 5.33%，城镇人均人力资本的年均增长率为 6.28%。2006—2016 年间，我国人均人力资本的年均增长率为 5.77%，农村人均人力资本的年均增长率为 2.88%，城镇人均人力资本的年均增长率为 4.94%。

2016 年，人均人力资本前五位是北京、上海、天津、浙江和江苏；后五位是新疆、西藏、云南、甘肃和青海。

资料来源：http://m.sohu.com/a/281040312_362042

4.1 人力资本概述

4.1.1 人力资本理论的产生和发展

对人的经济价值的研究与分析可以追溯到 17 世纪经济学形成之初。一般认为，对于人的经济价值的研究思想始于英国古典经济学创始人之一的威廉·配第。威廉·配第在其代表作《政治算术》中根据劳动价值论，提出了“土地是财富之母，劳动是财富之父”的著名命题，并充分肯定了人的经济价值。在国家实力的比较研究中，威廉·配第采用“生产成本法”计算出英国人口的货币价值，并以此来分析英国的国家实力，以及战争、瘟疫造成的人口死亡和迁出带来的损失。尽管他的计算方法并不科学，但他已经注意到了在生产中“人”的作用。在威廉·配第之后，诸多经济学家对人的经济价值进行了探索，并提出了要采取某些措施，进行必要的资本投入来提高人口素质的思想。这实际上已经开始了人力资本理论的初步探索。

著名的古典学派代表人物亚当·斯密首先注意到人力资本问题。他在其 1776 年出版的《国富论》一书中，专门对人力资本进行了分析。他认为“学习一种才能，须受教育，须进学校，须做学徒，所费不少，这样费去的资本，好像已经实现并固定在学习者的身上。这些才能，对于他个人自然是财产的一部分，对于他所属的社会，也是财产的一部分。工人增进的熟练程度，可以和便利劳动、节省劳动的机器和工具同样看作社会上的固定资本。学习的时候，固然要花一笔费用，但这种费用，可以得到偿还，赚取利润”。显然，亚当·斯密把通过受教育获得的才能纳入了资本的范畴，并认为在经济上对人力投资是有利可图的。

在人力资本理论体系完善发展的过程中，加尔布雷斯、雅各布·明塞尔、西奥多·舒尔茨、加里·贝克尔、爱德华·丹尼森、罗默、卢卡斯等人都做出了自己的贡献。一般来说，以西奥多·舒尔茨、加里·贝克尔和雅各布·明塞尔为代表，他们分别从不同的角度展开对人力资本的研究。西奥多·舒尔茨在结合经济增长问题的研究时，提出了人力资本的概念。加里·贝克尔将新古典的分析方法应用于人力资本投资研究，并提出了一套理论分析框架。雅各布·明塞尔则是在收入分配和劳动力市场行为等问题的研究过程中，开创了人力资本的方法。

1. 西奥多·舒尔茨

舒尔茨是人力资本理论的创始人。1959 年，他在《人力投资：一位经济学家的观点》一文中，首次提出了人力资本的概念。1960 年 12 月 28 日，在美国经济学会第 73 届年会上，他以主席身份致辞，系统地阐明了人力资本理论。由于对人力资本理论的特殊贡献，舒尔茨 1979 年获得诺贝尔经济学奖。

舒尔茨的人力资本理论主要有以下五个观点。①人力资本存在于人的身上，表现为知识、技能、体力（健康状况）价值的总和。一个国家的人力资本可以通过劳动者的数量、质量及劳动时间来度量。②从人力投资的角度来看，人力资本可以理解为人力的投资而形成的资本。从货币形态看，它表现为提高人力的各项开支，主要是学校教育、在职教育和保健支出，以及劳动力迁移支出等。③既然人力是一种资本，那么无论是个人还是社会对其投资都会有收益。从这个意义上讲，人力资本是劳动者时间价值、收入提高的最主要的源泉。因此，人力资本的大小、高低也可表现在人力所有者，即劳动者的收入上。④人力资本投资是效益最佳的投资，人力投资的目的是获得收益。舒尔茨对 1929—1957 年美国教育投资对经济增长的关系做了定量研究，发现各级教育投资的平均收益率为 17%，教育投资增长的收益占劳动收入增长的比重为 70%，教育投资增长的收益占国民收入增长的比重为 33%，也就是说，人力资本投资是回报率最高的投资。⑤人力资本投资的消费部分实质是耐用性的，甚至比物质的耐用性消费品更加经久耐用。

舒尔茨对于人力资本的主要观点和理论贡献在于批判了传统经济学关于资本同质性的假定，他认为研究经济发展的动力应引进包括物质资本和人力资本在内的总括性资本概念。舒尔茨的人力资本理论也有不完善之处，也有人对他的计算方法提出过质疑。但是，我们还是应该肯定其贡献，因为“难的是从旧的观念中跳出来”（凯恩斯语）。

2. 加里·贝克尔

贝克尔关于人力资本的主要著作有《生育率的经济分析》（1960 年）、《人力资本：特别是关于教育的理论与经济分析》（1964 年）、《人力资本与个人收入分配：一种分析方法》（1967 年）。贝克尔是人力资本理论基本框架的构造者，他对人力资本理论最大的贡献在于为其提供了坚实的微观经济分析基础，并使之数学化、精细化和一般化。

他的《人力资本：特别是关于教育的理论与经济分析》被恰当地描述为“经济思想中人力投资革命”的起点，其人力资本的观念在该书中的体现主要有以下六方面：①人力资本投资既要考虑将来的收益，也要考虑现在的收益；②在职培训是人力资本的重要内容；③提出了人力资本投资收益率计算公式；④提出了年龄—收入曲线；⑤说明了高等教育收益率，同时，也比较了不同教育等级之间的收益率差别；⑥信息的搜集也是人力资本的内容，同样具有经济价值。同时，贝克尔还把人力资本研究框架扩展到“家庭经济学”，把家庭的许多行为，诸如婚姻、父母养育孩子，以及家庭内部分工看成与人力资本有关的行为。

3. 雅各布·明塞尔

严格而论，明塞尔对于人力资本的研究要早于以上两人，1957 年，他在自己的博士论文《人力资本投资与个人收入分配》中，最早运用人力资本投资的方法研究收入分配。他对人力资本的理论贡献有以下四点：①他最早建立了人力资本投资收益率模型；②最早提出了人力资本挣得函数；③将人力资本理论与分析方法应用于劳动市场行为与家庭决策；④提出了“追赶”时期的概念，并用于分析在职培训对终生收入模式的影响。

4.1.2 人力资本的含义和特点

1. 人力资本的含义

我们要理解人力资本的含义，首先要看一下资本的含义。萨缪尔森在其《经济学》（第 14 版）中是这样对资本定义的：“资本是一种不同形式的生产要素，是一种生产出来的生产要素，是一种本身就是经济的产出的耐用投入品。”当前，西方经济学界一般认为，凡是用于生产、扩大生产能力，以及提高生产效率的物质均称为资本。它不仅包括设备、厂房，而且包括知识、技能。我们一般将前者视为物质资本，将后者视为人力资本。

人力资本是一种与物质资本相对应的资本形式，它表现为能为任何个人带来永久性经济收入的能力和知识等。从价值的角度看，任何人对自身进行的知识、技能、智力和健康的投入，如果能够给投入者带来超过投入价值的价值，并由其占有资本和支配这部分价值而产生更大的投入积极性，那么这种投入所形成的价值便是人力资本。

2. 人力资本的特点

人力资本虽然与其他资本有一定的共性，但是与物质资本及其他形式的资本相比，它具有鲜明的特点。这些特点对人力资本的投资与形成、人力资本效能的发挥等产生十分重要的影响。概括而言，人力资本具有以下四个特点。

① 人力资本寄存于人体之中，人力资本与其承载者不可分离，这是人力资本区别于其他任何形式资本的最本质区别。

② 人力资本能够为其所有者带来持久性的收入，就像能够产生货币收入的任何形式的物质资本一样，能够为其所有者提供现实的收益。

③ 人力资本是通过人力资本投资形成并积累的，是投资的产物。固然人力资本亦可以被理解为人的劳动能力，要生产和维持人的劳动能力，也要付出劳动力的生产和再生产的费用。但是人力资本理论研究概括的人力资本并不是自然形态的简单的劳动能力，

也不是一般的同质的人的劳动能力，而是强调并突出劳动能力和其素质结构的异质性，强调体力、智力、知识、技能等人力投资的结果，是人力投资的对象，强调并突出高素质结构的劳动能力的提高，对经济增长与社会发展的贡献和意义。

④ 人力资本投资与物质资本投资相似，投资者亦承担投资风险。通过某种特定内容的教育——培训，使人力资本具有某种专门的性质。若这种专业性与劳动力市场的需求失衡，特别是该专业素质结构的劳动力供大于求，人力资本投资就不能获得预期收益。人力资本投资与物质资本投资一样，最高的收益总是属于那些最能够预见经济与社会发展的变化，并能迅速地做出投资决策或调整投资决策的投资者。

4.2 人力资本投资

4.2.1 人力资本投资的含义及特点

贝克尔是这样定义人力资本投资的：“通过增加人力资源，影响未来货币收入和精神收入的活动。”我们认为，人力资本投资是通过对人的投资，增加人的生产与收入能力的一切活动。它的含义包括以下几个方面。

① 人力资本投资的对象是人。

② 人力资本投资需要放弃眼前的利益。

③ 人力资本投资在未来可以获得收益，包括货币收入与其他收益。

④ 人力资本投资可以增强人的生产能力。

从以上几个方面来看，人力资本投资与物质资本投资一样，也是一种真正的或实际的投资行为，具有投资的一般性质。但是，人力资本投资的特殊性决定了它具有一些与物质资本投资不同的特点。这些特点在理论上和实践上对人力资本投资都具有十分重要的意义。与物质资本投资比较而言，人力资本投资具有以下几个主要特点。

① 人力资本投资的对象或客体不是物，而是人。这个特点是人力资本投资的最本质的或最基本的特点。

② 人力资本投资者具有多元性。人力资本投资的多样性和人力资本投资的有限性使人力资本投资主体具有多元性的特点。具体来讲，人力资本投资者包括个人、家庭、企业、政府及各种社会团体。

③ 人力资本投资主体与客体有时具有同一性。人既可以是人力资本投资的主体，也可以是人力资本投资的客体。当人作为自我投资者时，则人是人力资本投资的主体；当人作为人力资本时（如接受普通教育、培训等），则人是人力资本投资的客体。

④ 物质形态的人力资本的投资品主要是由消费品或者说最终产品构成的。“好多我们称之为消费的东西，就是对人力资本的投资”（舒尔茨，1961 年），这是人力资本投资与物质资本投资最重要的区别之一。

⑤ 人力资本投资具有非物质形态的投入——时间。人力资本是一种时间密集型的

资本，所以时间也就成为人力资本投资最主要的投入。

⑥ 人力资本投资具有互补性和相继性。不同形式的人力资本投资之间具有互补性，而同一形式的人力资本投资则具有阶段上的相继性，即后期投资必须以前期投资为基础或前提条件，有些人力资本投资阶段必须经历，不能逾越。

⑦ 人力资本投资受个人偏好的影响。一般来说，物质资本投资并不受投资者个人偏好的影响，因为物质资本投资遵循的是利润最大化原则。人力资本投资则不同，它遵循效用或效益最大化原则，它不仅受货币收益最大化原则支配，而且还会受个人偏好的影响。例如，有些人有能力、有机会成为一名律师，并因此能获得较高的收入，但是由于他们的偏好是教书育人而选择了教师职业。

4.2.2　人力资本投资的主要形式

一般来说，人力资本投资主要分为以下四种主要形式。

1．各级正规教育

教育投资是人力资本投资的重要方式，在人力资本投资中居于重要的地位。无论是政府还是社会团体、劳动者个人及其家庭用于普通教育的费用，不论其投资主体是谁，其费用均属于人力资本投资。从传统的学校教育体系来考察，小学、初中、高中和高等院校，构成了在教学内容、教育层次上互相沟通、相互衔接的教育体系。初等和中等普通教育的目标在于发展人的一般认识能力，这是发展其他教育的基础。高等教育虽然属于普通教育的范畴，但是已经具有鲜明的专业性，其基本任务与主要作用是探索、鉴别、传授和发展一个民族或一个社会已有的最高文化科学成就与精神财富，深化对自然界、社会生产和社会发展规律的认识。通过各级正规教育投资，形成并增加人力资本的知识存量，表现为人力资本构成中的“正规教育程度”，即用学历反映人力资本存量。显然，通过劳动者接受学校教育的年限、劳动者的学历构成，我们可以清楚地判断和比较一个国家或地区某一特定时期的人力资本存量。

2．职业技术培训

职业技术培训是与各级正规教育具有同样重要意义的人力资本投资方式。职业技术培训在教学内容、专业设置、教育层次上包括初级、中级和高级三个层次的专门专业教育和培训。如果说初等和中等普通教育的目标在于发展人的一般认识能力，那么初级和中级职业技术培训则是以直接地培养和训练人的职业能力为主要目的。职业技术培训是在相应层次普通教育的基础上，使劳动者获得从事某种职业所需要的知识、技能与技巧。高等职业技术培训也是如此。它们的共同目的都是利用已掌握、已认识的规律，如自然界和物质结构的特征、运动形态及其特点等，实现错综复杂的各种具体劳动所预期的成果。职业技术培训特别侧重于人力资本构成中的职业、专业知识与技能存量，其表现为人力资本构成中的“专业技术等级”。同样，通过职业技术培训，人力资源的各类专业技术等级结构可以方便地比较和判断一个国家或地区某一特定时期的人力资本存量。

3．健康保健

健康保健、增强体质也是人力资本投资的主要形式，其主要包括劳动者营养、衣着、住房、医疗保健和自我照管、锻炼、娱乐等，它可以由“健康时间”，或者可以由用于工作、消费闲暇的“无病时间”组成。这方面的投资效果主要表现为人口预期寿命提高、死亡率降低。

一个国家全体国民的健康保健水平直接影响该国劳动力的数量和质量，对社会经济发展具有不可估量的作用，因此许多国家开始把医疗保健投资定为一项基本国策。同时，随着人们生活水平不断提高，来自家庭、个人方面的保健投资也将成为消费支出的一个重要组成部分。

4．劳动力流动

劳动力流动费用本身并不能直接形成或增加人力资本存量，但是，劳动力的合理流动，宏观上可以实现人力资本的优化配置，调节人力资本分布的稀缺程度，微观上可以使个人的人力资本实现效率和获利最大化的使用。所以，它是实现人力资本价值和增值的必要条件。

目前，劳动力在国家间的流动越来越频繁。跨国流动者大多是受教育程度较高的人，他们身上凝聚着较高的人力资本存量，对移出国家来说，是人力资本的损失，对移入国家来说，则是人力资本的增加。因此，怎样减少人才外流并吸收境外人才，是发展中国家面临的一个现实问题。

此外，一些学者提出的教化投资是对人力资本理论的一种补充和拓展。对适应于新经济体制的非正式制度（如思想观念、风俗习惯、区域群体的价值取向、道德规范、意识形态等）的认同并形成相应的行为规范的活动，称为教化。经济转型过程凸显了教化投资的重要性。教化投资增强了人力资本的资源配置能力，在扩大个体人力资本存量的同时，还提升了社会经济价值，增加了社会资本。

4.3 人力资本投资决策

人力资本构成中最重要的部分是劳动者的知识存量和技能存量。如上所述，它们主要是通过教育与培训获得的。因此，我们首先讨论这两种人力资本投资行为。

虽然不同的投资主体投资的重点可能不同，但其决策模式却基本一致，都是依据投资的预期收益与预期成本的比较结果进行决策的。通常，投资的成本是逐年发生的，投资的收益是未来的事情，所以进行成本—收益分析不能简单地将预期收益与预期成本直接进行比较，而必须将预期值按一定折现率折现后用作决策的依据。

当按某一折现率折现，预期收益的现值等于预期成本的现值时，此折现率即投资报酬率。与此同时，投资者还要比较投资报酬率与时间内生偏好率的关系。时间内生偏好率是指一个人关于货币时间价值的偏好，即个人愿意接受的最低的利息率。

根据以上思路，人力资本投资决策的一般程序可以分为以下几步。

首先，计算投资预期收益现值。假设某项人力资本在 t 年内可以为投资者带来收益，投资完成后每年的投资收益为 W_i，设折现率为 r，t 年内投资收益现值为 PVW，那么公式如下：

$$\mathrm{PVW}=\frac{W_1}{(1+r)^1}+\frac{W_2}{(1+r)^2}+\cdots+\frac{W_t}{(1+r)^t} \quad （公式 4-1）$$

$$=\sum_{i=1}^{t}\frac{W_i}{(1+r)^i} \quad （公式 4-2）$$

$$(i=1,2,\cdots,t)$$

其次，计算人力资本投资预期成本现值。设人力资本投资为 C，平均分布在 n 年内，每年投资成本为 C_j，投资成本现值为 PVC，根据现值计算公式则有：

$$\mathrm{PVC}=\frac{C_1}{(1+r)^1}+\frac{C_2}{(1+r)^2}+\cdots+\frac{C_n}{(1+r)^n} \quad （公式 4-3）$$

$$=\sum_{j=1}^{n}\frac{C_j}{(1+r)^j} \quad （公式 4-4）$$

$$(j=1,2,\cdots,n)$$

再次，计算人力资本投资报酬率。人力资本投资报酬率是指人力资本投资预期收益的现值等于预期成本的现值时的折现率。令投资总收益现值等于投资总成本现值，即 $\mathrm{PVW}=\mathrm{PVC}$，则有：

$$\sum_{i=1}^{t}\frac{W_i}{(1+r)^i}=\sum_{j=1}^{n}\frac{C_j}{(1+r)^j} \quad （公式 4-5）$$

根据投资者对 W_i、C_j、t 和 n 的预期，可以求出折现率（r），该折现率（r）即人力资本投资报酬率。

最后，进行投资决策。设 R 为个人时间内生偏好率，显然，只有当 $r \geqslant R$ 时，人们才会选择人力资本投资。若 $r<R$，人们将不会选择人力资本投资。

4.4　个人教育投资决策

在市场经济条件下，人们在接受完高中教育之后，将面临多种选择，可以立即进入劳动力队伍，也可以继续学习深造，进行更高层次的人力资本投资。那么，人们是选择继续上学还是选择就业，必然要考虑各种各样的影响因素，其中最重要的因素就是经济因素，即各种形式的成本与收益的比较。一般说来，非货币成本是指人们上大学所承受的心理成本，在获得知识和成长的同时也需要承受不同程度压力。有一部分无法很好调节压力的人会把它当作一种负效用，另一部分人很享受这种压力，因充实而忙碌的学习生活感到满足。由于非货币成本是一种主观感受，所以很难进行量化，在下面的分析中我们将省略对非货币成本的分析。

1．成本

大学教育的总成本包括货币成本与非货币成本。货币成本由直接成本与间接成本两部分组成。

直接成本是接受大学教育而直接产生的各种费用支出，包括学杂费、书籍费和交通费等，亦可理解为"购买"大学教育服务所支付的费用。日常生活费用一般不列入教育投资的直接成本，因为这些费用无论个人是否接受大学教育都必须支出。但是如果个人因为接受大学教育而额外增加的（如到一个物价较高的地方求学）生活费用，也可以列入大学教育的直接成本。

间接成本又叫机会成本，是指人们高中毕业就参加工作所获得的、不上大学直接参加工作也同样能够获得的收入。

2．收益

上大学的收益包括经济收益和非经济收益。经济收益就是从终生收入来看，上大学的人一生得到的收入总量高于没有上大学的人一生得到的收入总量的部分。但是，这种收入的超出部分是建立在对未来预期的基础上的，是一个预期值。而这种预期又是以已经发生的事实作为基础的，因为一个人并不知道自己大学毕业以后或者没有读大学的收入如何。非经济收益包括由于上大学而得到的社会地位的提高、拥有较大的职业机动性，以及精神生活更加充实等，同样很难准确地计量。因此，在后面的分析中也将省去对这部分收益的分析。

3．教育投资模型分析

图 4-1 清楚地显示了两类人的收入流的差异。其中，收入流 A 反映了未上大学的人的终生收入流；收入流 B 反映了 18 岁上了大学的人到 60 岁退休的部分人的终生收入流。上大学的总成本包括间接成本和直接成本，收入增量表示接受大学教育和不接受大学教育的收入流的差额。经过折现后，只有收入增量大于或等于上大学的总成本，人们才会选择继续接受大学教育。值得注意的是这里仅反映了经济收益，没有反映非经济收益。

经过以上分析，我们可以得出以下几点与大学教育决策有关的结论。

① 在其他条件不变时，大学教育的直接成本下降，将会刺激大学教育投资。

② 在其他条件不变时，若大学生的收入与无大学学历的劳动者收入差距扩大，将会刺激大学教育投资，即两种收入流的差距会对教育决策产生影响。

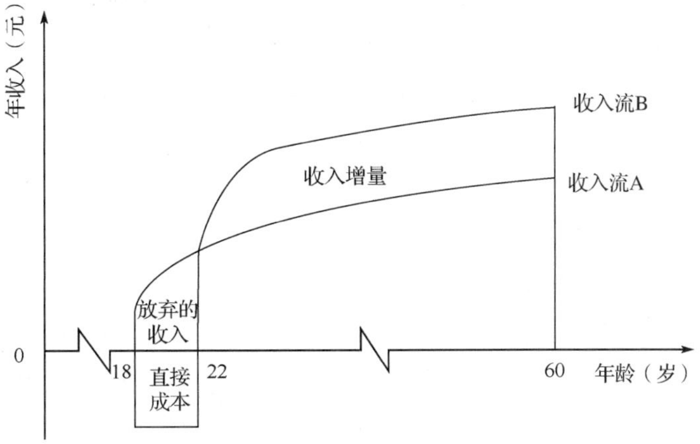

图 4-1 受教育程度不同的人的收入流

③ 年龄是影响决策的因素之一。年轻人未来工作时间长，因此其总收益的折现值要大于老年人，即收入流的长度也会对教育决策产生影响。

4.5 企业培训投资决策

我们这里说的企业培训是指在企业中进行的职业技术培训，它是人力资本投资的另一项重要内容。

4.5.1 培训的成本与收益

1. 成本

企业中职业技术培训投资的成本因培训的性质、内容、种类的不同而不同。主要包括以下两个方面。

① 直接货币成本及进行培训活动所需的物质条件的成本。这部分成本属于货币支出。比如，企业成立一个技术培训班，需要支付受训人员的工资、聘请培训讲师的费用及租用培训场地和培训设备的费用等。

② 实施培训的机会成本。机会成本由两部分组成：一部分是受训人员参加培训要花费时间和精力，使企业的生产率受到影响；另一部分是利用有经验的员工和机器从事培训活动的成本，这部分成本通常发生在师傅带学徒式的培训中。比如，有经验的师傅给学徒讲授技能，师傅的工作效率必然会受到影响，这种损失也要计算到培训成本之中。这两者都会给企业正常的经营活动造成一定的损失。

2. 收益

培训的直接结果是促使企业中受训人员的劳动熟练程度提高，劳动技能、劳动所需知识等人力资本存量增加。培训的最终收益表现在以下两个方面。

① 对企业而言，企业内员工劳动绩效和劳动生产率得到提高，进而使企业能够获得更多的利润，在竞争中处于更加有利的地位。

② 对受训员工而言，最明显的收益就是可以增加劳动收入和有关的福利待遇，提高选择职业的能力。

4.5.2 企业培训的两种类型

根据企业培训投资所产生的效用（如员工获得技术知识、技能等）是否具有较普遍的适用性，将企业培训分为一般培训和特殊培训。一般培训也叫普通培训，是指员工通过培训获得的技术知识、技能，对多个企业都有用，那么，不论这种技术知识、技能的性质究竟是什么，它们都属于一般培训。特殊培训与一般培训相反，是指员工通过培训获得的技术知识、技能，只对目前提供培训的企业有用，或者会使提供培训的企业的生产率比其他企业提高得更多。

我们对这两种形式的培训的分析将主要集中在谁享受培训的利益、谁对培训进行投资等问题上。

1．一般培训的成本效益分析

我们分析的前提是企业在劳动力需求水平的决定中，坚持劳动的边际产品价值 VMP 等于工资率（W）的原则。由于一般培训对多个企业都有用，即培训不仅对提供培训的企业有用，对其他企业也有价值。在这种情况下，假设在一般培训前，一个员工的劳动边际产品价值为 VMP_1，其工资为 W_1。经过一段时间的培训，该员工的劳动边际产品价值提高到 VMP_2，与此相对应，有一个较高的工资 W_2。如果在培训期间，企业支付的工资为 W_1，培训后企业按照提高的 VMP_2 支付 W_2 的工资，那么培训成本由谁承担呢？

如果企业为了补偿培训期间付出的培训成本，在培训结束后，支付给员工的工资少于 W_2，但由于员工从一般培训中获得的技能适用于多个企业，那么受训员工就会离开所在的企业，而流向愿意付给他工资为 W_2 的企业。假定所有其他就业条件相同，企业为了留住受训员工，支付的工资必须大于或等于 W_2。正因为如此，企业不愿意为员工提供适用性很强的一般培训。这一类培训任务往往交给各类职业技术学校完成。

假定由企业为员工提供一般培训，那么，合理的情况应该是员工自己负担接受一般培训的成本并享受其收益。那么他们以怎样的方式支付呢？比较合理的一个办法是员工在培训期间接受一个比本来能获得的工资更低的起点工资，可用图 4-2 来解释这一问题。

在图 4-2 中，W_1 为员工没有接受培训时的工资。在培训期间 Ot 内，员工的劳动边际产品价值为 VMP^*，此时企业支付的工资为 W^*，W_1与W^* 的差额部分为培训的成本，由员工承担。在培训后服务期间 tT 内，企业支付给员工的工资为 W_2，因为此时员工的劳动边际产品价值为 VMP_2，W_2与W_1 的差额部分为培训的收益。

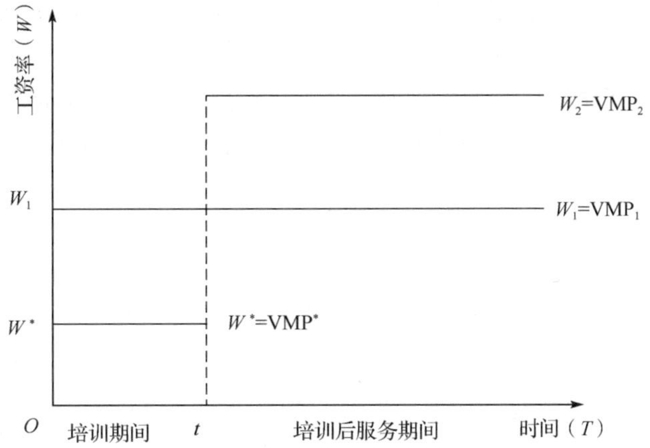

图 4-2　一般培训的成本与收益

2．特殊培训的成本效益分析

特殊培训只对提供培训的企业有价值，对其他企业没有什么价值。因此，一个员工在其他企业得到的工资就不取决于他所接受的特殊培训，也不存在提供培训企业以边际产品价值去支付受训员工的竞争性工资的情况，所以，员工是不愿意为特殊培训支付费用的。如果员工的工资率为 W_1，那么在培训期间和培训后服务期间，他都可以得到 W_1 的工资。在这种情况下，特殊培训的成本全部由企业承担，收益也全归企业。在培训期间，企业支付的工资高于受训员工的边际产品价值，高的部分成为特殊培训的成本；培训后服务期间，企业支付的工资低于受训员工的边际产品价值，因而补偿了培训成本。

显然，由企业支付全部特殊培训费用的成本—收益结构，存在一定的风险。这是因为如果员工在特殊培训结束后，或是在一个比较短的服务期内，到其他企业以 W_1 的工资就业，显然不会对受训员工带来损失，但对企业来说，特殊培训的成本将得不到补偿。因此，这种成本—收益结构对企业是不利的。解决这个问题的办法有两个：一是劳动关系双方达成共识，签订长期劳动合同；二是重新调整特殊培训的成本—收益结构。

第一个办法存在一些困难，合同一般并不能保证投资利润的实现，而且还受到诸多制度因素的干扰。第二个办法是最佳的，即在培训期间，企业和员工双方分摊培训费用，共担风险，在培训后服务期间双方分享培训收益。这种分享型的成本—收益结构可以结合图 4-3 来理解。

在特殊培训期间 Ot 内，受训员工的工资为 W_4，W_1与W_4 的差额部分为员工承担的培训成本；W_4与W^* 的差额部分为培训企业承担的培训成本。在培训后服务期间 tT 内，受训员工的工资为 W_3，W_3与W_1 的差额部分为员工的培训预期收益，W_2与W_3 的差额部分为企业的培训预期收益。这种成本—收益结构可以保证企业有效地降低受训员工辞职的可能性，还可以把培训成本收回一部分。对受训员工而言，既可以享受部分投资收益，也降低了被解雇的可能性。因此，在这种情况下，企业和受训员工愿意分担培训成本、分享投资收益，从而建立长期的劳动关系。至于企业和受训员工各自的份额，即成本和收益如何分割，取决于员工离职率、企业的解雇率及风险责任、流动愿望等。一般而言，受过特殊培训的员工与没有受过特殊培训的员工相比，辞职率要低，这不仅因为他们承担了部分培训成本，而且还因为特殊培训的价值不被其他企业肯定，在其他企业只能获得相当于 W_1 的工资，不能享有预期的培训收益。同样，企业也不愿意解雇这类员工。

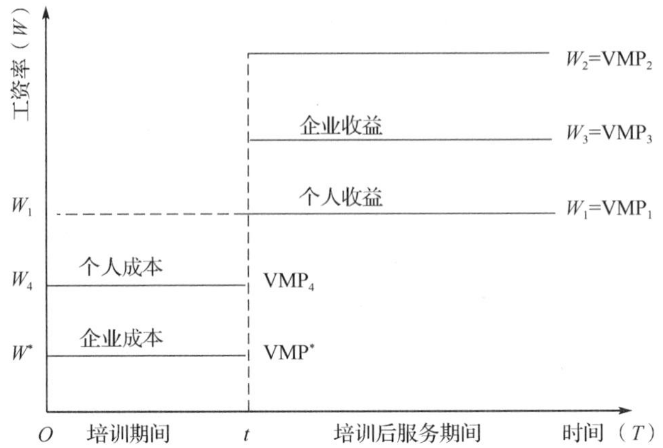

图 4-3　特殊培训的成本与收益

【本章小结】

首先，本章从人力资本的概念入手，回顾了人力资本理论的形成和发展简史，介绍了舒尔茨等人的人力资本理论的主要观点。人力资本是一种与物质资本相对应的资本形式，它表现为能为任何个人带来永久性经济收入的能力和知识等。而人力资本投资是指通过对人的投资，增加人的生产与收入能力的一切活动。

人力资本投资主要有四种方式：①各级正规教育；②职业技术培训；③健康保健；④劳动力流动。不同的投资方式，收益不同；不同的投资主体，投资的侧重点也不同。但是投资决策模式基本一致。

其次，本章讲解了人力资本决策的一般模式。

最后，本章讲解了如何通过对成本和收益的分析来进行个人教育投资决策和企业培训投资决策。

【复习思考题】

1. 什么是人力资本？
2. 介绍人力资本理论的代表人物及其理论观点。
3. 人力资本和人力资本投资的特点是什么？
4. 人力资本投资的理性依据是什么？

5. 怎样进行教育投资决策分析？
6. 企业培训有哪些类型？其成本与收益如何安排？

【案例分析】

“二战”后，日本和英国战败，两国的经济开始衰退，许多企业面临倒闭，工人失业率持续上升，国民经济濒临崩溃，通货膨胀率也持续上升。很多经济学家分析日本想要恢复到之前的经济水平，需要数十年的时间。然而，事实上，日本仅用了 15 年（1945—1960 年）的时间，就从衰退中恢复起来，让很多经济学家为之惊叹。并且在 60 年代，两国以强劲的发展势头超越美国和苏联，成为世界第二和第三经济强国。日本之所以能在如此短的时间内发展起来，离不开人力资本和教育的投资。日本虽然国土面积小，资源匮乏，但是国民的受教育水平很高。日本每年的教育支出约占国家财政支出的 5.4%。教育的繁荣带来了经济的发展，日本的教育投资收入占 52%，科技进步收入占 43%，资本扩张收入只占 5%。

其实，日本证明了“教育是一个民族的基础”。日本总人口约为 1 亿人，这样来看，日本的劳动力是不足的，但工人的受教育水平高、平均劳动熟练程度很高。从这个角度讲，日本不是一个缺少劳动力的国家，而是一个拥有相对丰富的人力资本的国家。“二战”后，日本注重教育的发展和人才的培养，其中包括三个重点：经济发展和提高人的能力；振兴科学和技术；建立职业培训制度。其实，这三点都没有脱离教育。

随着教育改革的成功，日本不仅从根本上摆脱了贫穷，还创造了经济学家未曾预料到的经济繁荣。教育的成功，使日本国民经济快速发展，优化了劳动力素质，提高了生产率。日本的成功，使教育的影响变得深刻，提高了教育的地位，让人们意识到经济的发展与教育是紧密联系的，各国也开始注重教育，提高劳动力素质，以此促进国家经济发展。

资料来源：王玥. 人力资本对经济发展的影响研究[J]. 经济师，2019（02）：32-33.

思考题

日本经济的迅速恢复和发展对我们理解人力资本投资有什么启示？

第 5 章 劳动力市场均衡、分割和内部劳动力市场

学习目标

1. 理解在劳动力市场中劳动力供求之间的均衡。
2. 理解劳动力市场分割及其原因。
3. 理解内部劳动力市场在调整劳动力供求方面的作用和运行机制。

关键术语

均衡、静态均衡和动态均衡、劳动力市场分割、内部劳动力市场

导入案例

北京师范大学经济与工商管理学院、北京师范大学劳动力市场研究中心发布的《2018 中国劳动力市场发展报告》显示，近十年来我国劳动力市场平衡性呈现以下八个方面特征。

第一，劳动力市场平衡性呈上升趋势。中国劳动力市场平衡性指数从 2007 年的 53.6 上升至 2016 年的 64.7。第二，区域劳动力市场平衡性差异显著。中国劳动力市场正在向更高质量均衡发展阶段迈进，在这一调整过程中，局部不均衡问题不可避免。第三，劳动力市场恢复到相对平衡状态的能力较强。政府积极作为，旨在“熨平”短期经济波动对劳动力市场的影响，指数值在 1～2 年恢复到冲击发生前

的水平，并在之后呈现继续上升趋势。第四，“高技岗难求”与“金饭碗不金”现象并存。最突出的现象就是部分行业高级技术岗位招人难，而部分可能被新兴技术取代的行业面临垄断性收入下降和失业风险。第五，政府调控引起劳动力市场供需指数发生较大波动。体现出政府的积极作为，也体现出危机期间的过度调节问题。第六，经济发展成果的分享性提高，但收入不平衡依然明显。第七，有序流动成为劳动力市场平衡性的“调节器”。第八，社会保险体系是促进劳动力市场平衡的有效手段。

资料来源：http://www.jjckb.cn/2018-12/19/c_137683617.htm?from=groupmessage

5.1　劳动力市场均衡

5.1.1　均衡的含义

在西方经济学中，均衡是一个被广泛运用的重要概念。均衡是指经济事物中有关的变量在一定条件的相互作用下，所达到的一种相对静止的状态。经济事物之所以能够处于一种相对静止的状态，是由于经济事物的各方面力量相互制约和相互抵消，也由于在经济事物的各方面，经济行为者的愿望得到了满足。西方经济学家认为，经济学的研究往往在于寻找一定条件下，经济事物处于静止点的均衡状态。

1．局部均衡分析和一般均衡分析

在微观经济分析中，市场均衡可以分为局部均衡和一般均衡。局部均衡分析是经济学中用来考察单个市场、单个要素价格与供求关系变化的一种分析方法。假定在其他条件不变时，一种要素的价格只取决于它本身的供求状态，而不受其他要素的价格与供求状态的影响。即局部均衡是在假定其他市场因素处于静止不变的状态下，研究的单个市场均衡状态的实现与新旧均衡的变动。一般均衡分析是经济学中用来考察所有市场、所有要素的价格与供求关系变化的一种分析方法。假定各个市场上各种要素的价格与供求都是相互联系的，所以一般均衡考察的对象是在各种市场因素的影响下，一个市场均衡的建立和变动。

2．静态均衡分析与动态均衡分析

根据均衡的时间特性的不同规定，还可以将均衡分析分为静态均衡分析和动态均衡分析。静态均衡分析抽象掉时间因素，设定变量的调整能够在可以忽略的瞬间完成，其调整时间设为零。动态均衡分析则相反，认定经济变量调整中时间的重要性，着重考察经济变量在不同时间的变动情况，分析经济现象的变化过程。

5.1.2　劳动力市场静态均衡的形成

在完全竞争的劳动力市场上，单个劳动力的供给者和需求者都是当前市场工资率的接受者，而不是制定者，也就是说，劳动力市场供给与需求的相互作用是决定实际工资水平和劳动就业数量的唯一因素。在劳动力的供给与需求相等时，劳动力市场处于均衡状态，此时的工资率被称为均衡工资率，而此时通过市场实现的就业量被称为均衡就业量。

在一个封闭的劳动力市场上，企业作为劳动力需求方，从自己利润最大化的目标出发，在成本约束下，决定自己的意愿需求；劳动者个人作为劳动力供给方，从自己效用最大化的目标出发，在预算约束下，根据工资率决定自己的意愿供给。当需求大于供给时，各个企业为了得到更多的劳动力，展开竞争，从而促使工资率上升；当需求小于供给时，各个劳动者为了找到工作，展开竞争，从而促使工资率下降；当供给等于需求时，各个企业及各个劳动者的意愿都得到了满足，只有在此时，价格才处于相对稳定或静止的状态，此时的劳动力市场称为均衡市场。由此可见，单一劳动力市场静态均衡的条件是意愿劳动力供给等于意愿劳动力需求，简称劳动力供给等于劳动力需求。

根据以上所述可知，市场劳动力供给曲线 S 和劳动力需求曲线 D 与工资率之间的经济关系是一种函数关系。假定其他条件不变，则有：

$$S=f(w)$$

$$D=f(w)$$

在图 5-1 中，横轴为就业量（L），纵轴为工资率（W），D 为劳动力需求曲线，S 为劳动力供给曲线，劳动力供给曲线与劳动力需求曲线的相交之处为均衡工资率 W_e 和均衡就业量 L_e 。

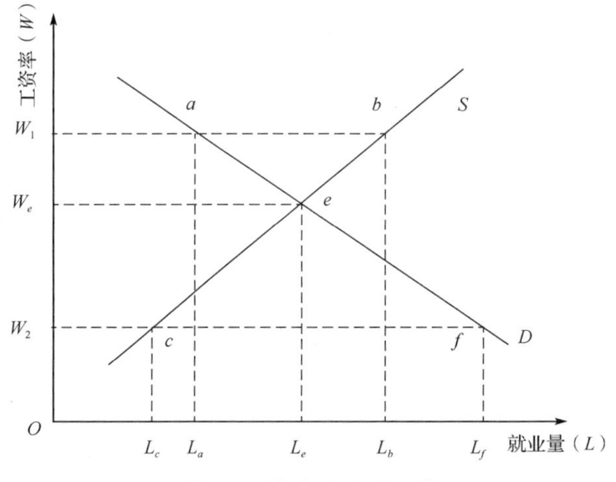

图 5-1 静态均衡的形成

当工资率高于均衡工资率时，如工资率为 W_1，劳动力供给大于劳动力需求，此时的劳动力市场出现 L_b-L_a 的超额劳动力供给，这意味着在现行的工资率下，劳动力的供给方不能卖出他们意愿供给的劳动量，于是他们会降低工资率。随着市场工资率的下降，劳动力的供给量减少，需求量增加，供求之间的差额逐渐缩小，直至均衡状态。

当工资率低于均衡工资率时，如工资率为 W_2，劳动力需求大于劳动力供给，此时的

劳动力市场出现 $L_f - L_e$ 的超额劳动力需求，这意味着在现行的工资率下，企业不能雇用到他们想要的劳动力，由于太多企业竞相雇用劳动力，劳动力供给方就会提高工资率。随着市场工资率的提高，劳动力的供给量增加，需求量减少，供求之间的差额逐渐缩小，直至均衡状态。

当劳动力供给等于劳动力需求时，即工资率为 W_e，劳动力需求等于劳动力供给，此时的劳动力市场实现了均衡。也就是说，当工资率 $W = W_e$ 时，而且只有当 $W = W_e$ 时，以 W_e 作为供给价格的劳动力供给的决策主体能够实现就业，以 W_e 作为需求价格的企业能够雇用到所需的劳动力。由于供给是均衡的，在资源限制的条件下，供给的决策主体获得效用最大化；由于需求是均衡的，它满足了劳动的边际产品价值等于工资率（$\sum \text{VMP} = W$），所以供求双方都没有改变这种状态的动力和要求，也就形成了一种相对静止、相对稳定的状态。因此，均衡的形成是均衡工资率和均衡就业量的决定。

从另一个角度分析，也可以得到同样的结论。例如，当工资率 $W = W_1 \neq W_e$ 时，如图 5-1 中的点 a，企业根据劳动力需求确定的原则（$\sum \text{VMP} = W$），可以雇用到 L_a 的劳动力，企业此时处于均衡。但是，从劳动力供给方来看并非如此。因此，以 W_1 作为供给价格的劳动力供给量 L_b，减去已经受雇的 L_a 这部分劳动力，其余的部分 L_aL_b 存在着改变这种状态 ($W = W_1$，$L = L_a$) 的动力和要求，所以这种状态是不稳定的，供求的力量并不相等。在这种条件下必然会存在着工资率向 W_e、供给向 L_e 的运动，最终形成均衡。

当工资率 $W = W_2 \neq W_e$ 时，如图 5-1 中的点 c，以 W_2 作为供给价格的决策主体 L_c 可以实现就业，并同时满足其效用最大化的目标，此时 L_c 这部分劳动力实现了自身的均衡。但是，从劳动力需求方来看并非如此，其均衡的需求量为 L_f，市场的条件下，其不能实现 L_f 的劳动力需求，在追求利润最大化的目标下，存在着改变这种状态的动力和要求，点 c 这种状态 ($W = W_2$，$L = L_c$) 仍然不稳定，存在着改变这种状态的变化趋势，即工资率向 W_e、就业量向 L_e 的运动，最终形成均衡。

同理，劳动力供给曲线 S、劳动力需求曲线 D 上除点 e 以外的任何其他点所形成的某种工资水平和就业水平都是非均衡的，都存在着与前面类似的调整。唯有在点 e，$W = W_e$，$L = L_e$ 时，才能够实现均衡状态，即

$$S=f(W)$$
$$D=f(W)$$
$$S=D$$
$$W = W_e$$

5.1.3　劳动力供求变化对静态均衡的影响

劳动力的均衡工资率是由劳动力市场的劳动力需求曲线和劳动力供给曲线的交点决定的。因此，劳动力需求曲线或者劳动力供给曲线的位移都会使均衡工资率发生变化。

1．劳动力供给的变动对静态均衡的影响

根据前面的分析可知，在劳动力市场上，均衡工资率和均衡就业水平并不是由劳动力供给或劳动力需求的某一方单独决定的。均衡工资率和均衡就业水平是劳动力供给方和劳动力需求方在追求自身利益最大化时，力量对比达到均衡状态下形成的。不过，劳动力供给方和劳动力需求方追求的利益目标存在差异，因此劳动力供需双方中的任何一方的变动都会打破原有的均衡状态，但都能在新的条件下重新实现均衡。图 5-2 可以说明劳动力供给的变动对静态均衡的影响。

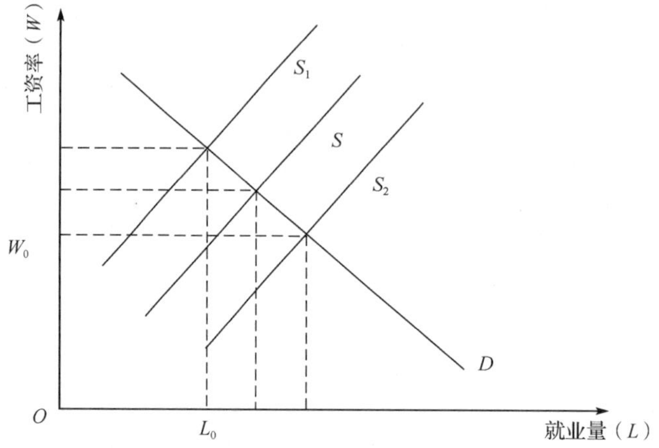

图 5-2　劳动力供给的变动对静态均衡的影响

假设对某职业而言，如果其可替代职业的就业机会增加或工资提高，就可能导致一些人离开该职业市场，去其他市场求职。这时，该职业市场的劳动力供给曲线将向左移动，成为 S_1。反之，如果有更多的人希望从事该职业，或者可替代职业的就业机会减少或工资下降，就可能导致更多的人进入该职业市场。这时，该职业市场的劳动力供给曲线将向右移动，成为 S_2。

显然在劳动力需求不变的情况下（劳动力需求曲线不变），劳动力供给增加会使劳动力供给曲线向右移动，从而使均衡工资率下降，均衡就业量增加；劳动力供给减少会使劳动力供给曲线向左移动，从而使均衡工资率上升，均衡就业量减少。

2．劳动力需求的变动对静态均衡的影响

资本供给的变动、产品需求的变动、国家的经济政策及其他非工资因素的影响，都可能造成劳动力需求的变动，在图 5-3 中就表现为劳动力需求曲线沿水平方向的移动。下面用图 5-3 来说明劳动力需求变动对静态均衡的影响。

随着产品需求的增加，劳动力需求曲线向右移动，移至 D_1，在任何工资水平上，劳动力需求增加。在原均衡工资率 W_0 处，供给和需求不再相等，劳动力市场出现短缺（需求大于供给），从而迫使雇主提高工资率，最终工资率上升到 W_1，就业水平上升至 L_1。

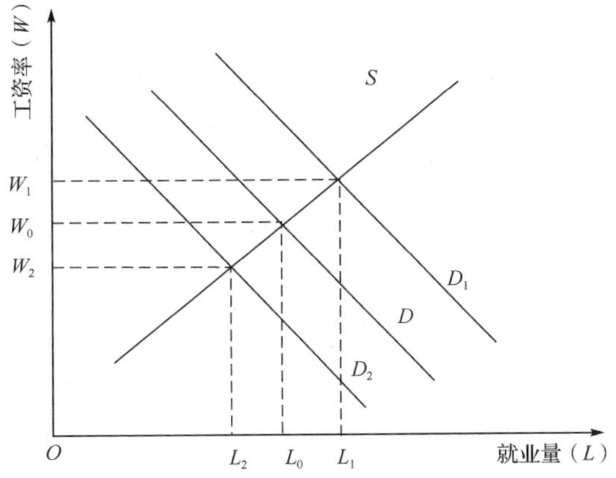

图 5-3　劳动力需求的变动对静态均衡的影响

在产品需求减少等因素的影响下，劳动力需求曲线向左移动，移至 D_2，劳动力需求曲线向左移动导致在原有均衡工资处出现劳动力剩余，企业发现求职者多于职位空缺，求职者发现难以找到工作，降低工资率的压力便随之出现，市场均衡工资率下降至 W_2，均衡就业水平下降至 L_2。

显然，在劳动力供给不变的情况下，劳动力需求增加会使劳动力需求曲线向右移动，从而使均衡工资率和均衡就业量都上升；劳动力需求减少会使劳动力需求曲线向左移动，从而使均衡工资率和均衡就业量都下降。

3．劳动力供求双方同时变化对静态均衡的影响

均衡的破坏也可能是供给和需求同时变化造成的，供求双方的变化可能同向，也可能反向。在同向变化时，又有变化幅度相同与相异两种情况。在变化幅度相异时，还有劳动力需求变化幅度大于劳动力供给变化幅度和劳动力供给变化幅度大于劳动力需求变化幅度两种情况。例如，供求双方同向变化，在图 5-4 中表现为劳动力需求曲线向左下方移动，从 D_1 移至 D_2，同时劳动力供给曲线向右下方移动，从 S_1 移至 S_2。如果仅劳动力需求曲线向左下方移动，工资率从 W_{1-1} 降至 W_{2-1}，但由于劳动力供给曲线同时向右下方移动，工资率降至 W_{2-2}。

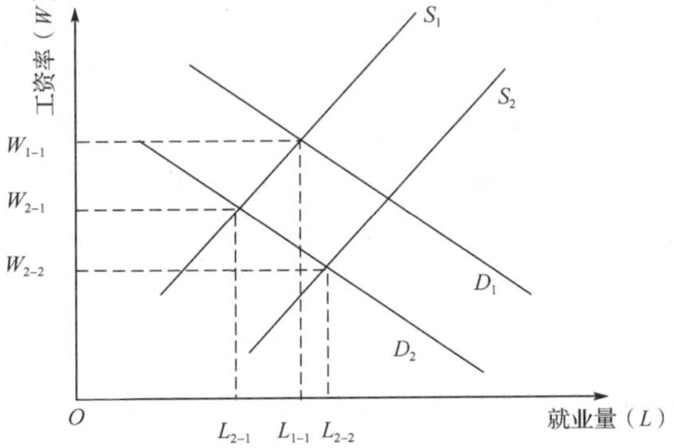

图 5-4　劳动力供给曲线右移、劳动力需求曲线左移后劳动力市场的重新均衡

在供求双方反向变化时，例如，劳动力需求曲线向左下方移动形成降低工资率的压力，而劳动力供给曲线向左上方移动形成提高工资率的推力，最终结果取决于两种力量的对比。在图 5-5（a）中，需求减少形成的力量占优势，均衡工资率从 W_{1-1} 降至 W_{2-2}。而在图 5-5（b）中，供给减少形成的力量占优势，均衡工资率从 W_{1-1} 升至 W_{2-2}。

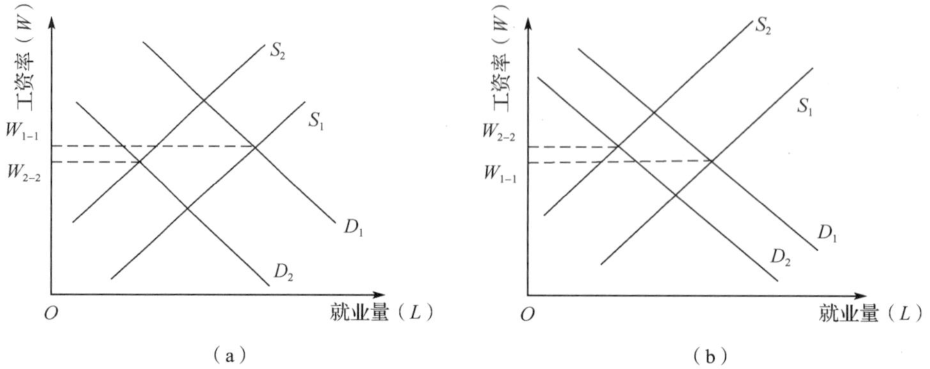

图 5-5　劳动力供给曲线、劳动力需求曲线左移后劳动力市场的重新均衡

5.1.4　劳动力市场的动态均衡

1．动态均衡的基本假设

虽然静态均衡分析可以准确地描述劳动力供给与需求在某一时点的状态，但是它不能描述劳动力供给与需求在一定时期的状态。然而，在现实的经济生活中，任何经济活动都不可能只固定在某一时点上。在考虑了时间因素后，我们可以发现这样一个事实，即下一个时期（t+1）的劳动力供给实际上是本期（t）工资率的函数。均衡也随之形成与时间序列相关的流动状态，即动态的均衡。这时的分析方法与原来抽象掉时间因素的静态分析方法不同，经济学家称之为动态均衡分析，它更贴近于现实生活。劳动力的生产周期、培训时期较长时，其供给的调节需要相当长的时间才能做到。从形成劳动力供给决策到执行或实现决策，客观上存在着一定的时间间隔，其长度视教育或培训的性质和特点而定。

2．劳动力市场动态均衡的三种模型

前面用静态分析的方法论述了均衡价格形成需要具备的条件，用比较静态分析的方法论述了劳动力需求和劳动力供给的变化对均衡价格变动的影响。这里劳动力市场动态均衡分析将引入蛛网模型，考虑时间因素的变化，通过对不同时期的需求量、供给量和价格之间的相互作用的考察，用动态分析的方法论述就业量和工资率在偏离均衡状态以后的实际波动过程和结果。

蛛网模型分析了市场的工资率和就业量波动的三种情况。

（1）劳动力供给弹性小于劳动力需求弹性

当市场由于受到外力的干扰偏离原有的均衡状态以后，实际工资率和实际就业量会围绕均衡点上下波动，但波动的幅度越来越小，最后会回到原来的均衡点，如图 5-6 所示。

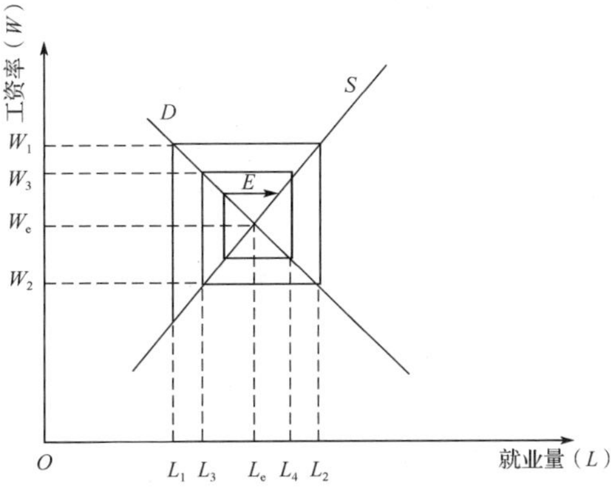

图 5-6　收敛型蛛网

假定，在第一期由于某种外在因素的干扰，实际就业量由均衡水平 L_e 减少为 L_1。根据劳动力需求曲线，厂商愿意支付 W_1 的工资率购买全部的劳动量 L_1，于是，实际工资率上升为 W_1。根据第一期的较高的工资水平 W_1，按照劳动力供给曲线，劳动者在第二期供给的就业量增加为 L_2。

在第二期，劳动者为了将自己的劳动力供应出去，接受厂商愿意支付的 W_2 的工资率，于是，实际工资率下降为 W_2。根据第二期的较低的工资水平 W_2，劳动者在第三期供给的就业量减少为 L_3。

在第三期，厂商愿意支付 W_3 的工资率购买全部的劳动量 L_3，于是，实际工资率又上升为 W_3。根据第三期的较高的工资水平 W_3，劳动者在第四期供给的就业量增加为 L_4。

如此循环下去，如图 5-6 所示，实际就业量和实际工资率的波动幅度将越来越小，最后恢复到均衡点 E 所代表的水平。由此可见，图中的均衡点 E 所代表的均衡状态是稳定的。也就是说，当工资率和就业量偏离均衡数值（W_e，L_e）后，经济体系中存在着自发的因素，使工资率和就业量自动地恢复均衡状态。图中，工资率和就业量变化的路径形成了一个蜘蛛网似的图形，这就是蛛网模型名称的由来。

因此，只有当相对于工资轴的劳动力需求曲线斜率的绝对值大于劳动力供给曲线斜率的绝时值（劳动力需求曲线比劳动力供给曲线较为陡峭）时，才能得到蛛网趋于稳定的结果。所以，劳动力供求曲线的上述关系是蛛网模型趋于稳定的条件，相应的蛛网模型被称为“收敛型蛛网”。

（2）劳动力供给弹性大于劳动力需求弹性

当市场由于受到外力的干扰偏离原有的均衡状态以后，实际工资率和实际就业量围绕均衡点上下波动的幅度会越来越大，偏离均衡点越来越远，如图 5-7 所示。

假定，在第一期由于某种外在因素的干扰，实际就业量由均衡水平 L_e 减少为 L_1。根据劳动力需求曲线，厂商愿意支付 W_1 的工资率购买全部的劳动量 L_1，于是，实际工资率水平上升为 W_1。根据第一期的较高的工资水平 W_1，按照劳动力供给曲线，劳动者在第二期供给的就业量增加为 L_2。

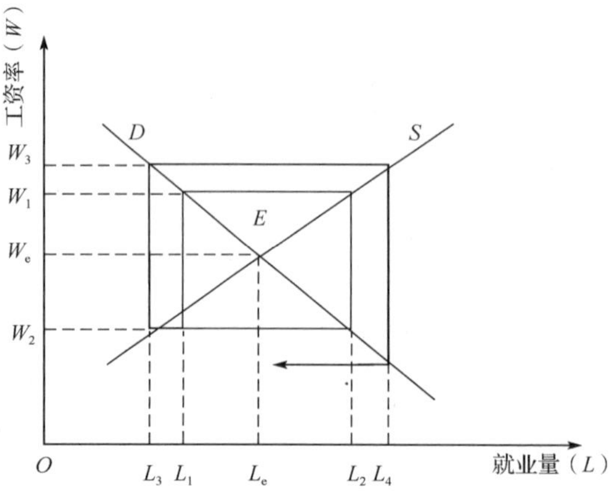

图 5-7　发散型蛛网

在第二期，劳动者为了将自己的劳动力供应出去，接受厂商愿意支付的 W_2 的工资率，于是，实际工资率下降为 W_2。根据第二期的较低的工资水平 W_2，劳动者在第三期供给的就业量减少为 L_3。

在第三期，厂商愿意支付 W_3 的工资率购买全部的劳动量 L_3，于是，实际工资率又上升为 W_3。根据第三期的较高的工资水平 W_3，劳动者在第四期供给的就业量增加为 L_4。

如此循环下去，如图 5-7 所示，实际就业量和实际工资率上下波动的幅度越来越大，偏离均衡点 E 越来越远。由此可见，图中的均衡点 E 所代表的均衡状态是不稳定的，被称为不稳定的均衡。

因此，只有当相对于工资轴的劳动力需求曲线斜率的绝对值小于劳动力供给曲线斜率的绝对值（劳动力需求曲线比劳动力供给曲线较为平坦）时，才能得到蛛网模型不稳定的结果。所以，劳动力供求曲线的上述关系是蛛网模型趋于不稳定的条件，相应的蛛网模型被称为“发散型蛛网”。

（3）劳动力供给弹性等于劳动力需求弹性

当市场由于受到外力的干扰偏离原有的均衡状态以后，实际工资率和实际就业量始终按同一幅度围绕均衡点上下波动，既不进一步偏离均衡点，也不逐渐趋向均衡点，如图 5-8 所示。

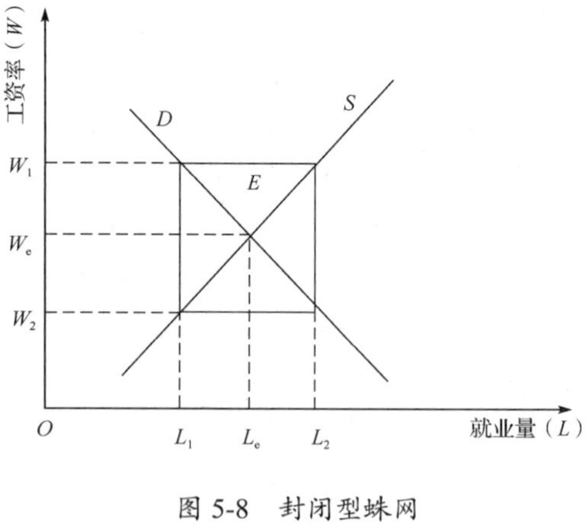

图 5-8　封闭型蛛网

对于图 5-8 中的不同时点上的工资率和就业量之间相互作用的解释，与对图 5-6 和图 5-7 的解释类似，在此略去。读者可以根据对图 5-6 和图 5-7 的解释，自己解释图 5-8。

因此，当劳动力供给曲线斜率的绝对值等于劳动力需求曲线斜率的绝对值（劳动力供给曲线和劳动力需求曲线具有相同的陡峭或平坦的程度）时，为蛛网模型以相同的幅度上下波动的条件，相应的蛛网模型被称为“封闭型蛛网”。

5.2　劳动力市场分割

5.2.1　劳动力市场分割理论的提出与概念界定

劳动力市场分割理论也叫双重劳动力市场模型，是美国经济学家 Peter Doeringer 和 Michael Piore 于 20 世纪 60 年代提出的。1965—1975 年间，一批政治经济学家专门研究 20 世纪工作组织的演化，他们提出了双元或分制的劳动力市场的说法，以此来诠释弹性生产的形态。

最初双元劳动力市场是指初级劳动力市场和次级劳动力市场之分（也称为一级劳动力市场和二级劳动力市场），前者被称为内部劳动力市场，后者被称为外部劳动力市场。内部劳动力市场通常由纵向一体化的大企业主导，他们在市场竞争中居于寡占的地位，获得高于平均利润的利润，为了保持这种利润增长势头，企业在内部创造了垂直的晋升阶梯，给予员工稳定的晋升预期，来维持稳定的劳资关系。初级劳动力市场通过企业内部的权威或命令，即通过“官僚式控制”来实现对劳动力资源的内部配置、员工的工资福利、职位晋升等。

次级劳动力市场则是指在大型核心企业外围的众多小企业同其他小企业之间，由于竞争形成的一种劳动力市场。核心企业外围的小企业承包大企业的工作，这些小企业为了应对其他小企业的竞争，招募新员工的条件较低，员工福利一般很有限或者没有，几乎没有在职培训的机会。小企业的生产通常承担的是标准化生产环节，技术要求相对较低。显然，次级劳动力市场中有关劳动力的定价、雇用倾向、薪资待遇等问题更加市场化，通过市场竞争来完成，这种竞争更倾向于劳动力的低阶做法。

劳动力市场分割理论自提出以来，研究的内容和力量不断完善和丰富，至今形成了不同的发展阶段，在网络经济中，劳动力市场分割也有了新的发展。

当下对劳动力市场分割的界定远远超出了其刚被提出时的初始含义。按照国际劳工组织的界定，劳动力市场分割是指由于社会和制度性因素，劳动力市场被分为单独的子市场或分部，各个子市场有不同的特征和行为规则，劳动力市场分割可能来自劳动力市场机构的特殊性。

牛津大学出版的《社会学词典》（1988）指出了劳动力市场分割的实质，认为劳动力不是一种完全同质化的商品，工人在教育、培训投入、工作技能、经验及人力资本投资等方面有所不同。这显然不同于新古典经济学理论的观点——劳动力市场是买卖双方公开竞争的结果，其功能与其他市场相同。

阿尔弗雷德·马歇尔在 19 世纪 80 年代首次提出了劳动力市场中“非竞争团体”的

想法。职业劳动力市场产生于劳动分工，差异化和专业化日益加剧，工人无法在不同技能的职业之间切换。例如，通过规定最低资格和经验，那些已经在其中的工人可以控制劳动力供应，并有助于提高工资率。非竞争团体的想法在劳动力市场分割的理论下进一步发展为双重的（分裂的）劳动力市场理论和内部的劳动力市场理论，这两种理论是由 Peter Doeringer 和 Michael Piore 等人共同提出来的，并通过实证研究扩展。双元劳动力市场理论的特征是，劳动力市场被分割为具有截然不同的工资机制和就业特征的初级部门和次级部门。

爱尔兰政治经济学家 John Elion Caimes 指出，如果劳动力市场“由具有很少或不具有交叉能力的各个子群组成”，则被视为分割的。其具体含义是：劳动力市场并非一个完全统一和不可分割的劳动力市场，劳动力市场可以细分为不同的群体，例如男性与女性，具有不同的工资待遇。

综上所述，劳动力市场分割可以概括为：由于国家政策（制度）和社会性因素的影响，在不同部门与不同行业之间产生的劳动力市场的差异、不同人群的劳动力在获取有效信息与进入职场的渠道方面产生差异，最终造成不同人群在职位、部门及工资报酬方面产生了很大差异。其具体表现为劳动者的社会特征导致的劳动力分化与分层，如性别、年龄、种族及移民之间的分层等；正规劳动力与非正规劳动力的区分、核心劳动力与边缘劳动力的区分；还表现为区域分割或行业分割。当前，劳动力市场分割初始定义中的初级劳动力市场和次级劳动力市场的区别仍然存在，只不过在今天表现为了网络分割这一种新形式。

5.2.2 劳动力市场分割原因

在对劳动力市场结构的现象描述后，劳动力市场分割理论开始探讨劳动力市场分割背后的原因。双元劳动力市场理论从产品需求的角度出发，认为产品需求稳定的企业多倾向于提供一级劳动力市场的工作条件，这一点可以从劳动技能的专用性中找到原因。只有产品需求稳定的企业才有能力进行现代资本密集型技术的投资，技术升级又将导致对专用性技能工人的需求增加。而对工人进行的专用性培训投资，由于其“沉没成本”的性质，企业倾向于与工人保持长期稳定的雇用关系，向工人提供一级劳动力市场的工作条件。与之相反，产品需求波动较大的企业趋向于使用劳动密集型生产技术，从而避免技术投资和培训投资带来的“沉没成本”，进而也导致这部分企业的工作条件具备了二级劳动力市场的特征。但如果企业内部能够抵挡来自外部的竞争，即便产品市场是高度竞争的，也能在企业内部创造出一级劳动力市场，这种抵挡外部竞争的力量主要来自工会。激进学派则认为劳动力市场分割是资产阶级分化工人阶级的结果，通过这种分化削弱工人阶级的整体力量，从而实现对工人阶级更好的控制。效率工资理论认为在某些监督成本较高的企业中，企业会提供一个高于市场平均水平的效率工资以激励工人，而在另外一些监督成本较低的企业中，企业可能选择支付低工资，并对工人的生产率进行严密监督，从而使企业获得更多的利润。因此，劳动力市场被分割为一级劳动力市场和二级劳动力市场，两个工资决定机制不同的部分。在一级劳动力市场中，企业支付高于市场平均水平的效率工资，而在二级劳动力市场中，工资的决定过程更符合传统的劳动力市场理论，是由供求力量的对比决定的。效率工资理论忽略了职业保障的差异，在竞争性均衡中，一级劳动力市场的企业通过提供高的职业保障，促使工人合作和信任关系的形成，以获得较高的劳动生产率；而二级劳动力市场的企业通过在现货劳动力市场上雇用工人，以及时应对产品需求变化带来的劳动力投入的调整。由此可以看出，一级劳动力市场的工人收入之所以比二级劳动力市场的工人收入高，是因为他们能更有效地实现合作，劳动生产率更高。

5.3 内部劳动力市场

5.3.1 内部劳动力市场的概念及构成要素

内部劳动力市场的概念是 20 世纪 50 年代由克拉克·科尔首先提出的，但直到 70 年代 Peter Doeringer 和 Michael Piore 共同发表了《内部劳动力市场及人力分析》一书，才第一次明确提出并系统阐述了内部劳动力市场的概念。内部劳动力市场是一个行政性组织，例如一个制造工厂，内部劳动力的定价和配置是由一套行政规则管理的。即企业在内部借助于一系列行政体制和手段对劳动力资源进行配置，是一种相对独立的就业制度安排。

内部劳动力市场由组织结构和组织原理两个要素构成。

（1）组织结构

企业组织有一定的结构，但它在很大程度上是由生产活动的技术规定的。在组织中有保证组织活动、协调一定的合作关系的横向联系和按照服从决策、指挥、命令系统的责任与权限排列起来的纵向联系。在很多小型组织中，这些职能没有专门化，也没有太多结构划分。但是，在大型组织中，这些职能的专门化都有比较明确的规定，这一点从组织结构的特性可以反映出来。

横向联系建立在生产、销售、营业、财务、人力资源计划、总务、研究与开发等不同职能部门的分工与协作的体制之上，但生产和销售活动经常因产品的种类和特性、选址条件等分为不同的工厂和营业部来进行。

纵向联系是从工作现场的一般工作员工开始，经过现场监督人员或管理人员、中间管理人员直至最高经营者的层级序列。这个序列对应组织管理上的责任与权限的序列，在很多情况下，因可以证明企业组织内的经验和管理能力及技能的高低而成为组织内的报酬序列和企业内晋升的阶梯。

（2）组织原理

组织形成的最本质的原理是其成员属于组织。按照这一原理，进入市场的买卖双方形成的只是以市场价格为依据进行交易的互补关系而不是从属关系。卖方价格高时进入市场，卖方价格低时退出市场。也就是说，可以把市场称为以价格信号为媒介的经济主体自由进入或退出的社会性系统。

当然，组织成员所属的组织并不一定都是固定的，组织与成员的结合受价格以外的技术、组织及制度等因素的影响，它们的关系被或明或暗的契约及规定制约着。所以，那种所属关系并不能按照相对价格的变化直接地产生出来或消解掉。

作为市场的“人”，如果工资下降，员工就会辞去原有职务去从事工资高的工作。但是，作为组织成员的“人”，员工不能因工资变动和工资差别而立即脱离其所属的组织。人们一旦进入了组织，他们在很大程度上就不再是市场的“人”，而成为组织的“人”了（在组织中的时间越久，工作岗位越重要，组织的“人”的性质就越强）。这样，他们与其离开组织，不如在组织中表达自己的意见，要求改善劳动条件。

雇用关系具有归属于企业组织这种性质的倾向，不仅因经济以外的许多重要原因而得到加强，而且还因经济本身的原因被强化。这就是从信息的共同占有中生成的经济性。通过长时期对组织的所属关系和以这种关系为中心产生出的组织成员间的人际关系，以每个人的特点和工作为中心的多种详细的信息随着时间推移积累起来。这种大量的信息收集在以群体为单位而进行生产作业的场合，有着重要的作用。没有这些信息，便存在着在作业计划的设计制定，作业集团的组成，工作的分派、安排、贯彻、变更等作业过程中的摩擦及显著妨碍作业效率的可能性。然而，这些信息不是短期内能得到的，是在时间的流逝与经验的积累中培植出来的。因此，即使从生产的效率性乃至经济性的观点来看，雇用关系也必然会成为在所属关系上可以看到的那种本质的、长期的关系。

5.3.2 内部劳动力市场的特征

内部劳动力市场作为一种人力资源配置方式，在雇用关系的维持、工资决定、工作职位转换和晋升等方面，表现出一些不同于外部劳动力市场的特征。

1. 长期雇用关系

在采用内部劳动力市场的企业中，雇主和雇员之间虽然不签订正式的长期劳动合同，但双方通过知识默会、习惯惯例和企业文化形成隐性长期合约的默契，雇员数年甚至数十年在同一企业工作，而企业也不轻易解雇雇员。长期雇用关系的存在，鼓励了雇主和雇员双方的人力资本投资等长期行为，降低了信息搜寻成本和专用性人力资本的替代成本。

2. 年功工资制度

内部劳动力市场中的员工工资普遍高于市场均衡工资水平，但在进入企业的初期低于均衡工资水平，在企业工作数年后，随着年功的增长，工资会上升且渐渐高于均衡工资水平，并保持相当长的时期，这被称为报酬后置或延期付酬。年功工资制度增加了员工离开企业的机会成本，并能给予员工在长期合约后期的持续激励。

3. 内部晋升机制

在企业内部工作职位的阶梯中，只有底层的职位与外部劳动力市场相连，中高层职位由内部员工晋升而来，很少对外部劳动力市场开放。把内部工作资历作为晋升的条件，一方面企业能够减少信息不对称带来的机会主义，避免道德风险，另一方面员工能够得到长期激励。

在这些特征的背后，还有一些隐藏的条件作为基础，没有这些条件，内部劳动力市场的机制实现效率的程度会受到限制。一是有成熟的市场环境作为基础。成熟的市场环境提供稳定的规律和可预期的规则条件，处于其中的企业和个人更倾向于信守承诺和重视声誉，以避免自己可期利益的损失。对企业来说，有利于习惯惯例和企业文化的形成和长期发展。二是存在外部劳动力市场的竞争压力。内部劳动力市场和外部劳动力市场的二元分割是客观存在的，但二者之间的分割并不是绝对的。除了底层职位这一内部劳动力市场的人口，在企业内部各个层级的职位上，实际上都存在人力进入和流出的可能性和可操作性。在工资决定上也不可能与市场均衡水平相差过大，否则不是优质员工流出就是企业成本过大，这种潜在的流动性带来竞争压力和活力。三是建立在隐性契约的基础之上。雇主和雇员间的长期雇用关系主要靠心理契约，而非正式契约来维持，具有不稳定性和解约的潜在威胁，同时声誉的作用也得到强化。如果一方滥用解约权，将导致声誉受损，从而影响到长期的雇用或就业质量，这样既避免了显性契约的刚性僵化，又能激励双方的长期行为。四是具有多样性和多变性。企业会随着外部环境的变化和成长方式、发展阶段的不同而调整自己的组织形式和管理规则，实际上，具体的内部劳动力市场不仅是多样的，而且是多变的。具体的内部劳动力市场如何安排，取决于市场雇用劳动力的交易费用和内部劳动力市场运行成本的大小。

5.3.3　内部劳动力市场的运行机制

1. 内部劳动力市场存在的原因

传统理论告诉我们，劳动力资源的配置是通过外部劳动力市场上的竞争实现的，当企业雇用劳动力的边际生产力等于其工资率时，企业实现利润最大化的目标，整个经济也就具有充分的效率。但大量的实证研究表明，大部分的劳动力资源实际上是在内部劳动力市场上进行配置的。在美国，目前工作 25 年以上的职工约占全部职工的 25%。在法国、德国和日本，劳动力拥有稳定工作的倾向更加明显。具体说来，导致内部劳动力市场产生的原因主要有四个方面，而这四方面原因之间又有一定的关联性。

（1）存在劳动力替换的成本

内部劳动力市场理论与失业理论中的“内部人—外部人”理论一样，认为劳动力替换的成本是影响劳动力市场运作的重要因素。在“内部人—外部人”理论中，劳动力替换的成本被界定为三个方面：一是雇用劳动力和解雇劳动力的成本；二是由于内部老员工不愿与企业新员工合作，破坏与新员工的关系而引起的成本；三是劳动力替换对劳动力的生产效率造成负面影响而隐含的成本。由于存在着这些成本，企业对于劳动力的替换总是抱着谨慎的态度，这样，劳动力在不同企业间的流动就减少了，从而促成了企业内部劳动力市场的形成。

（2）岗位的特殊性

在现代经济中，随着分工的深化和各种岗位上人力资本和知识的专用性的提高，很多岗位都对从业人员提出了特殊的要求。从劳动力自身的角度来说，一般是先掌握几项特定的技能，然后在自己的技能范围内找寻合适的职业。这两个方面使从事不同职业的劳动力之间不具有充分的替代性。这样一来，当需要雇用劳动力时，企业就要耗费一定的成本进行搜寻，这本身就构成了雇用劳动力的成本之一。其次，企业对新员工一般都要进行一定的培训，这种培训也是一种人力资本投资，如果用外部劳动力市场的劳动力对本企业的劳动力进行替换，就会降低企业人力资本投资的收益，从而构成了企业解雇劳动力的成本之一。反过来说，保持较为稳定的劳动力队伍是企业提高人力资本投资回报的一种手段。

（3）劳动力市场上的信息不对称

传统理论对于外部劳动力市场的描述实际上还是新古典主义的拍卖机制。在这种机制下，买卖双方的信息对称是非常重要的。但实际上，劳动力市场上的信息往往是不对称的，其中，劳动者对于自身就业后的收益一般都能事先从劳动合同中得到了解，而企业一般在获得信息方面处于劣势，因为具体到某个劳动力的生产效率和劳动态度都是事后才能了解的。因此，企业总是通过一定时间的观察后，才能对劳动力的生产效率和劳动态度做出评价，并决定劳动力的去留或升降。从这一角度来说，内部劳动力市场的存在也可以视为企业收集信息的一种需要。

（4）工会的作用

工会与内部劳动力市场之间的关系非常复杂，但有一点可以肯定，工会即使不是形成内部劳动力市场的决定因素，至少也是一种促进因素。西方企业中的集体谈判合约使在内部劳动力市场中起到重要作用的一些规则和程序正式化、成文化和凝固化。反过来说，在内部劳动力市场上有着较为稳定的职工队伍，而职工特定的职业技能也增强了职工的谈判能力，同时，企业内的规则和程序都对管理层行政权力的范围和特征有着清楚的界定，这些都有利于工会组织的形成。

2. 内部劳动力市场与外部劳动力市场的关系

内部劳动力市场特别强调，企业组织内的劳动力分配要通过企业内的组织惯例、章程和制度等来进行。在传统经济学的劳动力市场分析中，由于劳动力分配被认为是通过市场的价格竞争机制进行的，因此诸如工资差别的状况就被看成决定劳动力分配的重要因素。内部劳动力市场理论并不否认市场的价格机制的作用，但同时强调企业内的劳动力分配机制与企业外（外部劳动力市场）的劳动力分配机制之间有着重要的性质差异。这种差异并不是作为个别的异质性而可以抽象掉的，它是理解说明在劳动力市场上观察到的劳动力分配情况的极为重要的因素。

对于外部劳动力市场上的雇用与劳动力转移的现象，用传统经济学的市场分析能够比较容易地说明。但是，一旦劳动力的分配和转移、工资决定等被纳入企业组织内的雇用关系中，仅仅简单地用价格机制来说明就不那么恰当了。因为训练、配置、晋升等人力资源管理制度将介入企业的长期规划、用人习惯、工资制度和劳动关系的各种决定中。

对于企业组织内的劳动力配置和工资决定等，迄今已有很多研究成果问世。在日本，围绕雇用惯例、工资制度，劳动关系和所谓的“年功制度”的研究取得了很大的进展。在美国，在制度经济学派传统的影响下，研究的领域从雇用惯例中的先任权制、工资决定中的职种群到劳动工会对组织结构和经营的影响等，涉及的范围十分广泛。Peter Doeringer 和 Michael Piore 的贡献在于使人们看到根据制度性分析的发展，把围绕企业组织内雇用制度和习惯做法与新古典学派的市场机能相比较、相区别，并以内部劳动力市场的理论将其概念化。

3. 内部劳动力市场的规则

内部劳动力市场的劳动力分配和各个组织的结构是以受雇用的劳动者作为其所属组织的成员这一原则为前提而形成的。分配的状况在很多情况下，稳定在雇用常规或雇用制上，制约着雇主与劳动者的行动，我们可以把这种制约条件叫作规则。与劳动力分配有关的规则有以下几个方面。

（1）职位管理上的规则

这是与录用、配置、晋升、退职管理等有关的规则，这些相关活动基本上是按企业生产活动的需要进行的，但具体实施却依稳定的常规、规则或制度方面的手续进行。劳动力的配置和投入量转换、工作人员的管理等是在劳动契约的基础上，根据生产活动的变动比较灵活、机动地进行的，而录用、晋升、退职等直接与雇用关系相连的活动则是由不明显的长期雇用习惯制约的。

（2）薪酬管理上的规则

这方面的规则是与薪酬体系、工资、奖金、退职金、养老金及其他福利联系在一起的。企业内部工资率的结构基本上反映着每个劳动者的生产状况，但其具体的决定要依工资管理上的各种协议和惯例等规则进行。在我国，工资率实际是由对每个人的工作成绩的评价决定的，但是最终工资率结构也受连续工龄和大的行业、职业区分等要素的影响。这反映出薪酬管理是在企业的用人、员工培训、劳动关系等的制约及整个规则体系下进行的。

（3）教育、培训的规则

教育、培训活动在很多情况下是由企业直接或间接承担费用的，它是按照企业的人力资源规划和长期的经营目标进行的。

（4）劳动关系的规则

以工资、劳动时间等劳动条件为主，再加上配置转换、工作环境等问题的处理形成劳动关系的规则。在我国，基本的劳动条件一般由劳动法阐明，进一步用劳动合同的形式加以确认。美国、日本等国的劳动契约要通过团体交涉缔结，与事前磋商和劳资双方广泛关心的事项有关的信息交换要通过劳动契约来进行。在很多场合，一般性的非成文的常规对劳动关系的运行也发挥着重要的作用。

4．雇用调整

雇用活动实际上是以企业组织为前提并将其机能当作媒介来开展的。雇用活动意味着以它对企业内各个部门和环节施加影响来体现其自身和组织的调整。因此，一般可以说企业的雇用活动就是雇用调整。

另外，雇用调整在本质上是企业在利润最大化目标的前提下，为了适应产品的市场需求变化进行的，这涉及在什么时机、以什么方法、做到什么程度等问题。在这些方面，各国的企业因工作性质等的不同而有很大的差异。

按照雇用调整函数的分析，雇用调整一般可以说是使现有雇用量接近最佳目标雇用量的调整活动。如果用简单的关系式来表现调整活动，可以写成：

$$\frac{N_t}{N_{t-1}}=f\left(\frac{N_t^*}{N_{t-1}}\right) \quad （公式 5-1）$$

上式中，N_t、N_{t-1}为用 t、t-1 期各自的现有雇用量，N_t^*为最佳目标雇用量。

在使现有雇用量接近最佳目标雇用量的过程中，出现组织调整的某些阻力是常有的事，调整需要时间。调整所花时间如果能用一定的调整系数来表达，那么这个调整系数的数学表达式如下：

$$\frac{N_t}{N_{t-1}}=\left(\frac{N_t^*}{N_{t-1}}\right)^a \quad （公式 5-2）$$

上式中，a 为调整系数。调整系数是表现在各个时期中能够把最佳目标雇用量和现有雇用量的差距缩小多少的系数。如果组织调整上的阻力很小，就能使各个时期差距缩小很多，调整可以较快地完成；如果阻力很大，各个时期差距的调整幅度受到限制，调整时间则较长。换言之，调整系数与调整速度是一种倒数的关系。

调整速度受组织调整阻力的影响。下面进一步探讨调整滞后的问题。

调整滞后与调整代价有关，代价小，调整得快；代价大，调整得慢。如前面的内部劳动力市场概念所阐述的那样，在雇用调整中有改变现有雇用人数的调整和变更雇用关系的调整，不同的调整代价的种类和大小各不相同。前者劳动时间的调整是主要的，而后者则付出与解雇、录用等有关的代价。如果从代价的观点来看，雇用调整不仅把雇用人数，而且把劳动时间也考虑为已实现的劳动投入量（雇用人数×劳动时间）来进行定义的方法也是常见的。

将以上内容归纳成雇用调整的函数形式，可以列出下式：

$$\Delta\ln L_t=f(\ln N_t^*-\ln N_{t-1},\ln H_t^*-\ln H_{t-1},\Delta\ln X_t) \quad （公式 5-3）$$

式中，L 为劳动投入量；N 为雇用人数；H 为劳动时间；X 为产出量；Δ 为变化；*为最佳目标值；t 为观测时点。

这个函数式的含义是，以劳动投入量表示的雇用调整是由雇用人数中的目标与现实的偏离、劳动时间中的目标与现实的偏离，以及反映生产变动的需求变动规定的。

因为劳动时间的调整比雇用人数的调整成本小一些，所以在进行雇用调整时，企业把劳动时间的调整作为首选。可以认为，对实际劳动时间来说，存在着一定的生产水平和雇用人数之下的最佳时间。如公式 5-3 右起第二项（$\ln H_t^* - \ln H_{t-1}$）所示，决定雇用调整的是最佳劳动时间与现实劳动时间的差距。然而，劳动时间的调整余地有限。例如，作为劳动时间调整的手段之一，加班的实际可能性充其量不过一天几个小时，一周十几个小时。此外，还因为在实际劳动时间低于契约所规定的劳动时间的情况下，必须支付与规定劳动时间相当的薪金，所以，在大幅度的雇用调整成为必要时，仅进行劳动时间的调整不能奏效的企业，便不得不对人员做直接的调整。

决定雇用调整在人员方面调整的要素如公式 5-3 右起第一项（$\ln N_t^* - \ln N_{t-1}$）所示，它表示最佳目标雇用量与现有雇用量的差距。人员的调整包括解雇和录用新人员。这类行动必须进行与整体有关的调整和劳动关系的调整，因此组织调整的代价很高。对劳动力所投入的人力资本会因解雇而丧失。相反，必须对新录用人员进行教育、培训等人力投资，在人员调整中企业要承担这种费用。但是，因对产品需求的停滞或减退，在劳动力成本给经营带来显著压力，威胁企业生存的情况下，以及延长劳动时间适应不了需求大幅度增长，因此可能失去获取利润的情况下，企业即使付出高额调整代价，一般也要进行直接的人员调整。当最佳目标雇用量与现有雇用量的差距扩大到超越一定的临界点时，企业不得不进行人员调整。

【本章小结】

在劳动力市场上，劳动力供给和劳动力需求是通过工资率的作用机制来实现劳动力市场的均衡的，劳动力供给和劳动力需求的任意一方或者双方发生变化都会打破原有的均衡，实现新的均衡。前面都是基于静态的分析，而实际的均衡的形成是一个动态的过程，这时就需要引入蛛网模型，依据劳动力供给和劳动力需求弹性的大小，会形成“收敛型蛛网”“发散型蛛网”“封闭型蛛网”三种动态均衡模型。现实的劳动力市场是复杂多变的，需要对其进行分割，从而提出了劳动力市场分割理论。而与一般劳动市场相对，企业在现实经济中还要利用内部劳动力市场。内部劳动力市场与外部劳动力市场既是相互区别又是相互联系的，内部劳动力市场是对外部劳动力市场的补充和外延，在现代人力资源管理的过程中起着重要作用。

【复习思考题】

1. 分析劳动力市场静态均衡形成的原因。
2. 劳动力供求变化对静态均衡有哪些影响?
3. 当劳动力需求弹性大于劳动力供给弹性时，劳动力市场的动态均衡是怎样形成的?
4. 为什么要对劳动力市场进行分割?
5. 内部劳动力市场的主要特征是什么?
6. 内部劳动力市场是如何运行的?

【案例分析】

1348—1351 年，一场人类历史上著名的大瘟疫——黑死病席卷了包括英国在内的整个欧洲，导致大批人口死亡。据统计，在很短的时间内，英国总人口的 17%~40%死于这场瘟疫，由此带来的直接后果就是劳动力供给突然发生变化。由于人口大量减少，劳动力供给曲线在短期内迅速左移，在原来的工资率水平上出现了劳动力的短缺，雇主之间展开了对工人的争夺，工资率大幅度上升。

虽然我们难以获得当时工资增长的可靠数据，但是许多人认为，在 3 年的时间内工资率上升了 50%~100%。例如，1348 年打谷工人的日工资是 2.5 便士，1350 年日工资则达到 4.5 便士；1348 年割草工人的每英亩（1 英亩≈4 046.86 平方米）工资是 5 便士，1350 年每英亩工资则达到 9 便士。无论工资的增长幅度如何，显然存在着劳动力的短缺和前所未有的工资增长。为了应对劳动力的短缺，当时的英国政府发布了一份公报，命令临近的地主之间合作使用工人，并威胁监禁那些拒绝接受瘟疫之前工资率水平的工人，但是效果非常微弱。因为劳动力短缺太严重了，市场的力量太强大了，难以抑制工资的增长。

以上黑死病与劳动者工资的案例是劳动经济学中的经典案例，它验证了劳动力市场的供给和需求力量共同决定劳动力市场均衡的就业量和工资率这一理论。但是这一案例发生在遥远的中世纪，那么在现代的劳动力市场中有没有类似的情况呢?

1980 年 5—9 月，由于政治原因，大约有 125 000 名古巴人获准从古巴的马伊尔港移民到美国的迈阿密，这些移民中有一半的人最后永久性地定居在迈阿密，使迈阿密的劳动力人口在短短几个月内上升了 7%。这引起了经济学家们的注意，因为短期内迈阿密当地的劳动力需求不会发生较大幅度的改变，因此大部分经济学家预测，大量劳动力的涌入将会使当地的工资率水平出现明显的下降。

但是事实并不像经济学家们预测的那样，在接下来的一段时间内，迈阿密劳动力市场上的工资率水平并没有发生明显的变化，那么其中的原因是什么?是不是劳动力市场中供求均衡机制不起作用了呢?

经济学家针对以上情况展开了研究，其中比较有说服力的解释有以下两种。

第一，低技能的马伊尔难民无法对本地的劳动力市场产生重大的影响。根据经济学家们的调查，2/3 的马伊尔难民连高中文化水平都不具备，显然他们大多只能从事非技术性工作，而非技术工人在迈阿密的劳动力人口中仅占 30%。因此，对于以技术工人为主（占 70%）的劳动力市场，大量低技能工人的增加不会对其产生重大的影响，最多会影响当地非技术工人的工资率而已。

第二，劳动者的预想和劳动力流动的影响。经济学家们发现，因为预想到大量马伊尔难民的涌入，迈阿密当地的许多劳动者做出了迁移的决策。也就是说，伴随着马伊尔难民的涌入，许多当地劳动者选择了离开迈阿密，到其他城市去工作，而且潜在的进入者也因此去往其他地方，避免迁移到迈阿密。这也在很大程度上减弱了马伊尔难民带来的影响。人口统计数据也表明，1980 年以后，与周边的其他地区相比，迈阿密的人口增长更缓慢。

资料来源：https://www.docin.com/p-300907286.html

思考题

通过这个案例，你对劳动力市场供给、需求和均衡理论有什么新的认识？

第 6 章
劳动力流动

学习目标

1. 掌握劳动力流动的概念和劳动力流动的相关理论模型。
2. 理解劳动力流动的原因与影响因素。
3. 了解我国劳动力流动方面存在的问题及相应的对策。

关键术语

劳动力流动、劳动力流动模型、原因、影响因素、中国劳动力流动

导入案例

关于人口和农业转移人口，十九大报告中提出两点：一是促进生育政策和相关经济社会政策配套衔接，加强人口发展战略研究；二是以城市群为主体构建大中小城市和小城镇协调发展的城镇格局，加快农业转移人口市民化。前不久，我们分析了城镇化进程中人口流动现状，并在此基础上对影响人口流动变化的因素做出判断，以下是主要观点。

城镇化进程中人口流动现状是人口流动速度下降，农民工回流速度加快

我们分析了全国人口流动的现状。首先，我们对 2006 年和 2015 年全国各省（市、自治区）净流入和净流出人口做了比较。其中，净流入人口显著增多的地区有北京、天津、山西、上海、浙江、广东等；净流出人口显著增多的地区有河北、安徽、江西、河南、广西、四川、贵州等。其次，我们还对全国流动人口数量和增速做了分析，发现人口流动趋势正在减缓，表现在以下两个方面。一是流动人口数

量减少。从 2011—2016 年的流动人口数量变化可以明显看出，2015—2016 年流动人口数量已呈现减少态势。二是流动人口增长速度处于下降态势。2010 年后，流动人口增速显著减慢，2011—2014 年基本维持在 0.04%左右，在 2015 年开始出现负增长，速度为-0.02%。

人口流动速度下降的一个很重要的原因是农民工增长速度下降，2016 年外出农民工增量仅 50 万人，而 2010 年有 802 万人；2016 年外出农民工增长速度仅为 0.3%。

从空间上来看，人口流动也呈现出不同的态势。从农民工输入地来看，2016 年东部地区农民工数量高于其他地区，但从增长速度来看，西部地区增长速度快于东部和中部地区。我们谈城市化，要从区域发展战略的角度来谈，从这个角度上看农民工的变化是比较明显的。从农民工输入地看，农民工回流的速度在加快。农民工流入东部地区的数量在减少，速度在下降，已出现负增长，而向中部和西部及东北回流的速度在加快，西部地区和东北地区的农民工增速分别为 5.3%和 5.2%。

影响流动人口增长变化的因素有返乡创业、适龄劳动力下降等

第一，工业向中西部地区转移明显，农民工返乡创业人数也在增加。一方面，中西部地区以资源型为主，如今中西部地区大城市的发展非常快，投资也在增加，对流动人口的吸引力在增强；另一方面，2016 年农民工返乡人数达 450 万，较 2015 年增加了 208 万人。中西部的投资环境逐渐改善，将吸引产业转移及农民工返乡创业。第二，宏观经济增长速度在下滑，将明显影响到城镇化的速度。从 2010 年开始，GDP 增长速度明显下滑，到 2016 年 GDP 增长速度为 6.7%，同样，城镇化提高的速度也呈现减缓态势，2016 年城镇化提高速度为 1.2%，较 2010 年下降了约 0.4 个百分点。第三，制造业就业人员占就业人口总数的比重在下降。2013—2015 年比重下降了 0.3 个百分点。从城镇化发展规律来看，当城镇化率达到一定水平并持续提高时，制造业就业人员占就业人员总数的比重下降是正常的。第四，产业和实体经济出现向中小城市和小城镇转移的迹象。国际上，工业远离大城市已经成为规律，很多大企业在中小城市、周边小城镇和农村聚集，企业会按照市场规律向低成本的空间转移。事实上，中国这几年特色小镇发展得如火如荼，一些企业（包括房地产公司）总部在向特色小镇转移，因为那里的成本低。第五，农民工中适龄劳动力的比重在下降。我们可以看到，2012—2016 年 16～40 岁农民工的年龄构成中，处于 16～20 岁、21～30 岁、31～40 岁的农民工占比在下降，分别下降了 1.6、3.3 和 2.5 个百分点。这三个年龄段是农民工最佳外出打工时段，可比重却在下降。

资料来源：http://soci.cssn.cn/shx/shx_rkx/201801/t20180129_3831572.shtml

6.1 劳动力流动的概念

经济学研究的劳动力流动也被称为劳动力迁移，一般是指有劳动能力的人相对于劳动力市场条件的变化，在地理空间上的位移、职业的更换或工作岗位的变换，即劳动者在地区间、企业间、职业间、产业间及部门间的转移。按照流动边界来划分，劳动力流动可分为劳动力国际流动和劳动力国内流动。

劳动力国际流动又叫劳动力国际迁移，在全球化推动下，劳动力迁移规模和数量不断扩大。我们从联合国发布的《国际移民报告 2015》中可以看出，全球移民数量从 1990 年的约 1.53 亿增加到 2015 年的约 2.44 亿，而发达国家是移民的主要接受地。2015 年，发达国家接受移民数量约 1.40 亿，约占全球移民总量的 57.4%。从洲际分布来看，欧洲、亚洲和北美洲是移民主要流入地；而美国、德国是排名前两位的国际移民接受国（见表 6-1）。

表 6-1 国际移民趋势表（1990—2015）

目的地（州和国家）	国际移民数量（人）					
	1990 年	1995 年	2000 年	2005 年	2010 年	2015 年
全球	152 563 212	160 801 752	172 703 309	191 269 100	221 714 243	243 700 236
发达国家	82 378 638	92 306 854	103 375 363	117 181 109	132 560 325	140 481 955
发展中国家	70 184 584	68 494 898	69 327 946	74 087 991	89 153 918	103 218 281
非洲	15 690 623	16 352 814	14 800 306	15 191 146	16 840 014	20 649 557
亚洲	48 142 261	46 548 225	49 340 815	53 371 224	65 914 319	75 081 125
欧洲	49 219 200	52 842 663	56 271 885	64 086 824	72 374 755	76 145 954
英国	3 650 286	4 155 293	4 730 165	5 926 156	7 604 583	8 543 120
法国	5 897 267	6 087 993	6 278 718	6 737 600	7 196 481	7 784 418
德国	5 936 181	7 464 406	8 992 631	10 299 160	11 605 690	120 056 900
拉丁美洲及加勒比海	7 169 728	6 694 640	6 578 428	7 233 098	8 238 795	9 233 989
墨西哥	695 674	458 549	538 051	712 487	969 538	1 193 155
南美洲	4 283 262	4 241 024	4 241 024	4 518 645	5 143 123	5 826 431
北美洲	27 610 542	33 341 147	40 351 848	45 363 387	51 220 996	54 488 725
加拿大	4 333 318	4 864 778	5 511 914	6 078 985	7 011 226	7 835 502
美国	23 251 026	28 451 053	34 814 053	39 258 293	44 183 643	46 627 102
大洋洲	4 730 858	5 022 263	5 360 027	6 023 421	7 125 364	8 100 886

数据来源：《国际移民报告 2015》

全球迁移率从 1990 年的 2.9%升至 2015 年的 3.3%。2015 年，国际移民占发达国家总人口的比例达到 11.2%，而国际移民占发展中国家总人口的比例仅有 1.7%。大洋洲移民占当地总人口的比例最高，2015 年达到 20.6%；其次是北美洲和欧洲，分别为 15.2% 和 10.3%；南美洲的迁移率最低，仅有 1.4%（见表 6-2）。

表 6-2 国际移民占输入国总人口比例表（1990—2015）

目的地（州和国家）	国际移民占输入国总人口比例（%）					
	1990 年	1995 年	2000 年	2005 年	2010 年	2015 年
全球	2.9	2.8	2.8	2.9	3.2	3.3
发达国家	7.2	7.9	8.7	9.7	10.7	11.2

续表

目的地（州和国家）	国际移民占输入国总人口比例（%）					
	1990 年	1995 年	2000 年	2005 年	2010 年	2015 年
发展中国家	1.7	1.5	1.4	1.4	1.6	1.7
非洲	2.5	2.3	1.8	1.7	1.6	1.7
亚洲	1.5	1.3	1.3	1.4	1.6	1.7
欧洲	6.8	7.3	7.7	8.8	9.8	10.3
英国	6.4	7.2	8.0	9.8	12.1	13.2
法国	10.4	10.5	10.6	11.0	11.4	12.1
德国	7.5	9.1	11.0	12.7	14.4	14.9
拉丁美洲及加勒比海	1.6	1.4	1.2	1.3	1.4	1.5
墨西哥	0.8	0.5	0.5	0.6	0.8	0.9
南美洲	1.4	1.3	1.2	1.2	1.3	1.4
北美洲	9.8	11.3	12.9	13.8	14.9	15.2
加拿大	15.7	16.6	18.0	18.8	20.5	21.8
美国	9.2	10.7	12.3	13.3	14.3	14.5
大洋洲	17.5	17.3	17.3	18.1	19.6	20.6

数据来源：《国际移民报告 2015》

中国国内劳动力流动通常可以分为城乡流动和工作流动。城乡流动主要强调在城市化推动下，农村劳动力向城市的流动，城乡流动同时产生职业流动，即流动劳动力实现从农业向非农职业的转换。而工作流动主要强调在城市劳动力市场上的工作转换行为，包括以提升就业质量为目的的自愿性工作流动和由于解雇、就业组织变更地方及破产等行为产生的非自愿性工作流动，工作流动往往伴随职业流动，包括向上职业流动、向下职业流动及水平职业流动三种类型，主要划分依据为职业转换前后是否获得有效的提升。

城乡流动是中国国内劳动力流动的重要形式，它是改革开放后在农村实行家庭联产承包责任制，农民从计划经济中解放出来，在城市经济重新腾飞前夕开始大量涌入城市才渐渐出现的。从全国来看最开始的农民工主要以从事建筑业为主，接着是制造业和服务业。改革开放以后，农民工流动的规模在中国是史无前例的。劳动力流动的形式大致分为两类：一类是跨地区流动，随着沿海地区工商业的快速发展和对人力资源的一定需求，中西部地区的大量农民短期甚至长期迁移至东部经济发达地区，这种劳动力流动也被称为“民工潮”；另一类是农民工城乡流动规模的持续扩大，成为在工业化、城镇化快速发展中成长起来的新型劳动力大军，是产业工人的主体力量。

工作流动是城市劳动力市场的主要特征，在职业生涯中，劳动者往往要变换多个工作岗位。斯蒂文斯说，在美国，一个人一生大约要从事七份工作。自主离职率可以衡量人们离开当前职位的意愿和能力。自主离职率越高，代表人们对劳动力市场越有信心，因而愿意辞去当前的职位。

近年来，工作流动也成为中国城市劳动力市场的重要特征，特别是大学生和农民工的流动，麦可思研究院发布的《2018 就业蓝皮书》显示，2017 届大学毕业生毕业半年内的离职率为 33%，与 2016 届的 34%的离职率基本持平。其中，本科和高职高专院校 2017 届毕业生毕业半年内的离职率分别为 23%、42%，与 2016 届的 24%、43%的离职率基本持平。在本科院校中，“双一流”院校 2017 届毕业生毕业半年内的离职率为 13%，非“双一流”本科院校 2017 届毕业生毕业半年内的离职率为 25%，可见大学生的离职率一直居高不下。同时，频繁转换工作也是农村劳动力市场的普遍现象和重要特征，不仅明显高于城市从业人员，也数倍高于发达的市场经济体制国家的劳动者，而且呈现出“短工化”趋势。2012 年清华大学社会学系与工众网联合发布的《农民工“短工化”就业趋势研究报告》显示，66%的农民工更换过工作，25%的农民工在近 7 个月内更换了工作，50%的农民工在近 1.8 年内更换了工作；农民工平均每份工作的持续时间为 2 年，两份工作的时间间隔约为半年；2004 年开始上份工作的农民工，工作持续时间大约为 4.3 年，而 2008 年开始上份工作的农民工，工作只持续了 2.2 年，缩短了近一半。

6.2 劳动力流动模型

大体上看，劳动力流动理论可以针对不同条件下的劳动力流动现象，学者们给出了不同的理论解释，可以分为两类。一类主要是从宏观视角出发，解释经济发展过程中劳动力从农业向非农产业、从农村向城市流动及跨地区流动的理论，如刘易斯模型、托达罗模型和推拉理论等；另一类是从迁移者本人和家庭的微观决策机制出发解释劳动力迁移行为的理论，如成本收益分析理论和新迁移经济学理论等。我们在这里对比较有代表性的几种劳动力流动理论加以阐述。

6.2.1 刘易斯模型

1954 年，阿瑟·刘易斯发表了题为《无限劳动供给下的经济发展》的著名论文，提出了关于劳动力流动的刘易斯模型。刘易斯模型把发展中国家经济划分为两个部门：一个是以传统生产方式进行生产的以农村为中心的农业部门；另一个是以现代方法进行生产的以城市为中心的工业部门。传统农业部门的劳动力大量剩余，边际生产率很低，工资率也很低；现代工业部门劳动的边际生产率高，工资率也远远高于农业部门。这样，农村劳动力在不受干预的情况下，自然有从农村向城市流动的倾向。现代工业部门只要保持一种高于农业部门的工资率水平，就可以从农业部门源源不断地获得劳动力。也就是说，现代工业部门的劳动力供给是无限的。刘易斯模型可以用图 6-1 进行说明。

在图 6-1 中，横轴表示劳动力数量，纵轴表示实际工资率或劳动的边际产品。OA 表示传统农业部门的生存收入，OW_0 表示现代工业部门的现行工资率水平。如前所述，在 OW_0 这个稍高于农业部门生存收入的工资率水平上，农村向现代工业部门的劳动力供给是无限的，因此劳动力供给曲线 W_0S 是一条水平线。刘易斯假定现代工业部门只使用资本和劳动两种要素，这样，对应每一既定工业资本量，都会有一条特定的劳动边际生产力曲线。D_1、D_2、D_3 分别表示与工业资本量 K_1、K_2、K_3 相对应的劳动边际生产力曲线，其中 $K_1<K_2<K_3$。由于现代工业部门利润最大化的条件是边际生产力等于工资，因此当工业资本量从 K_1、K_2 增加到 K_3 时，现代工业部门雇用的劳动力则从 L_1、L_2 增加到 L_3。随着工业资本量的进一步扩大，劳动力转移到现代工业部门的规模进一步扩大。这一过程一直可以进行到农业部门剩余劳动力全部被现代工业部门吸收为止。

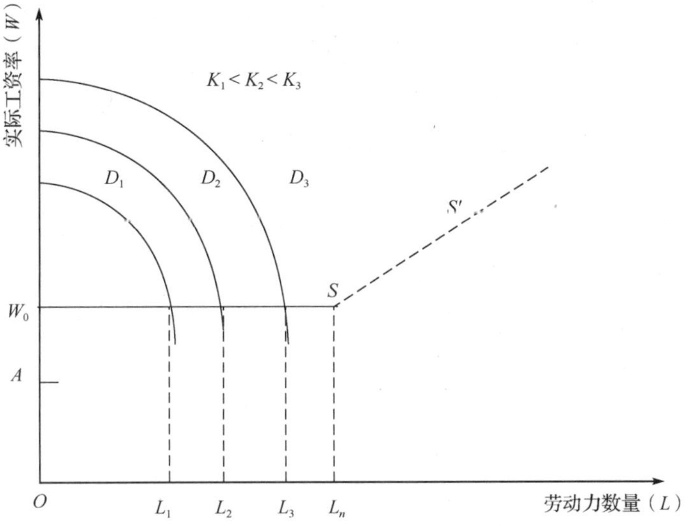

图 6-1　刘易斯模型中的劳动力转移过程

按照刘易斯的观点，当剩余劳动力消失时，农业部门的劳动边际生产力就会提高，从而农村劳动者的收入也会相应增加。这时，农业部门要想得到更多的劳动力，就不得不提高工资率水平，以与现代工业部门竞争。在图 6-1 中，假设一个国家的剩余劳动力总量为 OL_n，当剩余劳动力全部被现代工业部门吸收之后，劳动力供给曲线便开始上升，如 SS' 所示。刘易斯模型将经济增长过程和劳动力转移过程有机地联系起来，将工业化和城市化密切地结合在一起，对理解发展中国家的劳动力转移，指导发展中国家的经济发展，具有重要意义。

此外，按照刘易斯模型，经济发展过程可划分为两个阶段：第一阶段是劳动力无限供给阶段，此时劳动力过剩，工资率取决于维持生活所需的生活资料的价值；第二阶段是劳动力相对短缺阶段，此时农业部门中的剩余劳动力被现代工业部门吸收完毕，工资率取决于劳动边际生产力。由第一阶段转变到第二阶段，劳动力由剩余变为相对短缺，劳动力供给曲线开始向上倾斜。经济学家把连接第一阶段与第二阶段的交点称为“刘易斯转折点”，如图 6-1 中的 S 点所示。但在现实中，一个发展中经济体的劳动力从无限供给到相对短缺，通常并不是在某一个时点瞬间完成的，而是需要经过相当长的时间才能完成的。因此，我们又将劳动力从无限供给到相对短缺的这一发展阶段称为“刘易斯转折区间”。

6.2.2 托达罗模型

关于劳动力城乡流动的另一个著名理论是托达罗模型。米切尔·托达罗依据发展中国家的经济现实，在对刘易斯模型批评的基础上，创建了托达罗模型。托达罗认为，劳动力迁移基本上是一种经济现象，劳动者所关心的与其说是城乡现实的收入差异，不如说是城乡预期的收入差异。无论是已经开始流动的劳动力，还是准备流动的劳动力，都是把农村的现有收入与进城后找到工作的预期收入进行比较，再决定是否迁移。只有预期收入大于在农村的现有收入，他们才会决定迁移到城市中去。影响城市预期收入的因素是城市的实际工资率和在城市找到工作的概率。如果城市的实际工资率比农村的工资率高 1 倍，则只要在城市找到工作的概率大于 50%，农村劳动力就会不断地向城市流动。

托达罗在其所著的《经济发展》一书中，用图形对托达罗模型进行了描述。假定经济中只有两个部门，即农村的农业部门和城市的制造业部门。图 6-2 中，曲线 AA'表示农业部门的劳动力需求曲线，曲线 MM'表示制造业部门的劳动力需求曲线，横轴 Q_AQ_M 表示城乡总劳动力数量。那么，在一个完全竞争的劳动力市场中，均衡工资率将确定在 $W_A^*=W_M^*$，这时，农业部门雇用的劳动力为 $Q_AL_A^*$，制造业部门雇用的劳动力为 $Q_ML_M^*$，全部城乡劳动力都能够就业。

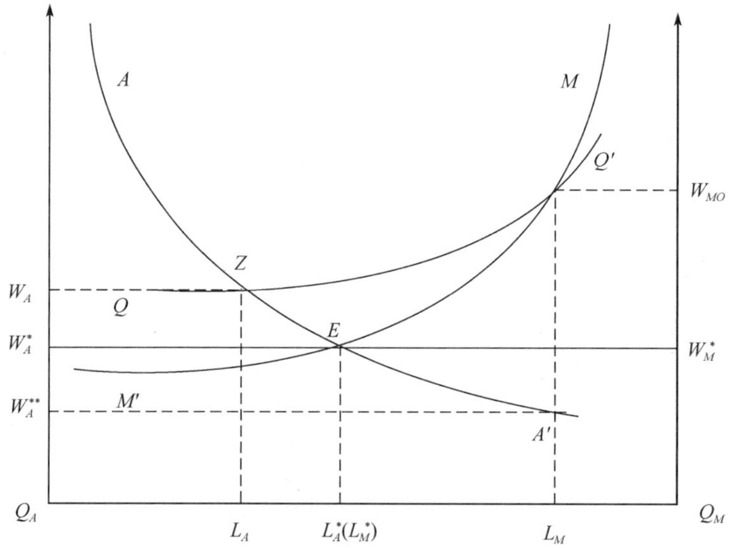

图 6-2 托达罗模型

但是如果城市的工资率是由制度决定的，如处在 W_{MO} 的水平（大大高于 W_A^*），暂且假设不存在失业，则 Q_ML_M 个劳动力可以得到城市工作，余下的 Q_AL_M 个劳动力只好留在农村就业，并领取 W_A^{**} 的工资，该工资低于市场工资水平 W_A^*，城乡之间的实际工资差距为 $W_{MO}-W_A^{**}$，其中 W_{MO} 在制度上是固定不变的。如果农村劳动力可以自由流动，那么尽管

城市只有 $Q_M L_M$ 的工作岗位，由于工资差距很大，农村劳动力仍愿意到城市找工作。

我们假设新的劳动力市场均衡点为 Z 点，那么 Z 点必须满足这样的条件，即其对应的农村的工资率 W_A 恰好等于农村劳动力在城市的预期收入。这是因为，如果农村的工资率低于城市预期收入，就会有更多的农村劳动力进城寻找工作，从而降低在城市就业的概率，进而降低在城市工作的预期收入，直到在城市预期收入与农村的工资率相等为止。农村劳动力在城市找到一份工作的概率可以表示为制造业部门的就业量 $Q_M L_M$ 同城市总劳动力 $Q_M L_A$ 之比。由于城市的工资率为 W_{MO}，所以农村劳动力在城市的预期收入为 $(Q_M L_M / Q_M L_A) \times W_{MO}$。因此，可以将新的劳动力市场均衡条件写成 $W_A = (Q_M L_M / Q_M L_A) \times W_{MO}$，表示在城市工资由制度决定的情况下，劳动力市场达到均衡时的农村的工资率。均衡点 Z 的运动轨迹可以用图 6-2 中的曲线 QQ' 来表示。

在新的劳动力市场均衡点 Z，城乡实际工资差距为 $W_{MO} - W_A$；$Q_A L_A$ 个劳动力仍然留在农业部门，领取 W_A 的工资；$Q_M L_M$ 个劳动力在城市工作，并领取 W_{MO} 的工资；余下的劳动力要么失业，要么从事低收入的非正规就业。这样，托达罗模型不仅解释了城市失业的原因，还解释了尽管城市存在着高失业，但劳动力仍然持续向城市流动这种现象的合理性。

简言之，托达罗模型认为，劳动力是否流动取决于城乡的预期收入差异，而不是现实的城乡实际工资差异。其中，预期收入的差异是由实际的城乡工资和在城市得到就业机会的概率共同决定的。在城乡的预期收入差异很大的情况下，劳动力向城市迁移的增长率超过城市工作机会的增长率，是完全有可能的。在大多数发展中国家，城市的高失业率正是城乡经济机会严重不平衡的必然结果。

托达罗模型具有鲜明的政策含义：首先，发展中国家应当尽量改善城乡经济机会不均等的现象，否则，过量的农村劳动力涌入城市，不仅会引起城市中许多社会经济问题，还将造成农村劳动力的不足；其次，如果仍然按照传统的解决城市失业问题的办法，在创造城市就业机会的同时，不努力提高农村收入和增进农村就业机会，就会出现一种离奇的现象——更多的城市就业带来更高水平的城市失业。托达罗认为，发展中国家要改变偏重城市的做法，注重农村的发展。

托达罗模型对发展中国家经济的流动政策产生过巨大的影响，造成抑制城乡人口迁移的政策偏向。其主要的缺陷有两点：一是这种理论模型忽视了城市非正规部门或传统部门对于解决失业和增加生产的作用；二是没有注意到市场不完善对于迁移过程的影响。由于这两个缺陷，托达罗模型既不能帮助发展中国家的政府正确地理解城乡劳动力流动在经济发展中的意义，也不能指导相关部门解决由迁移带来的各种问题。

6.2.3　推拉理论

除刘易斯模型、托达罗模型外，“推力—拉力”理论（简称推拉理论）也是具有广泛影响的劳动力迁移理论。该理论认为，迁移行为是迁出地与迁入地的推力和拉力共同作用的结果。这一理论的代表人物是埃弗雷特·李。埃弗雷特·李认为，影响劳动者迁移的因素包括迁出地因素、迁入地因素、中间阻碍因素和个人因素。每一个地区都同时存在某些吸引劳动力的因素和排斥劳动力的因素，劳动力的迁移正是这些因素综合作用的结果。如果推力因素的作用大于拉力因素的作用，劳动力就会迁移；反之，劳动力就不会迁移。当然，人们对迁出地和迁入地等因素的评价，会受到主观感受和客观条件的影响。例如，良好的气候对每个人来说可能都是拉力因素；但完善的教育设施，对学龄儿童的父母来说可能是拉力因素，但对没有孩子的人来说则可能是推力因素，因为维持完善的教育设施意味着纳税人将要多纳税。迁入地和迁出地之间有各种阻碍因素，如距离和迁移成本等。另外，迁移还受到个人因素的影响。一个人的性别、年龄、个性、智慧、敏感程度、对其他地区的认识程度、与外界接触的方式等，都会影响他对迁入地和迁出地的评价，从而影响其迁移决策。

推拉理论涵盖了劳动力迁移理论的各个主要方面，在劳动力迁移理论中占重要地位。但是，该理论存在明显的不足：首先，该理论缺乏系统有力的实证资料的证实；其次，关于迁出地和迁入地的推力和拉力，缺乏明确的定义，因而在迁移计划和研究中作用有限；再次，该理论是建立在美国经验的基础上的，对于其他国家劳动力迁移的适用性需要进一步研究。

6.2.4 成本收益分析理论

迁移的成本收益分析理论最早由斯加斯塔德提出。该理论认为，劳动者的迁移决策是在对迁移的经济和非经济成本与收益进行对比之后做出的。如果迁移获得的收益超过了与之联系的货币成本和心理成本的总和，劳动者就会决定迁移；反之，劳动者就不会决定迁移。在劳动力迁移的过程中，个人和家庭最大化了收益，劳动力资源获得了有效配置。该理论将迁移视为提高人力资源生产率的投资，迁移的规模和强度取决于成本和收益的对比，有效解释了地区间工资差距为什么没有随迁移而趋同，以及迁移方向问题。

迁移的成本收益分析理论认为，劳动者迁移的成本包括经济成本和非经济成本。经济成本主要是指给定距离下因迁移产生的食物、住宿和交通等费用；非经济成本主要是指迁移的机会成本、离开熟悉的环境的精神成本，离开亲人和朋友的心理成本。非经济成本可能远远大于经济成本。相应地，劳动者迁移的收益，也可以分为经济收益和非经济收益。经济收益包括工资收入、就业成本的变化和消费价格的变化等，迁移的经济收益很大程度上受市场结构、资源的流动性和政府的税收政策等方面的影响；迁移的非经济收益则包括工作满意度的提升、工作和生活环境的改善等。

进一步地，我们可以用一个简单的数学模型来表示劳动力迁移决策。我们将劳动力的自愿迁移当成一种投资行为，即劳动者为了在今后一段时期内获得收益而在早些时候承担这种投资的成本。如果迁移后净收益的现值超过了为迁移而付出的成本，劳动者就会决定迁移；如果迁移后净收益的现值超不过为迁移而付出的成本，劳动者就不会决定迁移。劳动力迁移决策模型表述如下：

$$净收益的现值 = \sum_{t=1}^{T} \frac{B_t - B_0}{(1+r)^t} - C \quad （公式 6-1）$$

上式中，B_0 和 B_t 分别代表劳动力迁移前与劳动力迁移后第一年的收益；T 为预期从事新的工作的时间（用年限表示）；r 表示贴现率；C 表示迁移花费的成本，包括经济成本和非经济成本；$\sum$为加总符号，这里指从第一年到第 T 年这一时期每一年的净收益现值的总和。

根据上述公式，如果净收益现值大于 0，意味着劳动者迁移的预期净收益的现值大于由于迁移带来的成本，劳动者将选择迁移。如果净收益现值小于 0，劳动者将不会选择迁移。很显然，劳动者从新工作中获得的效用水平越高、在原来的工作中获得的效用越低、与迁移相关的直接成本越低、劳动者在新地区工作与生活的时间越长，则迁移的净收益现值就越大，劳动者迁移的可能性也就越大。这个结论富有启发意义，它可以帮助我们预测什么样的劳动者最容易迁移。

6.2.5　新迁移经济学理论

与以往的迁移理论不同，新迁移经济学理论强调迁移行为不是单个迁移者决策的结果，而是迁移者家庭集体决策的结果。迁移的目的不仅是使个体预期收入最大化，也是使家庭收入风险最小化。对家庭而言，迁移行为是一种控制生产风险、增加资本来源的重要途径。

新迁移经济学理论认为，迁移是家庭集体决策而非个人决策的结果。新迁移经济学理论将迁移研究的关注点由独立的个人转向了相互依赖的个人，认为迁移决策并不是独立的个体行为，而是家庭甚至更大决策单位的行为。它将个人和家庭的迁移决策分析，从自主安排推进到互利的契约安排。从而，迁移者的劳动力市场行为也在很大程度上依赖于迁移者家庭的偏好和家庭的约束。此外，迁移也是为了使家庭收入风险最小化。因为在当地市场条件下，家庭收入是不稳定的，为了规避风险和使收入来源多元化，家庭会决定部分家庭成员外出打工或迁移，以减少对当地传统的或单一的收入来源的依赖。比如，农产品歉收，家庭的农业收入大幅度下降，但家庭还可以用从迁移者那里获得工资性收入（通常是以汇款的方式），补偿农产品歉收的损失。

新迁移经济学理论特别强调“相对剥夺”的思想。相对剥夺也叫相对贫困或相对满意度，是指家庭决定其成员的迁移，不只是为了提高其绝对收入，也是为了提高相对本社区或参照人群的其他家庭的收入，也就是为了减轻在某一参照系内的相对贫困感。即使自家的收入水平有很大提高，但只要提高的程度不及参照人群，他们仍然有种相对贫困的感觉，仍然会决定迁移。可见，新迁移经济学理论在做迁移决策时不仅要考虑工资差异，还要考虑许多其他因素。

新迁移经济学理论指出，迁移受社会环境的影响。在完善且健全的市场体系和金融制度下，大量的迁移现象将不会发生，但发展中国家缺乏上述条件，如成熟的保险市场、发达的信贷市场、信息完善的劳动力市场等，导致越是落后偏远的地区和农村，劳动者迁移的动机越强。因此，政府不仅可以通过影响劳动力市场的政策措施来影响迁移速度，还可以通过影响保险市场、资本市场、期货市场的政策措施来影响迁移速度。政府的保障计划尤其是失业保障计划可以极大地影响迁移的动机。

6.2.6 迁移函数

Yap（1977）认为，从地区间劳动力迁移来看，可以用迁移函数来描述影响劳动力迁移的因素。迁移函数的基本形式如下：

$$\bar{M}_{ij} = f(Y_i,\ Y_j;\ U_i,\ U_j;\ Z_i,\ Z_j;\ d_{ij};\ C_{ij})$$

上式中，因变量 $\bar{M}_{ij}$ 表示 i 地区和 j 地区之间的劳动力迁移规模；自变量包括 i 地区和 j 地区人口的收入水平（Y）、失业率（U）、城市化水平（Z），i 地区和 j 地区之间的距离（d_{ij}），以及 i 地区居民在目的地（j 地区）的亲人和朋友数量（C_{ij}），有时候，i 地区和 j 地区的人口规模也会被包括在自变量中。可以看出，迁移函数理论实际上是对刘易斯模型、推拉理论和成本收益分析理论的综合。

6.3 劳动力流动的原因与影响因素

6.3.1 劳动力流动的原因

劳动力流动的原因十分复杂，概括来看，主要有以下四种。

1. 产业结构的变动

人类经济社会是沿着农耕时代、初期工业化、现代工业化和现代信息化的轨迹发展的。用经济学的术语表达，即是个不断发展递进的产业结构变动过程。随着社会经济的持续发展，生产工具不断革新，生产日益社会化，旧的生产形式和产业部门不断被淘汰，原来在这些部门中工作的劳动力面临着职业转换。同时，新兴产业的涌现又提供了新的就业机会，不断把原来分布于传统产业部门的劳动力纳入新的生产过程。因而经济的发展和产业结构的变动推动了劳动力的全面流动。

我国的三大产业就业结构变化也证实了这一点。统计资料表明，1978—2015 年，我国的三大产业就业结构已从 70.5:17.4:12.1 转变为 28.3:29.3:42.4。进入 21 世纪以来，中国城镇化进程明显加快，城镇化率每年大约提高 1 个百分点，并在 2011 年首次超过 50%。2017 年 1 月，上海交通大学城市科学研究院与北京交通大学中国城市研究中心在京联合发布的《2016—2020 中国城镇化率增长预测报告》显示，2020 年我国城镇化率将达到 63%。未来五年城镇化持续发展的态势不会改变，在此期间，必将伴随着三大产业就业结构的进一步转变。因此，我国的劳动力流动规模在今后一段时期还将继续扩大。

2．科学技术的发展

随着社会化大生产的发展，社会分工日趋复杂和专业化。同时，科学技术也持续向前发展，科技转化为直接生产力的速度大大加快。这种不断加速的科学技术进步，既为劳动力流动提供了可能，也对劳动力流动提出了新的要求。这是因为科技进步一方面创造了许多新的工作岗位和就业机会，另一方面又淘汰了一部分旧的工作岗位。工作岗位的更新与淘汰客观上要求劳动力必须流动，否则就会出现职位空缺和失业并存的现象。

同时，随着市场竞争的加剧和科学技术的进步，部门或企业的资本有机构成和劳动生产率不断提高，对劳动力的需求量相对减少，有时甚至绝对减少，所以会相应地释放出一部分劳动力。与此同时，新兴产业层出不穷，又创造出新的工作岗位，从而自然会形成劳动力自发或者被动地向新的工作区域、新的产业行业和新的工作岗位流动。此外，技术密集型产业由于其产品的技术含量大、产品附加值高，所以该产业的劳动力价格较高、待遇较好，从而吸引了大批合格劳动力的进入，也加剧了劳动力的流动。

3．国家及区域之间经济发展的不平衡

不同的国家和地区，由于资源分布和自然条件，以及其他因素的差异，存在着经济发展不平衡的状况，经济落后的国家和地区由于经济发展水平的限制，就业机会很少，劳动力供给又常常大于劳动力需求，劳动力就业比较困难；而发达国家和经济发达地区的经济发展速度快，劳动力需求量大，本地劳动力供给相对不足，所以需要从外地输入劳动力，这样就促使发展中国家和经济不发达地区的剩余劳动力向发达国家和经济发达地区流动。

相比而言，发达国家和经济发达地区的劳动生产率较高，劳动力价格（工资收入水平）普遍高于发展中国家和经济不发达地区。这种收入差距成为吸引发展中国家和经济不发达地区劳动力流向发达国家和经济发达地区的强大动力。此外，经济发达地区个人发展的机遇较多，也是劳动力流入的一个重要原因。自改革开放以来，中国东部沿海开放地区与中西部内陆地区的经济差距明显拉大，中西部落后地区的劳动力大批向经济发达的沿海地区流动，这就是区域经济发展不平衡导致劳动力流动的例子。所以，一般而言，发达国家和经济发达地区属于拉入型流动地区，而发展中国家和经济不发达地区属于推出型流动地区。

事实上，在现实经济和社会生活中，由于内在及外在因素的相互作用和影响，发展的不平衡并不仅限于地区之间，在各部门、各企业间同样存在。这种不平衡对所需要的劳动力的数量和质量不断提出新的要求，推动着劳动力的全面流动。也正是这种不平衡，使劳动者由经济效益差的部门或企业流向经济效益好的部门或企业。

4．同质劳动力的工资收入差距

在社会经济生活中，同质劳动力，即从事同样工作的劳动者在不同的国家、不同的地区、不同的产业、行业或企业工作获得的工资收入存在差距，这是引起劳动力在国家之间流动的一个非常重要的经济性因素。当一个国家或一个地区发生较大的社会变革、经济结构和产业结构调整时，工资收入差距更加明显，此时，劳动力流动的个人原因就往往产生于工资收入差距。

这是因为在现代经济社会中，劳动者获得某种劳动能力与他本人及家庭的人力资本投资密切相关。当劳动者从事同质劳动而不能获得基本相等的工资收入时，也就意味着个人的人力资本投资收益在减少，从资本收益的角度看，也就是出现了人力资本投资亏损。此时，为弥补亏损，受利益驱动因素的影响，一部分劳动者就会产生移动或迁徙的愿望，以求在不同的国家、地区、产业、行业或企业获得最大的人力资本投资收益。

改革开放以来，中国的劳动力流动规模巨大，其中主要是农村劳动力向城市流动，这主要是由农村与城市间存在较大的经济差距造成的。长期以来，农民工大多流往东南沿海地区，特别是珠江三角洲地区。然而，2004 年东南沿海地区出现“用工荒”现象，近年来仍在日趋扩展，尽管其原因十分复杂，但其中一个主要原因是我国已开始产业转移和企业转型升级，中西部地区作为产业转移的承接地区开始加快经济发展，对劳动力的吸纳能力不断提升，劳动者的工资收入水平也在提升，在这种背景下，劳动者选择在本地区就业既可以增加工资收入，又可以与家人共同生活、节省开支，总收入不但不会减少，甚至会增加。所以，“用工荒”实际上也是同质劳动力存在工资收入差距导致的一种劳动力流动选择的结果。

以上是宏观经济运行过程中产生劳动力流动的客观原因，也是国家在制定引导劳动力流动的政策时，需要重点考虑的因素。

6.3.2 影响劳动力流动的因素

在社会经济各种因素的影响下，劳动者是否选择流动，流动到什么地区、什么岗位，取决于劳动者的个人抉择和家庭抉择。一般而言，劳动者会根据自己的兴趣、爱好、专长和人力资本投入产出目标等，对当下从事的职业、岗位同市场上可供选择的其他职业、岗位做出比较性评价。如果其他职业或岗位能使其更有效地发挥个人才能并得到更大的经济收益和心理满足，劳动者就有可能辞去现有工作而选择新的工作，从而形成现实的劳动力流动。

研究表明，并非所有的劳动者都愿意选择流动。什么样的劳动者流动倾向强、流动性比较大呢？概括来看，在现实生活中，劳动者的年龄、受教育程度、流动迁移的距离、家庭规模等均对其流动抉择具有比较重要的影响。

1. 劳动者的年龄

国内外实证研究发现，年龄是影响劳动力流动的一个重要因素。在劳动者的年龄与流动率之间，明显存在着反比关系。劳动力的年龄越小，流动性就越大，原因主要有以下三点。

第一，年轻人入职时间短，辞职的机会成本相对较低，而通过流动获得更多收益的可能性较大。新进入劳动力市场的年轻人都会经历一个职业磨合期，部分年轻人对自己从事的工作心理准备不足，一旦感到工作不满意，就会寻找新的工作。他们这时刚刚进入劳动力市场，工资较低、资历浅、晋升机会少，流动的机会成本很低，辞职要考虑的其他因素不多。而他在流动后获得收益补偿的时间较长，这意味着他从流动这种人力资本投资活动中可能获得可观的收益。所以年轻人比较容易做出流动的抉择，流动较为频繁。

当年轻人从事若干职业或岗位后，逐渐找准了职业定位，他们才会安下心来，从事固定的职业，加入稳固的雇员队伍。同时，随着年龄的增长，他们逐渐成家立业，家庭责任增加、资历加深、收入呈上升态势、晋升机会增多等，这些会继续影响他们的流动抉择。因为年长劳动力流动的机会成本较高，所以年长劳动力一般更关心职业的稳定，流动的意愿开始下降。

第二，年轻人在地区流动、职业或岗位变动过程中付出的非经济成本相对较小。在当今社会，人脉关系对劳动者的工作职业生涯的发展，乃至家庭生活都具有非常重要的意义。当年轻人初入职场时，他与周围的各种社会关系还远未形成比较广泛而稳固的联系，此时的辞职带来的非经济损失相对较小，然而，随着年轻人从业时间的延长，职场经验不断丰富，各种人脉关系逐步编织成网，社会联系变得日趋紧密，对周围的工作、生活环境十分熟悉，这时如果要进行流动，就意味着可能失去许多人脉关系，甚至会失去许多原有的客户。而劳动者到了新的地区和新的职场，基本要从头开始。显然，年长劳动力由于流动而付出的非经济损失会相应增多，因此他们做流动的抉择会十分谨慎，并且更多地倾向于选择固守于原有的工作地区，成为用人单位的忠诚雇员。研究者还发现，即使在同一年龄群体内部，流动的情况也有所不同。未婚者比已婚者的流动性更强，已婚但未生育者比已婚已育者的流动性更强，这里面也有非经济成本的考虑。

第三，年轻人消费欲望较高，需要通过职业或岗位的调整提高个人收入的动机强烈。总体而言，年轻人的工资收入相对较低，但一方面，他们因交友、成家而产生的消费需求较多，他们的吃、穿等消费的欲望比较强烈，花销较大；另一方面，在当今知识技术日新月异、不断变迁的背景下，年轻人也必须加强自身修炼。因此，他们在业余学习、进修、强化培训等方面的开支也比较多。诸多因素相加，就使年轻人改善个人经济状况的愿望和动机更为强烈，这也是促使年轻人在职场上流动频繁的原因之一。

2．劳动者的受教育程度

对于劳动者来讲，特别是对同一年龄组的劳动者来讲，个人的受教育程度是判断劳动力流动率的一个重要指标。国内外劳动力市场的研究表明，受教育程度与劳动力的流动率成正相关关系。受教育程度越高，流动率越高；受教育程度越低，流动率越低。研究者的调查证实，教育对农村劳动力的流动具有显著的、积极的作用。在其他条件相同的情况下，劳动者受教育程度越高，外出务工的概率越高。教育成为影响农村劳动力收入的重要因素之一。劳动者的受教育程度越高，流动率越大，一方面是因为他们见多识广，容易接受新事物，适应性较强；另一方面是因为受教育程度高的劳动者在职业、岗位方面的选择范围更广，而受教育程度较低的劳动者的就业范围相对较窄，从而影响流动的抉择。还有一点不容忽视，劳动者受教育程度越高，其获得高收入的工作岗位的可能性就越大。与其他经济行为相同，劳动者做出迁移流动的抉择并选择具体的流向，实质上是对流动成本及其收益进行比较后的结果。流动者在迁移之前已经有了一个迁移的预期收入。调查数据表明，流动者迁移后的实际工资收入大于迁移的预期收入，而且流动者的预期收入和实际工资收入均因受教育程度的递增而递增。

3．劳动者流动迁移的距离

流动的地域距离是劳动者在做出流动抉择时必须考虑的又一重要因素。一般来说，距离的远近与劳动力的流动比率成反比关系。距离越近，流动率越高；距离越远，流动率越低。这主要是因为距离的增加使流动的成本上升。流动之后探望朋友和亲人的交通费用、流动的非经济成本等，显然也会随着流动距离的增加而上升。因此，在其他条件相同的情况下，人们会更多地选择近距离流动，放弃远距离流动。

此外，劳动者在做出流动的地区抉择时，总是力图将流动的迁移成本和心理成本降至最低水平。这时，最佳的选择就是流动到已有朋友或亲人先期迁入的地区，这种连锁迁移的现象不仅表现在国际移民中，同时也表现在国内地区间的劳动力流动中。在劳动力进行流动区域选择时，如果该地区有了先期迁入的朋友或亲人，就有可能使后续的劳动力流动到那里。劳动者迁移到那里首先可以较好地解决居住等生活问题，同时又可以通过朋友或亲人获得各种关于求职、生活、子女教育的信息，此时，流动的迁移成本和心理成本大大降低，这足以打消劳动者选择远距离流动的顾虑了。

4．劳动者的家庭规模

家庭规模对劳动者的流动抉择也起着一定的影响作用。一般来说，家庭规模与劳动力的流动率成反比关系。家庭规模越小，流动率越高；家庭规模越大，流动率越低。这是因为随着家庭规模的扩大，劳动力流动要付出的潜在成本会随之增加。我们发现，在年龄、教育背景等其他因素相同的条件下，单身劳动者比已婚劳动者更容易做出辞职流动的决定，因为单身劳动者可以仅根据个人的意愿做出抉择。当然，如果家庭成员中夫妇二人仅有一人工作，他（她）做出流动的抉择也相对容易，如果他（她）的工资收入较低，则选择流动的概率也会较高。但是，当家庭规模扩大，且夫妇二人都从事工作时，如果双方的工资都很高，这时要做出流动的抉择就相对困难，因为要衡量的东西太多。一是在迁移过程中要放弃的家庭收入相对较高；二是要使夫妇双方都通过流动获得比以往更好的工作，求职的难度肯定会增加，而且若一方不能在拟迁入的地区找到如愿的工作，就会使家庭的总收入受损；三是夫妇双方的人脉关系都会由此而减少，此时所付出的非经济成本会大大增加；四是家庭中若存在学龄儿童，父母往往会考虑孩子的教育问题，因为熟悉的就学环境和学龄同伴明显有利于孩子的身心健康。当然，如果拟迁入的地区有良好的教育环境，这时，夫妇双方选择流动的意愿就会增强。

当然，当劳动者做出流动的抉择时，以上四个影响因素也会发生交互作用。因此，劳动者是否选择流动很大程度上是在进行投入产出效益的比较，同时也是非经济成本付出的较量。

6.4　我国劳动力流动方面存在的问题和对策

6.4.1　我国劳动力流动的现状及问题分析

劳动力流动是市场配置劳动力的客观要求，它给我国社会经济的发展带来了巨大的活力。自改革开放以来，我国劳动力流动的规模正在逐步扩大，劳动力流动对中国社会经济结构的变革已经产生重要影响，并将继续产生深远影响。劳动力从低生产率、低收入区域和部门（如农业）向高生产率、高收入区域和部门（如工业）的转移，是我国改革开放以来经济增长的一个重要源泉。根据一些学者的调查和估计，中国境内的农民工汇款总额在 2005 年达到 2 490 亿元。更为重要的是，劳动力流动对于提高农民生活水平、缩小城乡差距、合理配置劳动力资源、促进社会公平与进步等均有积极作用。

就目前来看，我国劳动力流动主要有以下四大流向：一是从农村、小城镇向大城市流动；二是由内地落后城市向沿海发达城市流动；三是由传统经济部门向新技术、新产业开发区流动；四是由技术力量雄厚的部门和单位向技术力量薄弱的部门和单位流动，或者在技术雄厚部门和单位之间流动。流动的范围也将打破各种界限，逐步扩大：由企业内部流动发展到企业之间流动；由省市内部流动发展到省市之间流动；由国内流动发展到国际流动。我国现存的国际流动类型主要有两种形式：一种是我国的劳务出口；另一种是从国外引进优秀的专业人才，如聘请国外优秀的管理人才等。随着我国科学技术和教育事业的不断发展，我国的国际劳动力和人才流动的格局将会发生变化，引进和输出的形式也将越来越丰富多样。

城乡劳动力流动对我国劳动力流动的研究具有特殊的意义，并将在长时间内在我国多种劳动力流动中占据主要地位。因此，这里将城乡劳动力流动作为研究重点来讲解。

1．农村流动劳动力的基本特征

就外出农村劳动力的个体特征来看，年轻、未婚、男性和受教育程度较高的劳动者往往更偏好于流动；在年龄结构上，35 岁以下的青壮年占绝对优势，女性的平均年龄低于男性的平均年龄；在受教育程度上，流动者的受教育程度明显高于非外出者的受教育程度；在流动的方向上，主要流出地是安徽、河南、四川、湖北、湖南、广西、江西等地，主要流入地是东部沿海地带的各省市，如北京、上海、广东、福建、浙江、江苏、山东等。就农村劳动力的社会群体特征来看，流动者基本以寻求职业、增加收入为目的，主要来自低收入地区的中等偏低收入农户；在流动方式上，他们以农民工的身份在城市就业但无法实现永久性迁移，而是处于循环流动的状态，即按照季节、经济周期，甚至是政策周期，在农村与城市之间流动；在职业活动上，主要集中在城市制造业、建筑业、批发零售贸易业、运输业等社会服务业，职业层次偏重体力付出；在流动机制上，以自发流动为主，并以各种社会关系为基础，沿着血缘、地缘、业缘的社会人际关系向外流动。

2．农村劳动力流动的动机与原因

我国农村剩余劳动力的存在和农业收益较低是农村劳动力流动的“推力”，城市化、工业化带来的就业机会与城乡比较利益的差距是农民流动的“拉力”，城乡收入水平差距，即“经济收入驱动力”是农村劳动力流动的主要动力。但我国的户籍制度锁定了多数农民工的生活预期和目标，从而对这种驱动力产生了消解作用，形成特殊的生命周期，即一部分农村劳动力年轻时外出打工，年龄大了以后回乡。部分研究学者认为国家的经济发展策略和经济体制的选择，决定着农民工的就业空间和容量；而农村劳动力累积的专门知识、专门技能和与经历有关的个性特征，对于农民工对“流动”机会的反应，以及反应的质量有着决定性影响。同时，农村的劳动力迁移与否不仅取决于他们在城市的预期收入，还取决于他们感受到的相对经济地位的变化。

3．公共政策与制度安排对农村劳动力流动的影响

户籍制度是影响农村劳动力流动最根本性的制度安排，户籍制度及与其相关的一系列政策壁垒造成的流动农民工的边缘化问题，是这一领域研究的重中之重。学术界一致认为，户籍制度是造成外来农村劳动力进入城市就业的行业、地位、身份存在明显选择性，以及大多数流动人口不能获得城市永久居住权和稳定就业权，进而形成循环流动的重要原因。户籍制度的存在将城市劳动力市场分割为正规和非正规农村劳动力市场，大量农民工只能进入非正规农村劳动力市场，在职业、行业、岗位选择等方面受到很大限制，在工资、福利、公共服务等方面不能与城市劳动力享受同等待遇。根据我国新型城镇化战略规划，“基本公共服务要解决在城镇就业居住，但没有城镇户籍的农业转移人口享有城镇基本公共服务问题”。到 2020 年，我国城市常住人口城镇化率将达到 60% 左右，户籍人口城镇化率达到 45% 左右，届时将会增加 1 亿左右农业转移人口和其他常住人口在城镇落户，这给本来供给总量不足的城市社会公共服务体系构建提出了更大的挑战。

随着我国户籍制度改革的推进，尤其是 2015 年居住证制度的推出，“农业人口”和“非农业人口”身份界限逐渐消除，城镇基本公共服务也逐步从户籍制度中剥离出来。城镇户口的内涵和价值正悄悄发生变化，落户城镇的内涵也更多地从获取城镇居民身份转向更好地在城镇定居。农民工对落户城镇的态度也发生了转变。在成都、重庆的调研中发现，50%以上的农民工希望长期定居城市，60%以上的农民工希望定居在当前城市，只有不足 30%的农民工希望取得城镇户口，农民工不愿落户城镇的主要原因是对转户后农村财产权益的稳定性和安全性存在顾虑。农村户口附有农村集体财产收益权，尤其是对城市近郊的农民工而言，可以预见的农村土地潜在增值收益较大。有些地方在推进户籍制度改革过程中，如成都、重庆保留了转户农民工在农村宅基地、林权、承包权等农村财产权益，并在制度设计上为农民工提供了持有、流转、退出等多种选择。但由于农村土地和宅基地的流转、价值变现等还没有明确的法律法规，农民工对没有法律保护的农村集体经济关系缺乏安全感，部分农民工愿意选择保留农民身份。而在乡城单向人口流动模式下，部分农民工认为一旦放弃宅基地等财产权益换取进城资本，就会陷入“进得了城而回不了村”的困境。同时，基本公共服务成本分担、农村财产权益处理等协调

配套机制还未建立，导致农民工落户城镇的意愿下降。

4．流动人口规模结构的变化与“民工荒”现象的产生

我国长期以来被认为处于刘易斯模型所描述的农村劳动力无限供给的状况。2004 年以来由东部地区波及全国的“民工荒”现象出现后，中国农村劳动力的供求问题引起了社会各界的广泛关注。

从中国农村劳动力的供给总量和结构来看，一个从农村劳动力无限供给到农村劳动力有限剩余的转变正在发生。这预示着结构性、局部性的农村劳动力短缺现象将会在我国时常发生，从而对我国全方位的制度创新和发展战略调整提出了新的要求。制度缺陷也是“民工荒”产生的主要原因。长期以来农民工工资持续低下且拖欠严重是一个不争的事实。工资水平是影响农村劳动力流动的主要原因，长期以来的工资黏性是大量农民工退出市场的主要原因，提高工资水平势在必行。

6.4.2　改善我国劳动力流动机制的政策分析

劳动力资源在市场价格机制作用下自由流动从而达到优化配置，是经济学关于实现劳动力资源有效配置的基本原理，当然也是社会主义市场经济体制下“市场在资源配置中起基础作用”的内在机制。现实生活中存在着一些非市场因素的干扰，这不仅造成劳动力流动推进呈现诸多非理性状态，而且直接或间接地制约了劳动力市场的发展。

我国改善劳动力流动管理机制，首先应从降低劳动者偏高的流动成本做起。偏高的流动成本将产生一系列后果：一是不利于建立全国统一开放的劳动力市场，不利于人力资源的市场化配置；二是不利于实现农村劳动力的彻底转移，有碍于城镇化、工业化和现代化进程的推进；三是不利于劳动者在平等竞争的环境中充分发挥才华，造成人力资源的浪费。为了保障劳动力有序、有度、有效流动，不断降低流动成本，应从以下四个方面着手采取措施。

1．将劳动力流动作为一种投资行为看待

将劳动力流动看成市场经济条件下资源优化配置的必然现象，是社会经济保持活力的源泉。按照人力资本理论的分析，要把劳动力在区域间的流动作为一种投资。对政府来说，为减少劳动力流动的盲目性，应加强职业信息系统和中介机构的建设，通过减免不必要的费用来降低劳动力在流动中的成本。对个人来说，作为人力资本的投资行为，不仅要考虑现期收入与预期收入，还要考虑流动成本的变动情况，遵循收入最大化、成本最小化原则，动用可用的资源以支持合理有序的流动，降低流动成本。

2．强化劳动者的流动激励，通过财政援助推动劳动者的流动

政府鼓励在有过剩劳动力的地区创造就业岗位，通过采取发放迁居津贴，在工资、雇用上优惠鼓励企业到劳动力过剩地区投资等办法，把财政援助与当地经济发展和增加劳动力就业结合起来。同时，劳动力素质较低是制约劳动力迁移就业的长期因素，国家要建立有效的激励机制，增加对人力资本的投入和开发。首先，政府要大力普及义务教育，尤其要加强农村地区的基础教育，推进农村义务教育课程的改革，着力提高教育质量和水平。其次，政府应重视发展职业教育，扩大职业教育规模，面向市场整合现有教育资源，加大政府对中等职业学校和实训基地建设的投入。最后，政府要加强对低技能的劳动力的职业技能培训，逐步形成“市场引导培训，培训促进就业”的新机制。

3．健全社会保障制度

健全的社会保障制度是消除劳动者流动后的后顾之忧和保障其基本权利的基础。当前，政府一要扩大社保覆盖面，逐步将参与流动的劳动者全部纳入社保体系中来；二要建立覆盖全国各地和各行业的社会保障体系，使劳动者不管流动到何处都能及时、方便地得到保障；三是在现行户籍制度尚无突破性进展的情况下，可考虑在流动人口中首先完善工伤医疗保险，以解燃眉之急，再逐步扩展到其他领域，最后逐步实现本地户籍人口与流动劳动力人口公平地享有社会保障。

4．完善法律法规制度

市场经济说到底是法制经济。《中华人民共和国劳动法》颁布实施后，首先，政府应抓紧与其相配套的社会保障、促进就业、劳动保护、确立最低工资标准、合理有效的户籍管理等一系列法规的建设，减少各地政策性因素对劳动力流动的影响，从立法角度保障参与流动的劳动者享有平等权利。其次，政府应加大执法力度，依法保护参与流动的劳动者的合法权益，解决各种乱收费、乱摊派等直接导致流动成本上升的问题。最后，政府应加快配套规章制度建设，逐步制定全国系统规范的劳动力流动管理制度。在全国范围做到依法管理才是降低劳动力流动成本，按照市场要求配置劳动力资源的根本办法。

【本章小结】

劳动力流动又叫劳动力迁移，指有劳动能力的人相对于劳动力市场条件的变化，在地理空间上的位移、职业的更换或工作岗位的变换。按照流动边界来区分，劳动力流动可分为国际流动和国内流动。在有关劳动力流动的理论中，刘易斯模型认为，城乡收入差距是吸引劳动力从农村向城市迁移的根本原因。托达罗模型认为，农村劳动力是否向城市迁移，是由城乡实际工资差距和在城市找到工作的概率共同决定的。成本收益分析理论强调劳动者的迁移，是在比较了迁移可能获得的收入与迁移需要付出的成本之后做出的理性决策。新迁移理论则强调迁移行为不是单个迁移者决策的结果，而是迁移者家庭集体决策的结果。劳动力流动的主要原因有产业结构的变动、科学技术的发展、国家及区域之间经济发展的不平衡和同质劳动力的工资收入差距。劳动者的年龄、劳动者的受教育程度、劳动者流动的距离、劳动者的家庭规模与移民决策会影响劳动力流动。劳动力流动对我国社会经济结构的变革已经产生重要影响，并将继续产生深远影响。而结构性、局部性的农村劳动力短缺现象将会在我国时常发生，从而对我国的制度创新和发展战略的调整提出了新要求，要求进一步改善我国劳动力流动机制。

【复习思考题】

1. 什么是劳动力流动?
2. 简述劳动力流动的原因。
3. 影响劳动力流动的因素主要有哪些?它们是怎样影响劳动力流动的?
4. 如何看待劳动力流动的成本和收益?
5. 你如何看待我国劳动力流动的现状?改善我国劳动力流动机制应采取什么对策?

【案例分析】

兰溪市女埠镇位于浙江省中西部，女埠镇下辖 36 个行政村，有人口 37 912 人，地域面积为 64.7 平方千米，至 2003 年工农业总产值为 36 486 万元。改革开放以来，兰溪市女埠镇农村劳动力的流动对本地的经济发展做出了很大的贡献。

(1)改革开放初期至九十年代初，是高速发展的时期，农民摆脱了计划经济的束缚，迅速从农业转移到二、三产业，经商和运输最为普遍。特区刚刚开发，需要大量的人力资源，又成了人们的淘金去处。至 1990 年，全办事处预计从事非农工作的人员有 3 000 余人，其中去外省的人员占 50%。

(2)1991 年至 1993 年是一个相对平稳的发展阶段，劳动力的转移主要反映在两个方面。一方面，通过思想的解放、观念的转变，许多农民已不再局限于本地的发展，大批的农民开始进入更大的城市经营自己的事业，这为女埠镇今后的发展打下了良好的基础。另一方面，进城工作、生活的人员急剧增多。这一阶段是女埠镇草编块状业最为辉煌的时期。到 1993 年年末，预计从事非农工作的人员有 5 000 余人，异地转移 3 000 余人。

(3)1994 年至 1996 年，原有草编块状业优势日益没落，大批农村劳动力需寻找新的出路。进城进厂打工的人员开始增加，同时迅速向衍缝被这一行业转移，形成了新的块状经济,并延续至今，这一阶段以女性劳动力转移较多。预计这一阶段从事非农工作的人员有 6 000 余人，异地转移 4 200 余人。

(4)1997 年至 2000 年，由于城市房地产行业不景气，建筑行业一度萧条，非农转移的速度有所放慢，在外打工人员有回流的趋势，在外打工人员在总量上处于一个平稳的状态。预计这一阶段从事非农工作的人员有 6 200 人左右，异地转移 4 300 人左右。

(5)进入新世纪，在一系列优惠政策的鼓励下，女埠镇的二次产业得到了迅速的发展。特别是加工业蓬勃发展，大量的劳动力开始迅速转移。珍珠养殖用品、衍缝被、锡箱成为主要加工产品，服装加工、工艺品制造等成为新的行业。至 2003 年年底，从事非农工作的人员达到 9 834 人，外出务工创业的人员有 5 319 人。同时，劳动力转移在这一时期从纯粹的输出型转变为输出、流入相结合的综合型。至2003年，女埠镇工农业总产值为3.65亿元，其中农业总产值为0.44亿元，工业总产值为3.11亿元。人均纯收入2 949元，全镇共有劳动力22 252人，其中分布在农业、畜牧业和渔业的劳动力有11 768人，占全部劳动力的52.89%；工业建筑业、服务业等非农产业劳动力有10 484人，占全部劳动力的47.11%。在转移劳动力中，外出务工劳动力（异地转移）有6 284人，占已转移劳动力的59.94%，其中出省务工人员有1 230人，占已转移劳动力的11.73%。

资料来源：http://www.doc88.com/p-5837246546807.html

思考题

1. 结合材料分析女埠镇劳动力流动的特点。
2. 结合材料和实际说明促进女埠镇劳动力流动的原因。

第 7 章 失业

学习目标

1. 对失业有一定程度的了解。
2. 正确认识失业这一客观现象背后的自然规律。
3. 掌握失业的测量方法。
4. 对菲利普斯曲线有一定的认识。
5. 掌握失业经济学的经济学解释和逻辑内涵。

关键术语

失业、测量、类型、成因、菲利普斯曲线、失业保障体系

导入案例

简斯维尔是美国威斯康星州南部的一座古老小城。1919 年，简斯维尔制造出通用汽车的第一辆拖拉机。此后，近一个世纪的时间里，这座城市一直依赖于通用汽车在此建立的装配厂生存。这家装配厂是通用汽车旗下历史悠久的装配厂，一直是当地最大也是近乎唯一的大雇主。简斯维尔还有多家工厂，也都围绕通用汽车而建，如轮胎厂等。通用汽车在 2008 年对简斯维尔的生产线宣判死刑。在次贷危机的影响下，通用汽车将关闭其在北美的四家工厂，简斯维尔的工厂是其中之一。

仅 6.3 万人口的简斯维尔，1/3 的家庭有人失业，超过 1/2 的家庭财务状况恶化，1/2 的家庭购买食物困难，2/3 的家庭关系紧张，大部分居民的房产贬值。从普通工人到工厂管理者，从他们的孩子到父母，从学生到老师，从商人到政客，从便

利店、电影院、加油站到房产中介机构，所有人、所有组织都被“失业”这个巨大的旋涡卷入和吞噬。

这些年，那些失业者们怎么样了？

杰拉德在简斯维尔工厂工作了 13 年，一直是生产线上的工人，先是生产中型载重卡车，后来是 SUV。无论在哪个岗位，这份工作都让他感到无聊，但是，其他工作的薪水没有能比得上这里的——时薪 28 美元。他的父亲、岳父都在这家工厂奉献了一生，老了也能领到丰厚的退休金，和家人一起安享晚年。杰拉德也希望像他们一样，可是他失业了。

失业后，杰拉德进入黑鹰技术学院，学习电力分配，他已经快 40 岁了，上一次出现在学校里还是 20 年前。有一次洞里竖起一根公共事业电线杆，每位学生必须试爬一次。杰拉德在爬到 1.5 米高时，膝盖处突然传来一阵剧痛，他滑向地面。跌到地上时，杰拉德惊魂未定，他想还好只是一次练习。如果他在一根货真价实的约 10 米高的电线杆上跌下来，会怎么样？他还能为妻子塔米和孩子们做什么？不仅如此，谣言称联合能源公司本该在学生学习一年后开放的职位，恐怕不会这么快招人。他还听说，那些上了年纪的员工不再考虑退休，而是继续工作，因为在如今的经济状况下，他们的退休金严重缩水。

思考了各种可能，在新学期开学两周后，杰拉德从黑鹰技术学院退学了。美国职业培训可以协助失业者找到更稳定的工作，尽管这种说法没有任何数据支撑，但是这却是美国政府能够想到的看上去最可靠的办法。就业中心的顾问会见简斯维尔的失业工人，告诉他们即使没有工作，也有接受职业培训的机会。在简斯维尔，用一份工作取代另一份工作并不容易，学习一项新技能或许是个好主意。但是对一个失业工人来说，他们真的知道自己想学什么吗？他们知道如何学习吗？他们能够学会吗？

通用汽车的“吉普赛人”——马特

在职业培训学校上学的失业工人十分焦虑，他们的房贷、他们的孩子，没有办法一直等着他们学会一门新技术，再找到一份和原来薪水相当的工作。于是许多失业者决定牺牲与家人相处的时间，去别的城市谋职。人们称离开简斯维尔去别的城市工作的汽车工人为通用汽车的“吉普赛人”，因为他们即使在遥远的阿灵顿工作，也会找一切机会与留在简斯维尔的家人团聚。

2009 年冬天，数百名简斯维尔的通用汽车工人已经成为其他城市的汽车工人。一部分人在简斯维尔东部和印第安纳州的韦恩堡组装雪佛兰索罗德皮卡，这款卡车十分受欢迎，工厂决定增加一个班次，因此向另外 67 名简斯维尔的通用汽车工人发出邀请，其中包括马特。马特决定，他绝不做“吉普赛人”。

马特在黑鹰技术学院学习电力分配已经七个月。他渐渐习惯晚餐后拿出课本学习，和十二年级的布里塔妮、九年级的布鲁克、七年级的布里亚一起，有时他还会问布里塔妮几个数学问题。他认为自己为女儿们树立了勤奋工作、勇于走出逆境的好榜样。

马特愿意在餐桌上做功课，有一个毋庸置疑的理由——重新武装自己，找到一份新工作，这样他就可以留在简斯维尔。但技术学院导师的一句话击中了马特的内心："如果我是你们，有机会拿一份通用汽车工人的薪水，肯定会立刻动身，绝不回头。"马特此刻才意识到，他本打算拒绝的机会可能是他仅剩的机会。他甚至不能称这是一个选择，因为他意识到如果没有韦恩堡的机会，他可能会立刻申请破产，但一个有担当的男人不会提交破产申请。距离获得文凭仅剩九周，马特离开了学校。

他即将在一个从没去过的城市开始新的工作。他想不出多做了什么，也想不出少做了什么。

资料来源：https://www.thepaper.cn/newsDetail_forward_3515622

7.1　失业的基本理论

7.1.1　失业是一种历史现象

按照马克思主义的观点，在物质生产力低下的前资本主义社会形态里，是不存在大规模失业现象的。在劳动生产力十分低下的年代，人们终日劳作才能维持简朴的生活，当时劳动是一种稀缺的生产资源，是不可能过剩的。因此，大规模失业现象的出现说明：一是劳动生产率需要大幅度提高；二是资本主义社会形态需要确立，即资本与劳动的雇用关系需要确立。因此，失业首先是一种历史现象。在前资本主义社会形态里，对那些与生产资料自然结合的小农或小生产者来说，失业问题是不存在的。掌握生产资料的小农或小生产者可以充分利用其所支配的生产资料为自己生产财富，或者满足自己的需要，或者交换自己需要的商品。对那些被剥夺了生产资料的劳动者（如农奴）来说，虽然他们与生产资料相分离，但是失业也不会光顾他们。原因有以下两点：第一，从生产力发展角度来看，机器代替劳动力的时代还没有到来，劳动力相对于土地等其他生产要素来讲还是稀缺的；第二，从生产关系来看，失去生产资料的劳动者依附于主人，不是一个独立可以支配其劳动力的劳动要素的所有者，因此也不存在工资概念。在奴隶制下，劳动者的生活资料的消费水平只有非负界限，也就是说，主人可以任意压低劳动者的生活资料消费，这种压低甚至可以影响到劳动者的生存条件。因此，这部分劳动者创造的物质财富数量总是大于他们的生活资料的消耗，由于后者可以任意压低，因此这个差额总是正数。只要这个差额是正数，就意味着劳动力永远不会过剩，因而也就没有失业问题。因此，劳动者与生产资料相分离是失业存在的前提条件，但不是充分条件。

在马克思主义产生的时代，资本主义市场经济已经得到长足发展。一方面生产力高速发展，大规模的生产使资本有机构成提高，出现机器代替人、劳动力在生产过程中的使用比重下降的现象，同时也使劳动变得越来越专业化和单一化。劳动的单一化使童工和妇女加入生产过程中成为可能，而童工和妇女的加入，使劳动人口大量增加。另一方面从生产关系来看，工人是被剥夺生产资料的劳动者，但是工人是其劳动力的所有者，其人身是完全独立的，劳动者与生产资料的结合需要通过劳动力市场上的买卖关系才能进入生产过程。因此，劳动者与生产资料的结合过程同时也是资本雇用劳动力的过程。资本的本性是追逐利润最大化，当被雇用的劳动力不能为其增加利润时，资本就会停止雇用劳动力，未被雇用的劳动力，就成了失业人口。因此，生产力发展到机器大规模替代劳动力，生产关系发展到资本与劳动力的雇用关系，资本追逐利润最大化，劳动力作为独立的生产要素，以及所有者要求一定的工资水平等构成了失业产生的历史条件。上述条件如果不是一起具备，普遍的失业就不可能出现。生产力的高速发展使劳动力的需求大幅度下降，资本雇用劳动力的关系及资本的本质属性必将把不能增加利润的劳动力抛向失业队伍。因此，这部分失业人口只是一种相对的过剩人口，即相对于资本获取利润来说的过剩，而不是绝对过剩。那么，在社会主义制度下，即在全体劳动人民成为一个国家国有土地和国有资产的共同所有者的经济环境中，是否还存在失业问题呢？这是一个十分棘手的理论难题，需要我们做出回答。先从社会主义的计划经济体制说起。虽然我国是世界上人口最多的国家，劳动力相对于其他生产资源来说，是相对过剩的，但是我们在计划经济体制下还是基本实现了充分就业的目标，只是这种充分就业目标的实现是以牺牲经济资源的优化配置，进而牺牲经济效率为代价的。我们通过户籍制度隔离城乡劳动力的流动，把广大农村劳动力束缚在土地上。

当时在农村，由于人口基数大，劳动力增长快，单位土地上的劳动力配置已经大量过剩，达到刘易斯描述的劳动力边际生产率等于零的程度，即如果我们从土地上分离出一部分农村劳动力来，农产品数量保持不变，这时这部分分离出的劳动力就是过剩劳动力，即相对于生产同样农产品数量来讲是过剩的，但也不是绝对过剩劳动力。在农村人民公社制度下，人人都有饭吃，都可以分得一份平均产品，劳动力的增加会减少平均产品的数量，但平均产品不同于边际产品，永远不会等于零。因此，在土地公有、生产资料公有的情况下，没有人成为过剩劳动力。在城市，劳动者不是某一企业生产资料的所有者，因此不能像农村劳动力那样与生产资料直接结合，而是需要进行就业安置。大量的农村劳动力被限制进城以后，尽管城市人口增长也很快，就业压力较大，但那时各级政府还是基本上保持了充分就业水平，采取的手段就是计划配置劳动力。但是，即使在计划经济条件下，企业也还是一个追求某项经济目标的微观单位，如果我们把计划经济条件下的企业定义为追求产量指标（或者为了完成计划指标）的微观单位，那么企业对劳动力的需求应是产量变量和资本存量变量的函数，即根据固定资本装备计算出生产计划产量所需要的劳动力。上级计划部门可以要求企业超过这一客观需求量而雇用更多的工人，前提是企业的工资总额由计划者制定，企业不必为利润问题担忧。因此，在不讲究经济效率的情况下，企业雇用多余的工人是不违背理性原则的。在生产资料公有制的形式下，虽然可以消除失业现象，但是劳动要素和其他生产要素在一定生产条件下的一个合理比例关系还是存在的，劳动力优化配置的要求也是存在的。

计划经济的做法只是把公开的失业转化为隐蔽的失业而已。由计划经济体制转向市场经济体制以来，首先，农村劳动力开始流动，出现了大量过剩劳动力；其次，随着国有企业改革的深入，企业面临着一个隐性失业公开化的问题，再加上就业人口的增长，失业问题也就在我们这里出现了。我们的社会主义制度没有变化，土地国有和绝大部分生产资料国有的公有制的性质没有变化，为何会出现失业问题呢？在现代市场经济里，经济资源是市场配置的，因此从计划经济向市场经济的转轨必将带来两大变化：①微观生产单位追求经济效率，以经济效率最大化为目标函数；②所有生产要素（包括劳动力）的价格是由市场供求决定的。这两大变化就改变了劳动力资源的配置方式。我们以农村土地承包制以后的农户家庭为例来说明问题。1979年实行家庭联产承包责任制以后，土地由国家占有没有变化，农户以家庭为单位拥有土地的使用权，劳动与生产资料（土地）可以直接结合，收入扣除上交的承包基数以后在每个家庭成员之间平均分配。在这样的劳动与生产资料相结合的方式下，应该说是不存在失业问题的。但是改革以后，首先，农村微观生产单位发生了变化。农户不同于生产队和人民公社，其经济活动的首要目标是追求家庭经济效益最大化。其次，在市场经济条件下，任何产品和要素的价格都由市场供求决定，农产品如此，农村劳动力也是如此。在这两个条件下，农户作为微观生产单位，其经济理性就是优化配置其所掌握的生产要素，使其经济收入最大化。因此，当家庭承包的土地上没有必要容纳那么多劳动力时，换句话说，当家庭成员中部分人的边际产出等于零时，即当这部分人离开土地并不影响家庭承包土地上的产出时，他们实际就处于隐性失业状态。当其他机会出现时（如可以进乡镇企业工作或进城市加入民工队伍时），这部分人就会离开土地。但是当他们找不到工作时，滞留在城镇就成为公开的失业人口。由此可见，即使是拥有生产资料（土地）的农户，只要这个农户是追求经济效益最大化的，整个经济的资源配置是由市场完成的，农户内部也存在失业人口，这部分失业人口当然也是相对的，即相对于按市场给定的产品价格和要素价格计算的经济收益极大化来说的相对过剩劳动力。把农村家庭作为微观生产单位所存在的失业机理说清楚了以后，城市的失业机理也容易说清楚了。从生产力发展及生产过程中各种生产要素合理配置的角度来讲，中国劳动力是相对过剩的。前面已经提到过，即使在传统的计划经济体制下，隐性失业问题也是存在的。这里的过剩主要是就企业的经济效益来讲。如果企业不追求经济效益，则不存在劳动力过剩的问题，企业中劳动力配置多了，工人的闲暇时间多了，工作量再少，大家也可以轮着做。但是改革以后的情况是，所有企业包括国有企业都必须把利润最大化作为企业生产经营活动的目标，唯有如此才能保证企业国有资产的保值增值。企业的目标一旦明确以后，企业经营者在配置劳动力时，就要按照增加劳动力能否增加企业利润这一标准做决策，因此当最后增加的劳动力的产出低于其工资时，不雇用这个劳动力就是经营者的一种理性行为。按照这一标准，现有企业中所有隐性失业都必须转化为公开失业。不然的话企业既要追求利润最大化，又要继续为无效益的劳动力发放工资，这是相互矛盾的，混淆在一起的结果是国有企业难以适应市场的激烈竞争。这里碰到的一个理论问题是：工人阶级作为国家的主人，是生产资料的所有者，照理讲他们的劳动是能够与生产资料相结合的。但是，这里有必要区分几个概念。

首先，工人阶级是作为一个整体占有生产资料的，其目前的实现形式是国有制，即由国家代表全体人民行使对生产资料的所有权，而每一个具体的工人在市场经济条件下是作为生产要素进入一个具体的企业的；其次，市场经济是经济资源配置的一种方式，这种配置方式一是要求企业只能以追求利润为唯一的目标，二是所有生产要素的供求由市场价格决定，供给之间、需求之间存在完全的市场竞争。因此，市场经济是一种资源配置机制，机制是不可以改变的。工人阶级作为生产资料的所有者可以体现在国有资产收益的分配尽量保障工人的利益上。从就业方面来讲，部分工人的失业是市场经济条件下经济资源优化配置的必然结果，因此对这部分工人国家应该给予充分的失业保障；其次，国家应该从国有资产收益中拿出一块儿来建立和完善失业工人的再就业机制，如提供就业信息、开辟新的就业渠道、给失业者提供一定的职业培训。总之，在社会主义制度下，失业保障和再就业保障应该得到根本的社会制度保障。综上所述，失业一方面是生产力发展的产物，随着生产力的高速发展，生产过程中对劳动力的需求不断降低。但是生产力的发展并不是必然带来失业，因为生产过程对劳动力需求的降低可以通过减少每一个劳动者的劳动时间来解决。因此，构成劳动力失业的另外一个条件是市场经济这一资源配置方式的要求。当微观生产单位追求经济效益时，它就要比较各种生产要素的成本和收益，当使用的要素的收益低于其使用的成本时，该要素将不被使用，这是资源优化配置的一项基本原则，其他生产要素的配置是如此，劳动力要素的配置也是如此。

上述这两个条件是所有失业现象的共性。资本主义制度下的失业和社会主义制度下的失业的根本区别在于：前者是由资本追逐剩余价值的本性造成的，后者是代表人民行使国有资产支配权的国家对经济资源配置方式的一种选择，这种选择得到全体人民的公认，反过来，这种选择的后果之一就是失业一方面能够得到人们的普遍理解，另一方面失业保障和再就业保障可以得到根本制度的保证。

7.1.2 失业的概念

按照国际劳工局的定义，就业是指一定年龄阶段内的人们所从事的为获取报酬或为赚取利润而进行的活动。失业是就业的对称，即有劳动能力并愿意就业的劳动者找不到工作这一社会现象，其实质是劳动者不能与生产资料相结合进行社会财富的创造，是一种经济资源的浪费。根据失业的定义，失业主体必须具备三个条件：①有劳动能力；②愿意就业；③没有工作。我们如何根据这三个条件来确定失业者呢？抽样的统计调查一般要求被调查者回答两个问题。第一个问题是你是否拥有一份工作？如果答案是肯定的，被调查者是一个就业者；如果答案是否定的，我们还需要继续问第二个问题。第二个问题是你是否在寻找一份工作？如果答案是肯定的，我们就可以确定被调查者是一个失业者；如果答案是否定的，被调查者就是一个不愿意参加工作的人，如自愿留在家里的家庭妇女，就不能称作失业者，我们称其为不在劳动力人口。根据世界上大多数国家的规定，我们可以把 16～65 周岁的人口称为劳动年龄人口，那么所有劳动年龄人口根据其对上述问题回答的结果可以划分为三种类型：就业人口、失业人口和不在劳动力人口，我们用图 7-1 来表示这种关系。

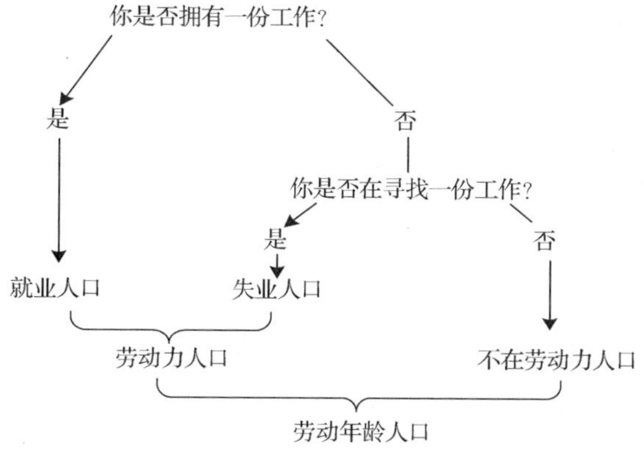

图 7-1　劳动年龄人口的分布

由此可见，我们可以把劳动年龄人口等同于有劳动能力的人口，从劳动年龄人口中减去不在劳动力人口就构成劳动力人口，进一步地，我们可以把劳动力人口划分为就业人口和失业人口。表面上看，上述划分是很清楚的，但是进一步探究，我们就会发现上述划分的边界并不是十分清楚，界定一个不工作的人是否是真正的失业人口并不是一件容易的事。首先，在大多数发达国家，失业保障体系是相当完善的，失业人口可以在失业保障机构领取一份失业救济金，因此有许多不愿意工作的人也装扮成失业人口在有关部门登记，这样的人就被称为伪装的失业人口。这部分人实际是不愿意就业的，因此根据上面的定义他们是不在劳动力人口，不是失业人口，他们仅仅为了领取失业救济金，才成为统计上的失业人口。在就业人口和失业人口两个范畴之间出现一个不在劳动力人口，就把问题复杂化了，给失业人口的界定和统计带来许多困难。其次，许多介于就业人口与失业人口、就业人口与不在劳动力人口、失业人口与不在劳动力人口之间的人口，我们很难明确地把他们简单地归于三个范畴中的一个。例如，对那些自愿缩短劳动时间的人来说，应该把他们归入就业人口，还是不在劳动力人口？同样，对于非自愿缩短劳动时间（即不得已只做部分时间工作）的人来说，把他们归入就业人口还是失业人口？再如，为了继续得到职业培训，有人主动停止工作，对这些人来说，应该把他们归入不在劳动力人口还是失业人口呢？对于这一类边界不清楚的情况，我们可以用图 7-2 来表示。

图 7-2 中三个圆圈中不与其他圆圈重合的部分是边界清晰的范畴：就业人口、失业人口、不在劳动力人口。两个圆圈重合的部分是既可以归入两个圆圈的任何一个，但又不能完全归入任何一个的情况。例如，失去找工作的勇气的失业人口，就他们不去有关部门作失业人口登记的行为来看，他们应该被归入不在劳动力人口范畴，但是就他们渴望工作的角度来看，他们应该被归入失业人口，因为只要给他们提供工作岗位，他们是愿意工作的。再如，对自愿停止工作以进行职业培训的劳动者来说，他们是暂时主动退出劳动力市场，因此从这个角度看应该把他们归入不在劳动力人口，但是如果他们是由

于不适应变化了的工作岗位的需要，被迫进行职业培训，他们就是失业人口。但是，根据统计资料往往很难把上述情况区别清楚。图 7-2 中有三个圆圈都重叠的部分，是从事地下经济的劳动者，他们实际上是就业人口，但由于地下经济是避开官方监督和统计的，从事地下经济的劳动者要么在劳动统计部门登记为失业人口，领取一笔失业救济金，要么不去登记，成为不在劳动力人口。随着经济的发展和失业人口的增加，部分灵活就业或者自愿缩短劳动时间的就业形式在不断发展，提供各种形式的社区服务的劳动者，在家里从事各类打字、翻译、手工艺品加工等活动的劳动者相继出现。有些人（如家庭主妇）是自愿缩短劳动时间的，目的是增加家务劳动或者增加学习、休闲的时间，这部分人进一步发展可能会成为不在劳动力人口。有些人则是被迫减少劳动时间，比如被原来雇用的单位辞退，只能从事一些零星的临时性工作，这些人实际上处于失业的边缘。从上述分析中我们可以发现，在就业人口、失业人口和不在劳动力人口这三个范畴之外，我们还可以发展出许多交叉的概念，如部分就业人口、部分失业人口、隐性就业人口、隐性失业人口等，而这些交叉的情况在我们的生活中是普遍存在的。我们平时说的下岗工人，就其形式来讲，他们是就业人口，但就其实质来讲，他们是失业人口，而有些下岗工人实际上在其他地方已经找到了工作，但为了保留原单位的劳保福利和下岗补贴，这些人把就业的事实隐瞒起来，因此他们又是隐性就业人口。

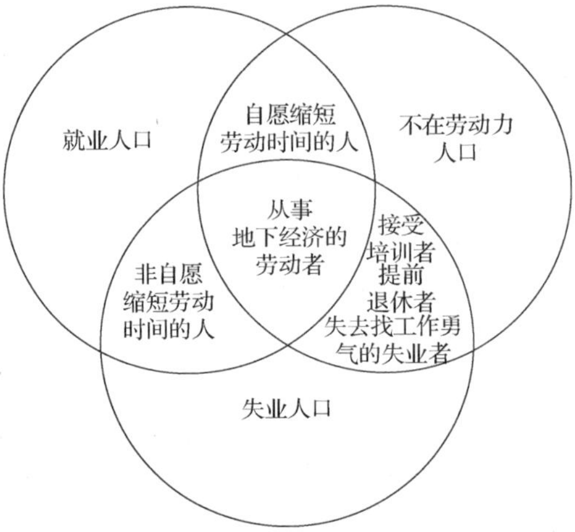

图 7-2 不同人口的划分

7.1.3 大衰退时期的失业

21 世纪初的经济史在未来很长一段时间会吸引分析家去研究。2008 年的经济衰退及其后果给世界各地的经济投下了阴影，这一阴影持续时间超过了实际衰退本身持续的时间。

与许多经济衰退不同，2008 年的经济衰退起源于金融部门。多年来，银行不断寻找拓展业务的新方法，开发新的产品，这个产品允许给以前没有办法得到贷款的人贷款。特别是为低收入家庭提供按揭贷款，来帮助他们购买自己的房子。这些贷款为银行提供了一种风险因素，有两个原因能够说明银行为什么接受这种风险因素。

首先，只要房价持续上涨，贷款就通过安全资产得到担保——如果借款人无法还款，银行可以收回房子。其次，许多银行贷款的融资方式是，把风险不一的多种贷款打包成衍生金融产品，出售给其他金融机构，并且由于捆绑销售的投资组合效应，被称为安全资产。但是当房价开始下跌而银行背负未偿还债务的时候，问题就出现了，银行的贷款突然转变成了不良资产。

当银行持有的许多衍生金融产品显然部分地由这些不良资产组成，以及这些衍生金融产品代表安全资产的程度显然不明确的情况下，上面的这些问题会成倍增加。银行不再对以前自由交易的产品有信心，一家银行将不再贷款给其他银行（它将不再购买其他资产），并且在不能将自己的资产出售给其他金融机构的情况下，银行无法生成继续投资于工业、房地产等的资金。在所谓的信贷紧缩的情况下，银行系统的日常活动——借贷和贷款会大幅度放缓。

一旦公众对银行失去信心，后果十分严重。在银行持有资产的客户寻求撤回这些资产，可能发生“银行挤兑”的现象。因为一家银行如果只持有部分客户的存款作为现金，把其余的现金贷出去，以赚取利息，该银行很快就会耗尽用于偿还其存款的流动资产。自动取款机可能会耗尽现金。企业可能会发现不能从银行取现给劳动者支付工资。在一个噩梦般的场景中，对银行业信心的缺乏会导致整个经济的停滞。幸运的是，这种情况在 2008 年得以避免（但并没有避免一些银行的倒闭，而其他一些银行则在政府的救助下才脱离困境）。

信贷紧缩会对实体经济产生明显的影响。企业发现很难进行新的资本投资，因为无法从银行获得贷款为投资进行融资，这使企业对投资产品的需求降低。同时，消费者发现很难借到钱用于购买。一方面，人们无法获得按揭贷款购买房屋，而这导致了附加效应，这些人不会在改建、装饰、家具等方面再进行消费。另一方面，人们发现他们通过信用卡借款的额度正受到严格限制，需求和经济生产的能力出现下降。在许多国家，随之而来的经济衰退十分严重。

这场经济衰退的后果也很严重，公共财政会受到影响。出现这种情况的部分原因是随着收入、支出和就业人数的下降，政府的税收收入减少，同时，随着福利接受者数量的上升，政府需要更多的花费。此外，一些国家的政府开展了大规模的投资项目，有助于减轻经济衰退对就业的影响。在许多国家，政府预算赤字的影响是巨大的。大多数国家的政府都能够应付这一点，在一些年份遭遇财政赤字，在其他年份则出现盈余，并能够向公众和金融机构借钱以填补资金缺口。

然而，在一些国家，政府预算赤字大幅度上升导致人们丧失了对国家能够偿债的信心。当这种情况发生时，政府不可能多借钱来弥补预算赤字——人们如果不相信能把钱拿回来，就不可能把钱借给政府。为了减少政府预算赤字，国家需要采取财政紧缩措施，以缩小政府支出和收入之间的差距。

金融危机的一个特点是：其所产生的衰退通常比其他衰退更为严重、时间更长。平均而言，这种衰退持续 2 年，而产出的损失接近 10%。经济衰退在特别严重的情况下，被称为大衰退。在许多方面，把大衰退认为是两种经济衰退合为一体也是有益的——第一次与私人债务有关，第二次与公共债务有关。不可避免的是，大衰退对劳动力市场有着非常显著的影响，但是在不同的国家，这种影响是不同的。在美国，失业率多年保持在 5%或 6%，在 2008 年经济衰退之后失业率上升到 10%，并且一直居高不下。在英国，在 1991 年经济衰退之后的几年里失业率逐渐下降，但在 2008 年失业率上升。可能的情况是，英国的职位空缺部分地导致失业率上升，部分地导致不从事经济活动的人数量上升，部分地导致在过去几年里大量从东欧进入英国的工人向外迁移。

在西班牙，经济衰退对失业的影响更为显著，西班牙的失业率对商业周期高度敏感。鉴于西班牙经济在旅游业出口的独立性（这是高收入弹性），这也许一点也不令人惊讶。在许多方面，最令人感到奇怪的是德国，在 2008—2011 年期间，失业率一直下降。迈克尔·博尔达和珍妮弗·亨特认为，产生这种情况的部分原因是 21 世纪初经济恢复期雇主不大愿意雇用工人，也有一部分原因是德国的工资增长率低，还有一部分原因是一些独特的保持劳动力成本适度的政策，包括引入工作时间管理，让雇主在工人有时多工作、有时少工作的情况下避免支付加班费。

各国失业率对实际国内生产总值变化反应的不同引起了相当大的关注。产量大幅度下降阶段的严重的经济衰退，往往会伴随着失业率明显上升，而失业率的上升也可能受到金融危机和房地产价格泡沫的刺激。阿瑟·奥肯多年前对此进行了极具影响力的研究，他的研究结果表明，国内生产总值每年需要上升 2.5%左右，以保持与失业率一致。如果国内生产总值下降，甚至缓慢上升，失业率就会上升。2.5%这个数字似乎是多年来的一个经验法则，需要 2.5%的增长来防止失业率上升的概念被称为奥肯定律。

然而，在 2008—2009 年的大衰退期间，许多国家的实际国内生产总值变化和失业使许多人怀疑是不是奥肯定律出了问题。例如，当这些变量与其他国家的结果相比时，相对于实际产出的变化，美国失业率的上升似乎“太高”。因此，国际货币基金组织的研究人员在大衰退时重新审视奥肯定律的性能。对美国、英国和西班牙来说，一旦由金融压力和住房价格泡沫破裂衡量的额外失业率上升的分析也包括其中，在大衰退时期，失业率最高的峰值在很大程度上与奥肯定律的预测一致。奥肯定律本身能预测德国失业率上升大约一个百分点，但实际产出下降的这一预测效应被保持企业工人就业的短期工作方案的使用以及一些不明因素所抵消。

事实上，国际货币基金组织研究发现，在大衰退期间，一些欧洲国家和加拿大，对于由于产出下降、金融和房地产危机综合影响所预测的水平，一些不明因素能够降低失业率。这可能是由于大衰退对工资的影响。2009 年，德国的实际工资下降了 0.4%，英国的实际工资下降了 0.5%。2008 年，美国的实际工资大幅度下降了 1.1%。当实际工资下降时，奥肯定律破裂。企业产出需求的减少伴随着企业（劳动力）成本的减少。企业可以通过降低价格，而不是通过减少生产和就业来应对需求的减少。这就降低了减少劳动力的需要，而减少劳动力是实际工资灵活性下降的直接后果。在大衰退期间，大部分经济体失业率有所上升，但在实际工资水平下降的情况下，失业率却有所下降，而在 2008 年后的这几年里，实际工资水平的下降幅度值得关注。

最近几年的实际工资的反常行为，使经济学家难以预测在不久的将来失业率会如何变化。如果实际工资继续保持弹性，那么劳动力市场可能会对需求的不利变化信心十足。另一方面，如果工人的斗争性增加，实际工资进一步下降的压力将面临阻挠。在这种情况下，奥肯定律将被修补，经济进一步衰退或缓慢增长的时期将再次导致失业率增加。即使实际工资适度，大衰退后复苏过程中经济增长的缓慢步伐，有助于解释为什么在美国商业周期低谷后的很长一段时期，美国和其他许多国家的失业率居高不下。

7.2 失业的测量

7.2.1 失业的测量方法

前面我们是在静态的角度下讨论就业人口、失业人口和不在劳动力人口的概念，以及处于这些概念交叉部位的其他各类概念。用经济学的术语来说，我们考察的是存量变量，即从某一个时点（如 1995 年 12 月 31 日零点）看上述概念的存量为多大，如就业人口为多少，失业人口为多少，不在劳动力人口为多少，等等。而从动态的角度来看，这些存量变量之间又处于广泛的联系之中。例如，从某一时期（一年或一周）来看，就业人口中有一部分人成为失业人口，失业人口中也会有一部分人重新找到工作，成为就业人口。同样地，就业人口队伍中会有一部分人不愿意工作，主动成为不在劳动力人口；不在劳动力人口中也会有一些人觉得在家待着无聊，想寻找工作。如果他们找到了工作，就成为就业人口；如果他们找不到工作，就成为失业人口。最后，失业人口中也会有一部分人由于长期找不到工作，对找工作失去了信心，如果他们主动退出劳动力市场，他们实际上就成了不在劳动力人口。根据这些分析，我们就可以把上述三个范畴人口之间的动态联系和变动用图 7-3 表示。

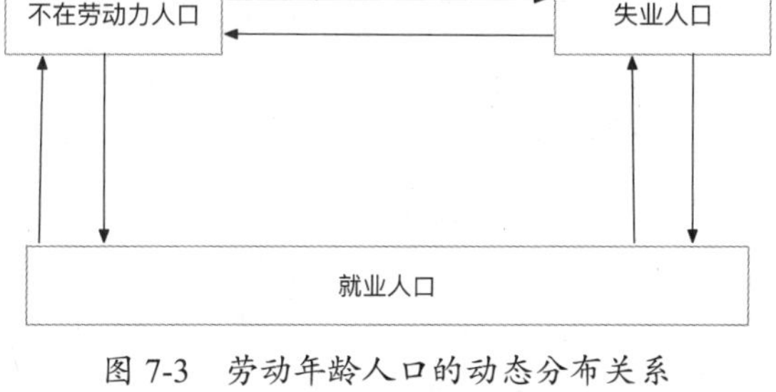

图 7-3　劳动年龄人口的动态分布关系

图 7-3 中的三个方框分别表示每一种人口的存量，是从某一时点上测算的变量；方框之间的箭头表示流量，是从某一时期内测算获得的存量之间的变动情况。从就业人口与不在劳动力人口之间的关系来看，就业人口在某一时期内会有一部分人流出，成为不在劳动力人口；不在劳动力人口中也会有一部分人成为就业人口。再从失业人口与就业

人口的关系来看，也存在这样的对流关系，当就业人口流入失业人口的人数大于失业人口流入就业人口的人数时，就意味着在这段时期内失业人口在增加。最后，失业人口与不在劳动力人口之间也存在这样的对流关系。在上面的分析中，我们不考虑新增劳动年龄人口和劳动年龄人口退休的问题，事实上，上述图示中的三个方框除它们相互之间的流入和流出渠道之外，都应该还有其他的流入和流出缺口。流入缺口表示每个时期新增加的劳动年龄人口分别流入上述三个方框，构成新增就业人口、新增失业人口和新增不在劳动力人口。流出缺口表示就业人口、失业人口和不在劳动力人口中有一部分人随着年龄的增长，或退休，或退出劳动力市场，或退出不在劳动力人口。由此可见，上述方框图以及方框之间的对流关系很好地描述了劳动年龄人口在就业人口、失业人口和不在劳动力人口之间的动态分布关系。

目前，失业的测量方法，主要分为以下两种。

① 登记失业率。失业率已经成为我国迄今为止监测失业状况的主要指标。登记失业率使用非常广泛，但是，登记失业率也存在一定的不足。一是对失业的时间缺乏严格界定，失业人口和就业人口容易混淆，使指标的准确性降低。二是失业登记人员中未包括企业下岗人员。三是失业登记人员仅限于有城镇户口的人员。总之，登记失业率与实际失业率相比，处于较低状态。

② 城镇调查失业率。城镇调查失业率克服了登记失业率存在的一些问题，其结果更接近实际。但是，这种调查仍存在改进的空间。一是没有单独开展，而是利用全国人口抽样调查的样本进行调查的。二是代表性有限，该调查数据量大，不能较好地反映市县级数据，对全国具有一定的代表性。三是调查开始时间比较晚，时间序列不长，提供的资料不充分，失业问题要进行长期实践研究。

7.2.2 失业的测量存在的问题

人们对政府有关就业、失业的测量提出了许多批评意见。有人认为，根据失业数据来判断因失业而产生的经济成本，可能会产生误导。这一观点认为，很有说服力的论据就是传统的劳动力统计掩盖了失业的真实成本，最明显的例子就是失业人口中不包括丧失信心者。丧失信心者是指那些想得到工作，在过去的一年中找过工作，但没有在最近四周内寻找工作的人，他们由于缺乏工作机会，或只是由于个人因素（如年龄、种族及缺乏技能等）而找不着工作。丧失信心者没有努力寻找工作，所以他们在劳动力统计中没有被计入劳动力，也没有被计入失业率，不过在有些国家（如美国），则对此单独进行统计。例如，在 1998 年的美国，大约有 200 万人是丧失信心者，如果他们被计入失业人口数目中，那官方失业率就应该从 4.5%上升到 5.9%。

失业的测量不能反映潜在的就业者。例如，在 1998 年的美国，有 370 万人是不情愿做兼职的，或者是因为雇主砍掉了他们的工作时间，或者是不能找到全职工作。即使这些人不能找到工作，哪怕工作 1 个小时，他们也被计入就业人口，就如同一个干着全职工作的人一样。

然而，有些人却认为失业率夸大了失业造成的经济成本。例如，在国外，失业保险项目经常被认为夸大了失业率，因为接受者可以接受失业保险而不工作，并能够维持较长时间的生活。与此类似，对贫困家庭的临时资助和食物券等福利项目也被认为夸大了失业率。

人们认为，失业率夸大了失业造成的经济成本的另一个依据是劳动力人口统计构成的变化。比如，在劳动力人口中，青少年与妇女所占比重的增长被认为夸大了经济不景气的程度，因为这两个群体频繁地进出劳动力人口，因此更多地被认为是失业人口，这导致测量出的失业率上升。

许多发达国家的劳动力统计机构针对这些批评意见对传统的失业统计方法做了修正。例如，1976 年，美国国会成立了就业人口、失业人口统计国家委员会，该委员会的职能就是系统考察和检测搜集数据的方法，以及对各种劳动力概念的测量。在 1979 年年底，该委员会向美国劳工局提出了建议报告。委员会建议官方对就业人口、失业人口的测量方法保持不变，但对个别技术进行调整和数据改善。关于丧失信心者是否应该被计入失业人口的问题，委员会认为这部分人不应被计入失业人口中，原因是这部分人中大多数已经不愿意重新进入劳动力市场工作。在 1989 年，该委员会又重新考察了有关就业人口、失业人口的测量方法。纠正了一些在现行人口调查中的做法，但除了对 55～64 岁的工人群体有一定的影响外，并没有显著地改变某一人口群的失业率测量值。然而，这个新设计对其他因素的测量产生了影响。例如，劳动力市场的新进入者中成为失业人口的人数在增加，妇女的就业比率在增加，就业统计中兼职者人数在增加，丧失信心者作为非劳动力的比例在下降。这一方法，在就业人口中新设立了兼职就业人口这一指标，该指标对全职工人（一份工作要做 35 小时以上）和多样化兼职工人（好几份工作总共要做 35 小时以上）进行了区分。在以前，后者被认为是全职工作者。在 1998 年的美国，有 160 万工人干着多于一份的兼职工作。

7.3　失业的类型和成因

7.3.1　失业人员的构成及变动趋势

在任何一个发展阶段，从来不是所有的就业者都面临着同样的失业危机及概率，有些人失业概率较高，而有些人几乎没有失业危机的威胁，或者失业概率很低。这就要求我们把失业者按照他们所面临的失业危机威胁的不同程度进行分类。根据不同的分类标准，我们可以获得不同的失业分类情况。一般来说，第一个角度是根据就业者本身的状况进行分类。如果根据年龄状况划分，我们可以把所有的就业者划分成不同组，如 16～24 岁为一组，25～49 岁为一组，50 岁以上为一组，等等。如果按照性别划分，我们可以把就业人口划分为男性与女性两大类。再进一步，我们还可以根据就业人口的受教育程度进行分类，因为在经济不断发展、技术不断进步的当今世界，就业人口的受教育程度成了其是否容易成为失业人口的重要因素。通过这样的分类，我们再进一步取得一些统计数据，就可以大致了解一个国家中哪些人容易受到失业危机的威胁，从而为我们改进失业率的状况提供了现实依据，如表 7-1 所示。

表 7-1 不同国家根据就业者本身状况分类的失业率情况

		年 份	中等教育程度	高等教育程度	平均失业率（%）
澳大利亚（25～54 岁）	男性	1982	5.8	2.3	3.7
		1990	7.1	3.2	4.4
	女性	1982	6.7	5.8	6.3
		1990	6.9	5.5	6.1
加拿大（25 岁以上）	男性	1979	6.8	3.8	4.5
		1990	11.0	6.3	6.8
	女性	1979	8.7	6.6	7.0
		1990	12.0	6.9	7.3
法国（25～64 岁）	男性	1979	3.7	2.6	3.2
		1990	8.3	4.1	5.8
	女性	1979	5.9	4.6	5.5
		1990	13.6	7.6	10.4
德国（25～54 岁）	男性	1978	4.1	1.8	2.3
		1987	14.6	5.0	6.4
	女性	1978	4.4	3.7	4.0
		1987	12.5	8.2	9.3
意大利（25～64 岁）	男性	1980	1.6	3.4	1.8
		1989	4.7	4.6	4.7
	女性	1980	7.0	8.2	6.9
		1989	13.0	12.2	12.7
日本（25～64 岁）	男性	1979	2.7	1.5	1.9
		1992	3.0	1.6	1.9
	女性	1979	11.6	15.4	13.7
		1992	7.2	8.8	8.4
英国（25～55 岁）	男性	1979	5.4	2.2	3.9
		1990	8.7	3.3	5.7
	女性	1979	5.8	4.1	5.5
		1990	6.8	4.2	5.9
美国（25～64 岁）	男性	1970	4.0	2.1	2.9
		1979	6.6	3.2	4.0
		1989	9.7	3.9	4.7
	女性	1970	5.7	3.2	4.0
		1979	8.3	4.1	4.9
		1989	8.4	3.5	4.0

资料来源：袁志刚. 失业经济学. 上海三联书店，1997.

表 7-1 给出了几个国家的失业率情况，从中可分析失业的一般特征及趋势。从表 7-1 中，我们大致可以看出这几个国家失业率分布的几个共同趋势性特征：第一，这几个国家，从 20 世纪 70 年代末到 80 年代末，都经历了失业率不断上升的情况；第二，在大多数国家，女性的失业率要远远高于男性的失业率，这说明女性更容易受到失业危机的威胁；第三，这几个国家中，受过高等教育的劳动者的失业率都要远远低于没有受过高等教育的劳动者的失业率，这说明非技能劳动者更容易被抛向失业人口。除了性别与受教育程度以外，年龄也是影响失业的一个重要因素，因为年龄体现了劳动者在岗位上积累的专业知识与技能的程度。根据阿罗的“干中学”原理，一个劳动者在专业岗位上时间越长，积累的知识越多、技能越高。下面我们通过 1992 年法国统计局所做的关于年龄结构分类的失业率分布情况，来分析年龄对失业的影响，如表 7-2 所示。

表 7-2　1992 年 9 月法国统计局公布的关于年龄结构分类的失业率分布情况（%）

年　龄	男　性	女　性	总　体
15～24 岁	16.1	23.8	
25～49 岁	6.6	11.5	
50 岁以上	7.0	9.0	
总体	7.8	12.5	9.9

资料来源：INSEE Pretnicrc，1992 年 9 月巴黎

从表 7-2 中我们发现，15～24 岁年龄段的劳动者失业率最高，男性的失业率为 16.1%，女性的失业率为 23.8%，远远高于总体水平的 9.9%。年轻人的高失业率是可以解释的，首先，15～24 岁正是接受中等及高等教育的年龄，这部分年轻人离开学校去就业，他们的劳动素质可能是不符合现代经济生活日益复杂的岗位需求的。其次，当经济受到周期性波动影响时，这个年龄段的非技能劳动者（没有或者很少具有专业知识和技能积累）就容易被抛向失业人口。最后，这个年龄段的劳动者往往是初次就业者，在宏观经济不景气时，初次寻找工作是相当困难的。正因为如此，15～24 岁年龄段的劳动者高失业现象不仅在法国存在，在全世界都普遍存在，现在我们再来看经合组织国家年轻人失业率情况，如表 7-3 所示。

表 7-3　经合组织国家年轻人失业率情况（%）

国家	1973 年	1979 年	1983 年	1987 年	1991 年
美国	9.9	11.3	16.4	11.7	12.9
日本	2.3	3.4	4.5	5.2	4.5
法国	4.0	13.3	19.7	23.0	19.5
德国	0.9	3.4	10.7	7.9	6.4
英国	3.1	10.3	23.4	17.4	12.9
意大利	12.6	25.6	30.5	35.5	30.8
西班牙	4.8	21.1	38.7	38.9	31.1

资料来源：Perspectives de l’emploi，OCED，1992 年 7 月巴黎

从表中我们可以分析出，如何使年轻人得到更多的教育、培训以及实习的机会，提高他们的知识和技能，使之符合现代经济发展的需要，成了许多国家失业治理中的重要一环。

另一个角度是根据产业结构进行分类，即在经济发展过程中，哪些产业部门失业率趋于升高。我们知道，经济发展过程同时伴随着不同产业部门在整个经济中的相对比重不断变动的过程。一般来说，处于上升时期的产业（朝阳产业），就业人数增长较快，失业率较低；而处于下降时期的产业（夕阳产业），就业人数不仅不增长，反而可能下降，往往失业率较高。因此，通过对产业结构分类从而获得不同失业率的统计数据，对于我们制定治理失业的政策和措施，加快劳动力在不同产业部门间的流动，同样是十分重要的。

7.3.2 失业的成因

1. 类似于刘易斯描述的二元经济结构中的失业

刘易斯在 1954 年发表的《劳动力无限供给条件下的经济发展》一文中提出了二元经济模型，用来描述发展中国家现代工业部门和传统农业部门发展不对称问题。在市场经济发达的国家里，工资是由劳动力的边际产品价值决定的，并且在一个要素得到有效配置的经济里，劳动力在各个部门中的边际产品价值应该相等，否则就会引起劳动力在各个部门之间的转移。但是，在一个二元经济结构的社会里，只有现代工业部门是按照资本主义方式经营的，即经营者的目的是利润最大化，在这个目标函数下，其雇用工人的标准是劳动力的边际产品价值大于通行的工资水平。然而，二元经济结构中的传统农业部门是按照传统的家庭农业方式经营的，农民的收入按平均产品原则进行分配，在一个劳动力无限供给的社会里，按平均产品原则分配的农民的收入要低于现代工业部门的工资水平。因此，在二元经济结构中就会出现一种特有的失业现象：如果劳动力在两个部门之间的流动是自由的，低收入的农民一定会向现代工业部门转移。但由于劳动力供给是无限的，从传统农业部门转移出来的劳动力的边际生产率可能接近于零，因此城市中会出现大量的失业人口；如果考虑大城市的失业风险，或其他制度性的限制，农民留在传统农业部门不流动，那么在农村实际存在大量的隐性失业人口，因为在传统农业部门减少一部分劳动力，并不会使农业总产品减少，相反，每个人的平均产品却可以增加。因此，我们要解决二元经济结构中的失业问题，关键是要加速现代工业部门的资本积累，从而提高该部门中劳动的边际生产率，使现代工业部门可以不断吸收传统农业部门中流动出来的劳动力，最终消除二元结构现象。

我国是一个农业人口占 70%以上的发展中国家，传统农业部门的劳动边际生产率不仅低于现代工业部门，而且接近于零，换句话说，如果在农业中转移出去一部分劳动力，农业产值将保持不变。因此，在这样一种二元经济结构里，对现代工业部门来说，劳动供给是无限的，只要现代工业部门投资和生产扩大，农村就可以源源不断地输送劳动力。

在传统的计划经济体制下，人民公社给每个农村劳动力提供一个就业机会，并且每个劳动者都可以从集体劳动产品中分得一份近乎平均的收入。虽然存在工农收入上的差异，但是农村劳动力向城市转移由于受到户籍制度的限制，几乎是停滞的。因此，在这样的体制下，即使农村劳动力边际生产率等于零，也不会有农民失业的问题，因为根本就没有劳动资源合理配置的要求。改革以后，随着家庭联产承包责任制的实施，虽然每个劳动者仍配有一份生产资料（土地），但是劳动资源合理配置的要求就提出来了。当从事农业的劳动力并不需要那么多时，家庭作为一个追求经济效益最大化的生产单位，就要把土地上多余的劳动力流动出来，从事其他可能获得收入的行业，如创办乡镇企业、进城当民工等。然后，一旦这些容纳能力竭尽时，进一步流动出来的农民便成了失业人口。这部分失业人口由于还保留着一块土地，因此有时处于隐蔽的状态，而有时则成为汹涌的民工潮。

截至1997年，在我国农村约有45 000万劳动人口，根据当前农业劳动生产率水平和实际耕地面积，农业中能够吸收的劳动力约为15 000万人。自20世纪80年代以来，农村乡镇企业发展迅速，到1993年全国共有2 453万家乡镇企业，乡镇企业中的就业人口已达到12 300万人，目前流向城市的劳动力约为5 000万人，另外有2 000万人从事其他非农产业，因此尚余11 000万农村剩余劳动力，农村失业率大约为24%。

2．经济转轨过程中国有企业的隐性失业转化为公开失业

在市场经济体制下，以盈利为目标的企业，对劳动力的需求取决于劳动力成本（工资）和劳动力的边际生产率之间的比较。如果劳动力市场处于供过于求的状态，那么，根据市场非均衡时处于市场短边的一方能实现其意愿供求的原则（简称非均衡情况下的短边原则），最后实现的就业量由需求一方决定。在原来传统的计划经济体制下，考核企业经营好坏的是一系列计划指标，除了产量和利润等指标以外，还有计划就业指标，即企业必须接受计划部门配给的就业人数。在企业自愿的劳动力需求小于计划就业量时，企业必须按计划完成就业指标。这种就业配置的结果就是企业中隐性失业的出现，其实质是计划部门要求企业负担起本该由政府负担的社会目标——失业救济，其代价是企业效益的牺牲。在计划经济体制向市场经济体制转换的过程中，重要的一环就是改变微观经济组织的行为，把企业的经营转到追求盈利上来，企业负担的社会目标交给政府去完成。随着国有企业改革的发展，企业中大量存在的隐性失业就必须转化为公开失业。但是，在隐性失业转化为公开失业完成之前，我们如何来估计目前国有企业中隐性失业的规模有多大呢？

在一个企业中，那些劳动力的边际成本已经超过其边际生产率的在职职工，应该被定义为隐性失业人口。但是，上述理论标准很难被应用到实际操作中，因此隐性失业问题虽然被大家广泛地察觉到了，但要被衡量确实是一件不容易的事。

中华人民共和国国家科学技术委员会从1985年起对全国上千家国有企业的抽样调查显示，国有企业职工平均每周投入的实际工时为40.64小时，仅占旧制度工时（48小时）的84.7%，有效工时为19.2～28.8小时，仅占旧制度工时的40%～60%，按照新制

度工时（40 小时）计，有效工时占新制度工时的 48%～72%。目前，国有企业拥有职工 11 200 万人，如果按其中的 28%为富余劳动力来计算，隐性失业人口约为 3 000 万人。因此，隐性失业人口占城市就业人口的 18%。用其他方式计算的隐性失业率也为 15%～20%。假定我们用 5 年的时间完成国有企业中隐性失业转化为公开失业的任务，那么就意味着每年要增加 600 万的失业人口。

3．经济发展过程中结构性调整带来的失业

如果说，上面两种失业情况与我国的国情和体制有关，那么，现在我们要讨论的这种失业情况与上述两个因素无关，它是经济发展过程中的一种普遍现象，即经济的高速发展一定伴随着产业结构的快速调整，新的支柱产业不断涌现，老的产业不断被淘汰。在这个产业结构重新组合的过程中，我们会发现一种特有的就业现象：一方面社会中新兴的产业突然崛起，适合该产业的劳动力短缺；另一方面，老产业由于资本存量的调整，劳动力需求逐步下降，岗位空缺和失业并存。这种现象在上海特别突出，很多新兴产业（如金融业、服务业和电子产业）的劳动力需求不断增长，而上海还不可能在短期内培养出符合要求的劳动者，求大于供的现象还将持续下去。同时，如纺织工业，55 万的纺织工人中有 1/3 需要转移到其他产业中去。

4．城市中的自愿失业和农村劳动力的转移

长期以来，尽管城乡收入差距很大，但由于受到户籍制度的限制，农村劳动力流向城市没有可能。这种状况的实质是城市劳动力与农村劳动力之间的竞争被取消，城市劳动力在劳动供给上处于某种垄断地位，城市劳动力的收入成为一种垄断收入，这是对劳动力实行歧视价格的结果。劳动力的垄断地位是不利于激励劳动力提高效益的，而且城市劳动力不愿意在某些脏、累、苦的岗位上就业，在农村劳动力被禁止进城就业的年代，可以通过提高这些岗位的工资来吸引城市劳动力就业，但是在改革以后的今天，农民工可以进城就业的情况下，农村劳动力则自愿填补这些岗位，而不愿意以现有工资水平在这些岗位上就业的城市劳动力则成了自愿失业人口。

5．在乡镇企业和三资企业等非国有企业进逼下的城市劳动力失业

城乡劳动力竞争的根源没有被消除，农村劳动力无时无刻不在寻找突破口，以弥补城乡收入上的差距。在 20 世纪 70 年代后期，农村创办乡镇企业这种努力的结果，说明了一个简单的道理：劳动要素的合理流动，虽然使城乡劳动力在劳动力市场上的竞争被限制了，但农村劳动力可以通过在农村办工业，最后以农村生产的工业品与城市工业产品竞争的形式，达到劳动要素的优化配置。因此，原来是城乡劳动力在劳动力市场上的平等竞争，现在变成了商品市场上的城乡物化劳动的竞争。由于农村劳动力成本较低，效率较高，乡镇企业产品得以大量进入城市，这使不少城市企业在竞争中趋于劣势，结果是产品滞销，开工不足，劳动力处于失业状态。

与乡镇企业对城市企业进逼类似，在改革开放时期，私人企业、三资企业的兴起，对国有企业有着同样的影响。由于私人企业和三资企业等非国有企业的经营机制比较灵活，劳动雇用都采取合同制的形式，劳动力的压力较大。在这些企业中，劳动效益比较容易提高，相反，国有企业的经营机制由于种种原因，转换较慢，而企业的劳动就业制度改革又难以推进。国有企业与非国有企业的竞争处于一种不公平的境地，结果往往是非国有企业的产品挤垮国有企业的产品，造成国有企业中失业人口的增加。

当然，这类失业人口的增加同时伴随着农村和城市其他几类失业人口的减少，因此从整个国家的角度看，失业人口并不会增加很多。

6．宏观经济的周期性波动带来的失业

1979 年经济体制改革以来，我国的宏观经济经历了数次周期性的波动。在整个经济中，宏观经济资源构成中劳动力相对于固定资本比例太高，加之投资主体缺乏风险机制的约束，因此以投资膨胀为起点，结构性资源瓶颈为信号，国家采取主动的宏观紧缩政策为结局的宏观经济周期波动是这个时期经济的常态。在经济扩张阶段，我国的就业问题可以得到一定的缓解。原因是投资的带动使市场需求旺盛，企业生产任务充足，这样不仅使企业隐性失业人口减少，而且往往还可以扩招一些正式和临时的工人。同时，随着投资的增长，建筑业需要从农村招收大量的建筑工人，从而形成农村劳动力向城市转移的高潮。但是，在经济紧缩阶段，国家控制银根，投资下降，市场需求疲软，这就导致企业产品积压，正式工人下岗，大量从农村招来的临时工和建筑工人又纷纷回到农村。此时，隐性失业人口和公开失业人口都会增加。这类失业主要是由宏观经济的周期性波动引起的，所以在经济资源许可的情况下，其可以通过凯恩斯式的需求管理得到控制。

7.4　失业与通货膨胀

7.4.1　菲利普斯曲线

1958 年经济学家菲利普斯根据英国有关失业率和名义工资增长率的统计资料，提出一条表示失业率和工资增长率之间此消彼长的交替关系的曲线——菲利普斯曲线。1960 年，萨缪尔森和索洛把失业与通货膨胀挂钩，用菲利普斯曲线来表示失业与通货膨胀之间的关系。改进后的菲利普斯曲线表明，失业与通货膨胀之间存在着交替关系：较高的通货膨胀率与较低的失业率相联系，而较低的通货膨胀率与较高的失业率相联系。这个发现使新古典综合派对凯恩斯的非自愿失业做了另外一种解释，他们认为劳动力的供给不是古典学派认为的实际工资的函数，而是货币工资的函数。劳动者具有“货币幻觉”，在一定的货币工资下提供的劳动量是一定的，但由于对劳动的需求量是实际工资的函数，因此在劳动力供给量一定的情况下，企业对劳动力需求的不足就会造成非自愿失业人口的增加。所以，在货币工资具有刚性的情况下，政府只有扩张总需求，刺激经济增长，利用通货膨胀使实际工资下降，增加企业对劳动力的需求，才能实现充分就业。

菲利普斯将就业水平看作整个过程的自变量，把工资变化率看作因变量，进行作图，得出菲利普斯曲线，如图 7-4 所示。

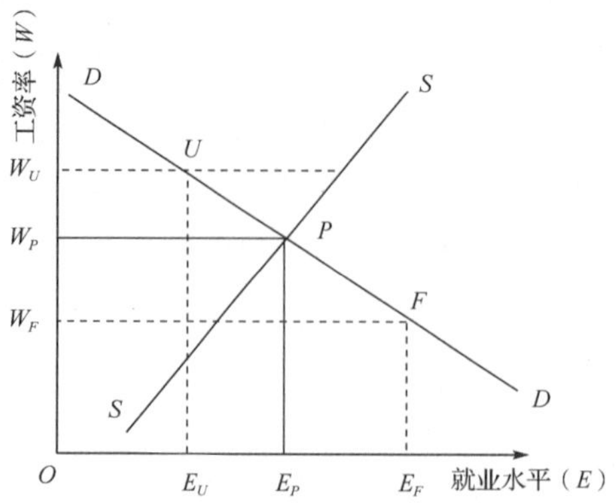

图 7-4 菲利普斯曲线

在图 7-4 中，W_P 表示工资水平，E_P 表示就业水平。在 F 点上，对劳动力的需求量大于供给量，因而出现超额就业，此时，工资 W_F 低于均衡水平，对工资存在向上压力。在 U 点，有失业人口出现，工资 W_U 高于均衡水平，对工资存在向下压力。劳动力供需之间的失调越大，压力就越大，而工资涨落也就越迅速。此外，菲利普斯曲线也有另一种表达形式，如图 7-5 所示。

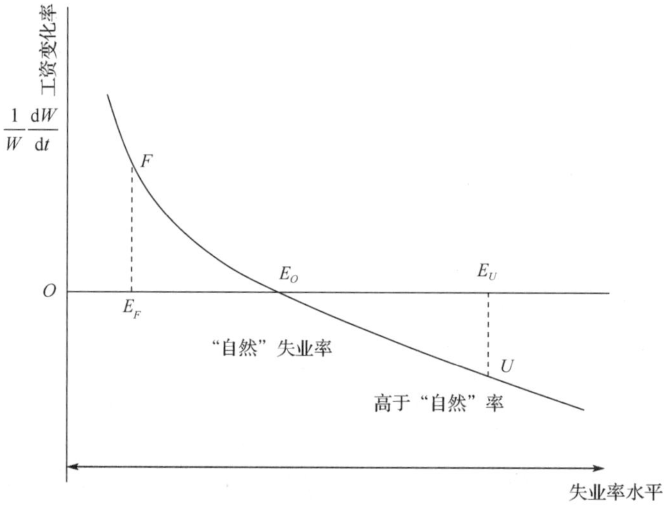

图 7-5 菲利普斯曲线的另一种表达形式

在图 7-5 中，菲利普斯曲线在一条轴上表示失业率水平，在另一条轴上表示工资变化率，这样的表达形式把上面的分析变成了一种清晰的关系。点 E_O 对应图 7-4 的点 P，失业率达到其"自然"率，工资稳定（在正在增长的经济中，与劳动生产率以同一比率增长）；点 F 对应"超额充分"就业，工资上升；点 U 对应失业，工资下降。

虽然新古典综合派已经间接地将经济增长与失业联系起来，但其政策是通过刺激经济增长，利用通货膨胀使实际工资下降，增加企业对劳动力的需求，实现充分就业。其理论核心是寻求实际工资下降的途径，因此本质上也不与经济增长相联系。

1926年，欧文·费雪在《国际劳动评论》上发表了一篇题为《关于失业和价格变化的统计分析》的重要论文，这标志着对通货膨胀与失业之间关系结合起来进行研究的开始。在这篇论文中，欧文·费雪坚持认为价格变动率是经济波动过程中的独立变量。时隔32年之后，菲利普斯根据英国近百年的历史资料，推断出在货币工资变动率与失业率之间存在此消彼长的交替关系。这一重要结论在1960年被萨缪尔森、索洛用来通货膨胀与失业之间存在的交替关系，这是对通货膨胀与失业之间关系早期研究的主要观点。

1967年、1968年，费尔普斯和弗里德曼相继对菲利普斯这一理论提出了批评。他们认为，菲利普斯混淆了名义工资与实际工资的区别，忽视了通货膨胀预期的作用。在通货膨胀预期的作用下，短期菲利普斯曲线是不稳定的，会产生移动现象；对于长期菲利普斯曲线，他们提出了"自然失业率"假说，认为长期菲利普斯曲线是垂直的。1976年，对于西方国家普遍出现的"滞胀"现象，弗里德曼认为，从60年代中期开始，存在一条正斜率的菲利普斯曲线，即通货膨胀与失业之间的相互促进理论。在70年代初，以卢卡斯、萨金特为代表的理性预期学派甚至认为，失业率是一个围绕它的自然率水平上下波动的随机变量，因此菲利普斯曲线无论在短期还是在长期都是一条垂直线。

事实上，自从关于通货膨胀与失业之间的关系，即菲利普斯曲线的研究出现以来，无论是菲利普斯的"相互交替"学说，还是费尔普斯、弗里德曼的"自然失业率"假说，都遭到广泛的批评。半个多世纪以来，通货膨胀与失业之间的关系一直受到一些经济学家的关注，至今仍然存在争议。无论是在新古典综合派与新凯恩斯主义之间，还是在它们内部，就是否存在一种稳定的短期菲利普斯曲线，以及长期菲利普斯曲线的形状问题，尚缺乏一致意见。对此，弗里德曼概括道："实质上已经没有哪位经济学家再相信最初提出的天真的菲利普斯曲线了。目前，这项争论已经进入第二个层次，即任何人都同意，长期菲利普斯曲线比短期菲利普斯曲线的倾斜度更大。唯一的问题是，它是垂直的，还是不那么垂直。这方面事实尚不清楚。"越来越多的经济学家倾向于：通货膨胀与失业之间的相互交替关系在短期存在。

菲利普斯提出的相互交替理论使各国政府在通货膨胀与失业之间可以采取不同取舍的"相机抉择"政策，政府面临的是"一个在不同失业水平和价格决定之间的选择菜单"。而弗里德曼的"自然失业率"假说则强调实行单一的货币规则，主张实行取消政府干预的自由主义经济政策。各国政府在60年代初纷纷把控制失业作为宏观经济政策的首要目标，而在20世纪中的大多数时期则是把控制通货膨胀作为宏观经济政策的首要目标。这一政策选择对于经济运行的影响是积极的，还是消极的？或是应该采取弗里德曼式的自由放任政策，还是加强政府的宏观调控？这是许多经济学家争论的焦点之一。

综上所述，迄今为止对于通货膨胀与失业之间的关系，菲利普斯曲线理论的研究主要经历了三个阶段的发展演变：

① "相互交替"学说，即斜率为负的菲利普斯曲线；

② "自然失业率"假说，即垂直的菲利普斯曲线；

③ 相互促进理论，即斜率为正的菲利普斯曲线。

然而，无论哪一种理论都无法合理地解释实际经济运行中通货膨胀与失业之间变动的所有情况。尽管大多数统计检验支持短期上存在通货膨胀与失业之间的相互交替，但即使是在统计上出现相互交替的年代，比如英国在 1861—1913 年期间，通货膨胀与失业之间尚存在二者相互促进，同时降低，失业率不变通货膨胀率上升或者下降，以及通货膨胀率不变失业率上升等各种现象。因此，本书探讨的首要问题是菲利普斯曲线究竟是什么样的形状？它是垂直的，还是相互交替的？在长期和短期分别是什么样的表现形式？在此基础上，针对菲利普斯曲线的形状和具体表现形式，探讨关于选择适宜的宏观经济政策的问题。

对中国经济体制改革 20 年来通货膨胀与失业之间的关系来讲，它又是一个什么样的形状？什么原因导致菲利普斯曲线出现这样的变化？应该采取什么样的经济政策来引导和调控菲利普斯曲线的变化？这也是本书着力解决的重要问题之一。

张曙光认为："失业与通货膨胀的关系问题一直是宏观经济运行分析的核心问题。自菲利普斯曲线问世以来，人们对此做过很多理论分析和经验实证，货币主义和理性预期学派对此做了进一步的研究，区分了长期和短期的不同情况。然而，通货膨胀和失业既然是宏观经济运行的结果和社会经济生活的现象，那么就与经济运行的各个方面和各种因素相关，因此在不同情况下也会有不同的表现。有的学者曾经讨论过二者关系的理论发展，并对此做过进一步的探索，只是如何解释中国改革以来二者相互关系的变化，还需要做进一步的研究和探索。"

由此可见，对通货膨胀与失业之间关系的进一步探讨，不仅具有重要的理论意义，还具有重要的政策意义。

通货膨胀率、失业率与经济增长率同属于衡量宏观经济运行状况的重要指标。在宏观经济理论中，失业率与经济增长率之间的关系比较容易把握，即失业率下降，经济增长率上升；失业率上升，经济增长率下降。但是，通货膨胀与经济增长之间的关系，一直是 50 年代以来西方经济学家悬而未决的问题。尤其是 70 年代以来，通货膨胀已成为各国经济发展和经济增长过程中的一个棘手问题，围绕通货膨胀与经济增长的关系问题，各国经济学家在进行理论研究的同时，进行了大量的实证研究与统计检验，得出了许多不同的结论，主要有以下三种观点。

① 通货膨胀"促进论"。这种观点认为要满足某些条件，通货膨胀可以对经济增长起促进作用。在西方发达国家中，这种观点实际上是凯恩斯提出来的。

② 通货膨胀"促退论"。这种观点认为通货膨胀并不是促进经济增长的"良方"，而是对经济增长起消极作用的阻碍因素，通货膨胀必然导致经济增长低效率的现象。

③ 通货膨胀"中性论"。这种观点认为通货膨胀与经济增长之间可能不存在必然的因果关系。因为实际经济的变化（经济增长也是其中的变化形式之一）归根到底是由实际因素引起的，而不是货币因素引起的。或者说，在长期内货币因素只会引起绝对价格水平（一般物价水平）的变化，而不会影响实际经济运行。

1986 年，美国经济学家 W.琼与 P.J.马歇尔对 56 个国家和地区的通货膨胀与经济增长的关系进行了验证。结果表明，在 119 个工业国家中，有 9 个国家的通货膨胀与经济增长呈明显的负相关，其余 110 个国家的检验结果为不相关；在 37 个发展中国家和地区中，有 7 个国家的通货膨胀与经济增长呈负相关，28 个国家的检验结果为不相关，只有 2 个国家呈正相关。这一检验结果总体上表明，通货膨胀与经济增长之间基本上不存在正相关关系，主要呈现出不相关的关系。近期的研究也表明，在 94 个国家或地区的统计资料中，过去 20 多年来，通货膨胀与经济增长之间没有明显的相关关系。从上述分析中可以看出，在通货膨胀率、失业率与经济增长率这三个变量之间，只有失业率与经济增长率之间存在稳定的负相关关系，而通货膨胀率与经济增长率之间不存在相关关系。联系我们提出的菲利普斯曲线的环形曲线模型，在失业率与通货膨胀率之间也不存在稳定的相关关系。

表 7-4 列举了 1973—1997 年主要工业国家的经济增长率与通货膨胀率、失业率的相关关系。从中可以看出，在所有主要工业国家中，失业率是反周期的，就业率是顺周期的。当然，美国劳动力市场指标与产出的相关性比其他工业国家要显著得多；而通货膨胀和股票价格与产出的相关系数在统计上表现得不显著，按星期计算则是顺周期的。

表 7-4　1973—1997 年运用“通过波幅过滤器”计算的与国内生产总值的相关系数

	美国	日本	德国	英国	法国	意大利	加拿大
国内生产总值	1.00	1.00	1.00	1.00	1.00	1.00	1.00
通货膨胀（消费者价格指数）	0.10	0.05	0.24	−0.10	0.18	0.14	0.14
股票价格	0.21	0.36	0.08	0.23	0.04	0.23	0.46
失业	−0.74	−0.42	−0.51	-0.50	−0.36	-0.13	−0.69
就业	0.90	0.75	0.55	0.72	0.89	0.50	0.84

资料来源：国际货币基金组织（IMF）:《世界经济展望》. 北京：中国金融出版社，1998

我们来看 70 年代以来，美国和英国的失业率、通货膨胀率与经济增长率的变动情况。在图 7-6 中，美国的失业率与经济增长率之间的负相关程度极高；而通货膨胀率与经济增长率之间的相关程度不高，其中，1973—1974 年、1978—1993 年都呈负相关，在其余时期呈正相关，且相关程度较高；失业率与通货膨胀率之间负相关关系显著，但 1973—1974 年、1979—1981 年同时上升，1975—1976 年、1984—1986 年、1989—1990 年同时降低。在图 7-7 中，英国的失业率、通货膨胀率与经济增长率之间的关系不明显，失业率与经济增长率之间在大多数时期呈正相关；在 1983 年以前，通货膨胀率与经济增长率之间呈显著的负相关，1983 年之后出现正相关；失业率与通货膨胀率之间除 1979—1981 年同时上升外，主要呈显著的负相关关系。因此，在不同时期，由于供给冲击或政策因素的影响，失业率、通货膨胀率与经济增长率之间的相关关系并不是固定不变的。

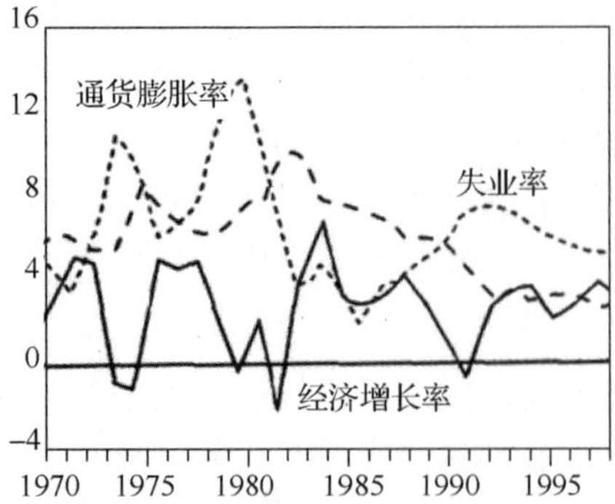

图 7-6 美国的失业率、通货膨胀率与经济增长率

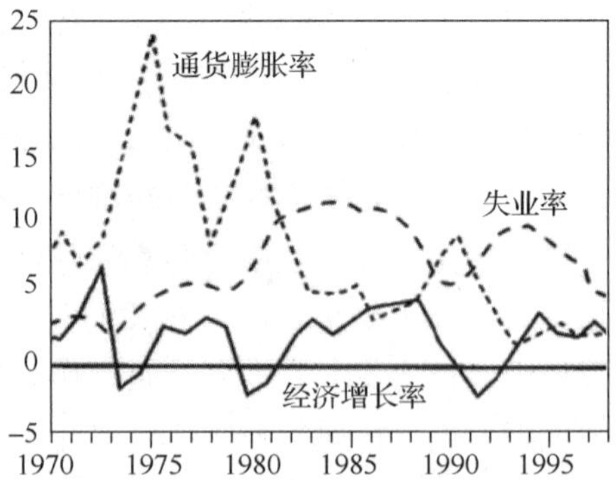

图 7-7 英国的失业率、通货膨胀率与经济增长率

7.4.2 长期菲利普斯曲线

长期以来，菲利普斯曲线理论认为，失业率和通货膨胀之间一直存在着一种稳定与互换的负面关系。简而言之，在一个经济体内，失业率与通货膨胀率之间存在一种交替关系，失业率越低，该经济体支付的工资总额就会越高，从而通货膨胀率就会越高。反之，通货膨胀率越低，失业率就会越高。

但是，自 20 世纪 60 年代末 70 年代初开始，人们发现菲利普斯曲线的位置开始右移，一些国家还出现了正斜率的菲利普斯曲线。美国的经济生活中日益显现出与菲利普斯曲线相矛盾的迹象，在经济滞胀中失业率和通货膨胀率同时升高，这些变化促使许多经济学家对菲利普斯曲线进行更深入的研究和分析，并做出了一些理论上的修正。其中，美国著名的经济学家费尔普斯与货币学派的代表人物弗里德曼引入了预期的因素，共同对传统的菲利普斯曲线理论发出挑战。

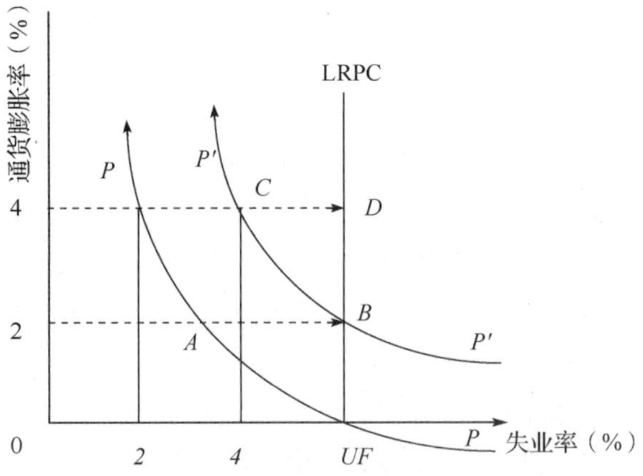

图 7-8 短期与长期菲利普斯曲线

在图 7-8 中，菲利普斯曲线 *PP* 与横轴相交于 *UF* 点，即自然失业率（假设为 6%），在这个点上通货膨胀率为零。假设此时发生了通货膨胀，货币工资随之上升。短期内，

由于过去（在 *UF* 点）的通货膨胀率为零，所以人们的预期通货膨胀率为零。这样，厂商和劳动者都只看到自己的产品和劳动价格上涨，而未能及时观察到整个社会的产品和劳动价格的上涨。这样，劳动者把货币工资的提高当作了实际工资的提高，因而增加劳动力供给；厂商会因产品价格上涨而扩大生产量，使劳动力需求增加。劳动力供给与需求的同时增加必然降低失业率。这样，失业率从 *UF* 点沿图中 *PP* 曲线向左上方移动。假设通货膨胀率为 2%，那么失业率将会停留在 *PP* 曲线上对应通货膨胀率为 2%的 *A* 点处。该点对应的失业率假设为 3%，此时的失业率显然低于 UF 点。

弗里德曼认为，短期内存在着通货膨胀率与失业率的替换，可以通过提高通货膨胀率把失业率降低到自然失业率以下。然而，弗里德曼认为，这仅仅是短期现象。在长期，经济不会停留于 *A* 点。因为在长期厂商和劳动者会发现，相对于市场而言，自己的产品和劳动价格并未真正提高，因为通货膨胀使一切价格都提高了 2%，因此厂商会使生产规模恢复到原有水平，劳动力供给也将回到原来的状态，这样失业率会恢复到原有水平。虽然失业率恢复到 *UF* 点，但此时的通货膨胀率已从 0 变成 2%，也就是说，经济会从 *A* 点移动到 *B* 点，这意味着短期菲利普斯曲线已经移动到 *P'P'* 的位置。在 *B* 点，如果政府还想把失业率维持在低于 *UF* 的水平（例如 4%），那么通货膨胀率必须要达到 4%。因为现有的（即在 *B* 点）通货膨胀率已为 2%，要使失业率保持在 4%，现在的通货膨胀率必须为 4%，这意味着经济将沿着 *P'P'* 曲线向左上方移到 *C* 点。根据以上分析，*C* 点仅仅是短期现象，而在长期中，经济会从 *C* 点移到 *D* 点。在 *D* 点，失业率仍然在 *UF* 点，但通货膨胀率已上升为 4%。这样可以得到一条位于自然失业率上的垂直线，这就是长期菲利普斯曲线，如图 7-9 所示。这条垂直的菲利普斯曲线表明，在长期中，不存在失业率与通货膨胀率的交替关系，提高通货膨胀率并不能降低失业率。失业率在长期中所处的水平就是自然失业率水平。虽然在短期中可以把失业率人为地维持在低于自然失业率的水平，但必须以不断恶化的通货膨胀为代价。而在长期中，与稳定的通货膨胀率相对应是自然失业率。把失业率降低到自然失业率之下的努力将不会成功。一个国家不能长期处于自然失业率之下并且保持通货膨胀率的螺旋式上升。

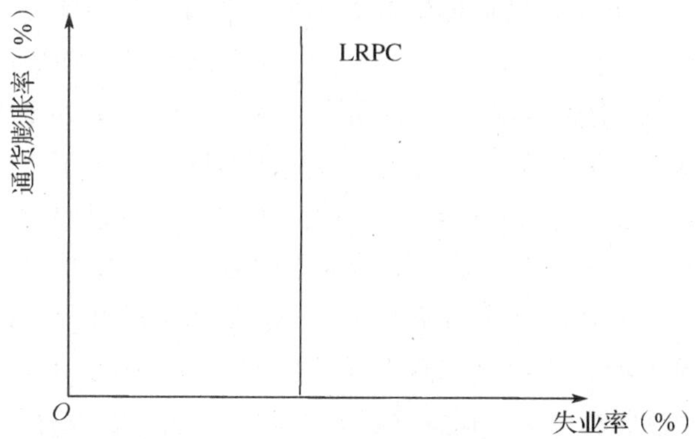

图 7-9 长期菲利普斯曲线

7.4.3 工资膨胀率

工资膨胀是指社会工资总额的膨胀，工资膨胀率是全社会小时工资综合测量值的年增长百分率。即使每项工作的工资不变，平均小时工资也会发生变化。这有四种情况：①就业者从低工资行业（如零售业）流出，进入使用较多低工资工人行业（如建筑业），平均小时工资就会增加；②企业由使用较多低工资的非熟练工人，改用较多的高工资的熟练工人，平均小时工资也会增加；③劳动力年龄结构分布发生变化，工资较低的新成长劳动力增加，平均小时工资就会下降，反之，工资较高的成熟劳动力增加，平均小时工资就会上升；④其他条件不变，工人的加班时间延长，加班费也引起平均小时工资的增加。

如果把上述情况加进对全社会的平均小时工资的分析中，我们就可以看出出现了膨胀的趋势。每个产业、职业的平均小时工资在全社会工资总额中所占份额的比例不同，将它们加权平均，得出各群体工人的工资额，然后除以工作时间，即得出平均小时工资。

从宏观角度看，工资膨胀率首先受市场劳动力供求关系的制约。劳动力供过于求时，工资膨胀率下降；反之，工资膨胀率则上升。其次，工资膨胀率受雇主追求的利润水平制约，即雇主雇用某一类劳动力时，直到雇用的最后一名劳动力对总产出带来的增值额等于其边际生产率为止，雇主都要保证其利润最大化。此后，雇主不会再增加工资。不仅如此，他还会利用各种替代效应减少劳动力的雇用数量，以遏制工资上升。

在现实生活中，企业必须经常对工资进行调整。首先，根据经济发展情况，工资随着劳动生产率的提高而提高，但工资增长率不得超过劳动生产率的增长速度；其次，工资指数化，即按消费物价指数调整工资，以保证实际工资不下降，保证劳动力的再生产。但是，这种机制又造成成本驱动性物价上涨，工资和物价互相促进，轮番上升，形成“双膨胀”恶性循环。

7.4.4 中国失业保障体系的建立

虽然前面讨论的那些主动的失业治理措施，尤其是像中国的再就业工程那样的失业治理措施，对于减少失业、促进再就业能够起到很好的作用，但是其效果毕竟是有限的，不能解决所有失业者的就业问题。因此，动态当中一个比率较高的失业人数呈现在我们面前将是不可避免的现象。既然动态地看有相当比率的失业人员处于无收入的状态，那么被动的失业治理措施——失业保障的问题就自然而然地提出来了。

中国的失业保险制度创建于1986年。1986年10月，伴随劳动合同工制的实行和企业破产法的实施，中国建立了国有企业职工待业保险制度。能享受失业保险的对象主要包括破产企业的职工，濒临破产企业精减的职工，违纪辞退的职工，以及终止、解除劳动合同的职工。基金筹集渠道主要是国有企业按标准工资总额的1%在所得税前列支存入银行，由银行交入社会保障基金，基金在各省市调节，地方财政补偿。在1993年4月12日国务院颁布的《国有企业职工待业保险规定》中，失业保险基金改为按企业全部职工工资总额0.6%筹集。保险金支付项目包括失业救济金、失业职工医疗费、退休金、待业培训费等。进入20世纪90年代以来，其保险范围从国有企业、机关团体和事业单位扩展到部分集体所有制企业和三资企业，参保企业达40多万个。到1994年年底，全面失业保险覆盖的职工达到9 500万人，占城市就业人数的56%。据有关资料显示，1987—1992年期间中国政府每年发放失业救济金达1.44亿元，救济失业职工近65万人。1993年失业救济金发放额为2.88亿元，救济失业职工为103万人。1994年全年共筹集保险基金18亿元，发放救济金增至6亿元，救济失业职工增至180万人。据预测，到2020年，全国将有失业职工1 637万人左右。面临这样严峻的形势，如何建立完善的失业保障体系成为主要问题。目前来讲，主要的失业保障体系问题有以下几个方面。①领取失业保险金资格的审查还不够规范。按国际通例，领取失业保险金的条件是：处在劳动年龄，非自愿性失业，失业前有一定时期的连续工作并交纳失业保险费，及时申请失业登记的失业者。我国《失业保险条例》也做了类似规定，但还不够具体完善，且缺少相应的审核机构。由于缺乏具体详细的资格审查条例和相应的资格审核机构，导致有些人一边拥有就业收入，一边领取失业保险金。②目前的失业保险适用的对象范围太小，要从目前的国有企业和集体企业的职工推广到全体劳动者。③失业保险基金支出结构不合理。现行失业保险虽然也规定了失业保险待遇中还包括职业培训和职业介绍的费用，但是费用的多少没有明确说明。④失业保障基金的筹集来源、方法、标准不完全合理，有待完善。⑤失业保险金的享受标准、期限等内容有待改进。

【本章小结】

本章对失业现象进行了理论上的阐述，对失业的概念、测量、类型、成因，以及菲利普斯曲线进行了一定程度的说明，对失业经济学背后的客观规律进行了解读。

【复习思考题】

1. 为什么说失业是一种历史现象？
2. 阐述一下大衰退时期的失业。
3. 失业的类型和成因有哪些？
4. 人们为什么会失业？失业是必然存在的吗？
5. 失业与国家经济增长之间具有必然联系吗？

【案例分析】

快递小哥要失业了？美国公司推出人形机器人，能成功送货到客户门口

随着科技的日益进步，以及生产力的不断发展，利用机器代替手工逐渐成为当

前提高科技的主要手段。人工智能和工业互联网的不断发展，使人们面临的失业威胁逐渐增大。

如今的科技越来越发达了，人工智能融入了人们的生活，很大程度上给人们的生活提供了方便。

近日，福特公司展示了一款名为帝基特的人形送货机器人，它可以躲避障碍物，将货物送到客户的门口。目前为止，这家汽车巨头拒绝透露他们是会将汽车和机器人系统作为一个独立的企业来运营，还是会与一家快递公司合作。

无论如何，这对快递员来说都是坏消息，因为他们很可能会被裁员。福特公司宣布，为了削减成本，他们将在本周投放部分机器人。

帝基特是福特和俄勒冈州初创企业 Agility Robotics 的合作项目。他们承诺，在不久的将来，机器人将送货上门，充当家庭助手，还可以协助灾难后的重建。他们正在开拓有腿机器人技术，以解决在移动方面面临的问题。

Agility Robotics 的首席技术官乔纳森·赫斯特博士说："帝基特还有很多需要学习的地方，但我们的研究开发建立在一个成功的动态步行和跑步机器人的基础上。这种合作关系将使我们能够利用福特公司在地图和物体识别等领域的研究成果。"

数字定价将晚些公布，交付时间在 2020 年初。由两部分组成的福特数字系统将于下一年年初开始更广泛的测试。

中国快递业务量全球第一，快递员人数超 300 万。如果这一机器人投入广泛使用，第一个失业的恐怕就是他们了。人工智能对人类来说有利有弊，但也预示着人类文明的一大进步，任何职业都与人一样"生老病死"，唯有改变自己，提升认知和能力，才不会被社会淘汰！

资料来源：https://new.qq.com/omn/20190530/20190530A0KTBL.html?pc

思考题

1. 为什么说人们面临的失业威胁逐渐增大？
2. 面对人工智能，我们如何改变才不会被社会淘汰？

第 8 章 工资理论

学习目标

1. 了解工资本质及工资形式。
2. 掌握工资差距。
3. 熟悉经济学各个历史时期中的工资生成理论。
4. 了解工资制度、水平设计与员工激励。
5. 掌握效率工资理论的要点。

关键术语

工资、工资形式、工资差距、工资制度

导入案例

普华永道北京办事处曾经爆发过一场辞职风潮，这场风潮表明中国的白领们对劳动法规定的权利予以更多关注。劳资纠纷曾经仅在国内企业中发生，但是现在也出现在了跨国公司在华企业中。越来越多的外企白领开始向超长的工作时间和不平等的待遇说“不”。

曾在普华永道工作数年现已辞职的一位审计师说：“人们感觉自己工作得非常出色，但薪水却不尽如人意。”这位审计师离职的原因是工作时间过长。他说，虽然常常工作到凌晨一两点钟，并且周末也要加班，但他们却得不到加班费。

普华永道不动声色地平息了这场劳资纠纷，同意向所有审计师支付加班费，并提前发放年度奖金。该公司负责中国区人力资源的合伙人戴夫•麦卡恩说：“我们以前在与员工的交流方面未能做到尽善尽美。现在，我们开始进行更多的交流。”在中国，此类问题开始在跨国公司中不断涌现。随着业务的增长，即使在预算和工资仍然紧张的情况下，跨国公司也要求员工提高工作效率。同时，中国的白领们也发生了一些重大的转变，他们不再仅仅满足于在跨国公司获得一份工作，同时也渴望享受中产阶级的生活。他们对劳动法规定的法律权利也予以更多关注。在中国，跨国公司的薪水仍然比国企高出许多，尽管在跨国公司可能面临更大的工作压力。一名跨国公司接待员的月收入相当于 400 美元，工程师月收入更达到 3500 美元，而国有企业的月薪通常为 50～200 美元。跨国公司还能提供更多的出国和学习新技能的机会。尽管如此，劳资纠纷的数量还是呈上升趋势。

曾经，默克公司（Merck &Co.）和一家中国制药企业的合资公司 MSDChina 的十几位前任经理对其提起诉讼，称该公司对他们做出错误的渎职指控而将他们解雇。这些中国雇员认为之所以被解雇是因为公司为了避免支付遣散费。MSDChina 对外事务负责人 AliceChin 说，公司解雇这些员工是因为他们违反了公司的政策和程序。

曾经，两名中国员工对上海爱迪特设施管理有限公司提起了诉讼，这两名员工此前因涉嫌违反公司制度而遭到解雇。通用汽车的一个合资公司曾雇用爱迪特的员工从事清洁服务等一些低技能的工作。某位法律从业人士认为，这些员工在通用公司工作，既没有医疗福利也没有签订劳动合同，并且被拖欠工资。仲裁小组命令爱迪特向这些员工支付拖欠的工资，并取消对他们提起的指控。

我国一些专业人士也对本地员工与海外驻华员工之间巨大的薪酬差距感到愤愤不平。纽约城市大学的教授普拉卡什·塞西为跨国公司订立行为守则提供咨询服务，他说现在薪酬标准并不一致，类似的劳资纠纷在其他对当地专业人士有着强烈需求的国家也同样存在。

一些跨国公司正未雨绸缪，竭力调整其政策以满足员工及在华业务的新需要。默克公司表示已经对在职母亲实行了弹性上班制，并且为经理提供了在美国工作的机会。

普华永道在选择项目时变得更加挑剔。负责其北京办事处的合伙人 JohnnyChen 说：“随着我们在中国的业务越来越成熟，我们需要把更多的精力放在留住公司培训过的合格会计师上面。”

资料来源：http://news.sina.com.cn/o/2004-09-29/12263803958s.shtml

8.1 工资的确定

8.1.1 工资及其本质

工资是以货币形式按期付给劳动者的劳动报酬。英语里与工资含义最接近的词是 wage。据《韦氏英英词典》2004 年 12 月第 1 版的解释，wage 是指根据合同并以小时、天数或计件为基础支付的劳动或服务报酬。又据《牛津现代高级英汉双解词典》1997 年第 1 版的解释，wage 是指能够维持生活的报酬，一般用在周薪（weekly wage）和最低工资（minimum wage）表述中。再看香港特别行政区和台湾地区，在劳资关系法案中，工资主要用在建筑、餐饮、服务业用工和家庭用工劳资关系中。因此，国外和港、台地区所使用的工资主要有两个含义：①它是指因劳动或服务而产生的报酬，而不包括因管理、资本、技术等因素而产生的收入；②它的使用一般限于蓝领阶层，也就是我们常称的生产操作人员。按照我国《中华人民共和国劳动法》的规定，工资应当以货币形式按月支付给劳动者本人。需要指出，这是从狭义（经济学）上讲的工资。作为员工，工资是为企业提供劳动而得到的各种货币（含实物）报酬的总和，包括直接经济报酬（如工资、奖金、奖品、津贴、利润分成等）和间接经济报酬（如公共福利、保险计划、退休保障、住房、培训、餐饮、带薪休假、病事假、休息日等）。进一步从广义（管理学）上讲，工资除了经济学上的含义外，还包括非经济报酬的内容，如工作挑战性、趣味性、责任感和成就感等，良好的软硬环境，合理的政策与机制，高素质的人力资源结构，弹性工作时间，一定的社会地位，个人成长，个人价值实现等。在实际生活中，虽然人们大都只讲经济报酬，但从职业生涯发展的角度来看，员工越来越看重非经济报酬，企业也更加注重以非经济报酬为手段保持员工的工作积极性，实现高增长和高效率。狭义（经济学）上的工资表明，企业按照劳动合同的规定，依据员工为企业做出的贡献，以及工龄、知识、技能、体力和工作表现等支付给员工相应的报酬。这揭示出工资在本质上是一种公平的交易或交换，因此必须服从市场交易或交换的规律。显然，自营性劳动者获取的收入，不属于工资范畴。

狭义（经济学）的工资按其表现形式分为货币工资与实际工资。货币工资也叫名义工资，它是以货币数量表示的工资。实际工资是劳动者得到的货币工资实际能够购买到的生活资料和服务（包括房租、水电、交通、教育等各项支出）的数量。货币工资的购买能力受劳动者必需的生活资料和服务的价格制约。在通货膨胀、货币贬值的条件下，即使货币工资提高，生活资料和服务价格的上涨仍然可能使货币工资的增加水平赶不上物价的上涨水平，实际工资有可能下降；在货币工资不变的条件下，物价上涨、房租提高、赋税增加、赡养的失业人口增加等原因也可能使货币工资的购买能力下降，实际工资也会下降。因此，货币工资实际上是一种名义工资。

8.1.2　工资形式

工资形式是指劳动计量与工资支付的方式。其核心是劳动计量的方式，即以何种方式准确地反映和计量劳动者实际提供的劳动数量。就一个具体的用人单位而言，工资是其根据劳动合同的规定，以各种形式支付给劳动者的工资报酬，包括按劳分配的工资和非按劳分配的工资。前者直接与劳动者的劳动数量相联系，如基本工资、奖金；后者并不直接与劳动者的劳动数量相联系，如各种津贴。因此，工资的基本形式包括基本工资、奖金和津贴。目前，我国采取的工资形式有计时工资、计件工资、奖金、津贴和补贴、加班费及特殊情况下支付的工资。

1. 基本工资

基本工资是以货币形式支付的，根据一定的劳动计量标准，按照劳动者实际劳动的时间或劳动成果数量计算的劳动报酬，它是工资的主要构成部分。基本工资最普遍的两种形式是计时工资和计件工资。

（1）计时工资

① 计时工资的计量。计时工资是依据劳动者的工资标准和工作时间的长度来支付工资报酬的形式，其计算公式为：

计时工资=工资标准×实际工作时间

工资标准也叫工资率，是指单位时间的劳动价格。根据单位时间标准的不同，可以分为小时工资率、日工资率等。按照计算所采用的时间单位的不同，计时工资又可以分为小时工资制、日工资制、周工资制、月工资制及年工资制。在国外某些国家，将按小时、日领取的劳动报酬称为工资，而将按周或更长时间领取的劳动报酬称为薪金。目前，我国的计时工资一般采用月工资制。西方发达国家的计时工资一般采用小时工资制，对高级管理人员则实行年薪制。近年来，我国的部分企业也开始对高级管理人员实行年薪制。

② 计时工资的特点。其特点在于按照一定质量的劳动持续的时间长度支付工资。时间是劳动的自然尺度，因而在劳动质量得以保证的前提下，计时工资制是能够较为准确地反映劳动者提供的劳动数量的。因此，计时工资制简便易行、适用范围广，几乎所有的劳动都可采用此种形式。在劳动成果难以准确计量或劳动成果数量不由劳动者个人决定，以及劳动的质量比劳动成果的数量更为重要的情形下，比较适合采用计时工资制。在美国，建筑业、服务业、公用事业、交通运输业及大部分制造业都实行计时工资制。在实行计时工资的条件下，劳动者更加关注产品的质量，这能促使劳动者提高出勤率，劳动者的基本工资收入较为稳定。但计时工资难以准确反映劳动者实际提供的劳动数量，劳动者低生产率的风险主要由企业来承担，因而计时工资与劳动量之间往往并不相称。

③ 实行计时工资的关键。一是科学合理地制定由劳动等级决定的工资标准，使工资标准能够更加准确地反映劳动质量的差别；二是对同一工资等级劳动者劳动质量的控制与管理。如果劳动质量不能得到有效的保证，则计时工资制将不能真正体现按劳分配原则，容易造成出工不出力的现象，难以激励劳动者的劳动积极性。因此，在实行计时工资的条件下，企业对劳动过程的控制与管理是十分重要的。

（2）计件工资

① 计件工资的计量。计件工资是依据劳动者创造的劳动成果数量（产品数量、作业量等），以及计件单价来支付工资的形式，其计算公式为：

计件工资=计件单价×合格产品数量(或作业量)

计件单价是生产某种产品或完成某种作业量的工资支付标准，它是根据工作等级和劳动定额确定的。计件工资的具体形式包括直接无限计件、直接有限计件、累进计件、超额计件、包工、提成、间接计件等。

② 计件工资的特点。其特点是直接以劳动成果数量来计量劳动者的劳动量。劳动成果数量是衡量劳动的最终尺度，因而与计时工资相比，计件工资更能准确地反映出劳动者实际付出的劳动量。

③ 实行计件工资的条件。一是产品或作业的数量能够单独准确地计量，并且能够反映劳动者实际付出的劳动量；二是合格的产品数量或作业量容易验收或检测；三是工作任务饱满，且具备提高产量或作业量的物质技术条件。美国的制造业中 30%采用计件工资，特别是在服装、纺织、制鞋和一些金属制造业中计件工资制普遍实行。在发达国家，随着科学技术的发展，生产过程上的自动化、联动化程度提高，个人的劳动成果越来越难以单独计量，计件工资的推行受到限制而有下降的趋势，个人计件的比重下降，集体计件的比重上升。在实行计件工资的条件下，劳动者的基本工资取决于其生产的合格产品数量或完成的作业量，低生产率的风险主要由劳动者自己承担。因此，计件工资能够有效地刺激劳动者的劳动积极性，促进劳动者改进生产作业方式，提高劳动技能，充分利用工时，提高劳动生产率。但计件工资也容易使劳动者片面追求产品数量或作业量，忽视产品质量、生产安全、原材料的节约以及设备的正常使用和维护。实行计件工资也要求企业完善相应的生产组织和劳动组织，包括产品数量或作业量的计量、质量检测、工作等级和劳动定额的科学制定，因而管理成本相对较高。

2．奖金

奖金是对劳动者提供的超额劳动所支付的报酬。超额劳动是指劳动者付出的超过定额劳动以外的劳动，同时包括劳动者为了节约物料、提高产品质量、保证安全生产等多付出的劳动。按我国现行的统计口径，奖金包括支付给劳动者的超额劳动报酬和增收节支的劳动报酬。由此，劳动报酬可以分为定额内的劳动报酬和超出定额的劳动报酬。定额内的劳动报酬体现为基本工资，超出定额的劳动报酬体现为奖金。

奖金是工资的一种辅助形式。基本工资往往不能反映劳动质量的差异，或者难以体现劳动者为了节约物料、保证安全生产等多付出的劳动，这就需要以必要的奖金作为补充。奖金具有单一性和灵活性的特点。奖金的单一性是指奖金的发放仅针对由于某一因素引起的劳动者所付出的超额劳动。相对而言，基本工资反映的劳动者定额以内的劳动更具有综合性。奖金的单一性决定了奖金的灵活性。它可以根据超额劳动形成的原因，对奖金发放的范围、条件、时间进行灵活的设置与调整，以弥补基本工资在反映劳动者劳动的数量与质量差异方面的不足。

奖金的形式多种多样。按发放的周期长短，可分为月奖、季度奖、半年奖和年度奖；按奖励的考核项目数量，可分为单项奖和综合奖；按一定时间内发放的次数，可分为一次性奖金和经常性奖金；按发放的对象可分为个人奖和集体奖。奖金既然是支付给劳动者超额劳动的报酬，因而奖金制度科学与否取决于两个基本因素：一是定额以内的劳动规定是否合理，定额以内劳动规定的过高或过低都会影响奖金发放的实际效果；二是奖励条件及奖金标准的合理性。

3．津贴与补贴

津贴是对劳动者在特殊劳动条件或工作环境下从事的特殊劳动，以及在特定条件下额外生活费用的支出给予合理补偿的一种工资形式。它是标准工资以外的劳动报酬。我们习惯上一般把属于生产性质的补偿报酬称作津贴，把属于生活性质的补偿称作补贴。由于劳动条件或工作环境不同，劳动者在劳动消耗和生活支出上存在一定的差别。这种额外劳动消耗或生活支出是难以在标准工资中反映的。津贴这种形式可以体现上述劳动条件或工作环境下的劳动者在劳动报酬上的差别，补偿其额外或特殊的劳动消耗或生活支出，调节在工资标准上不能反映的地区之间、行业之间及单位内部不同工种和岗位之间的工资关系。

津贴是根据某一特定条件而设置的，大致分为四种。

① 为补偿劳动者额外或特殊的劳动消耗而设立的津贴，如井下作业津贴、夜班津贴、野外工作津贴等。

② 为从事有毒、有害作业的劳动者设立的以保障其身体健康的津贴，如保健津贴、卫生防疫津贴等。

③ 为补偿劳动者生活费用的额外支出而设立的津贴，如交通补贴、物价补贴等。

④ 为鼓励劳动者对本职工作做出特殊贡献而设立的津贴，如技术津贴等。

8.2 工资差距

8.2.1 工作性质与工资差距

这里考察的工作性质，主要是指工作的危险程度、繁重程度和稳定程度等。危险的工作、需要繁重的体力劳动的工作、非常不稳定随时有被解雇风险的工作，给人们带来的负效用很大，因而需要用高工资来补偿。多高的工资补偿是合理的，取决于劳动者的效用函数和企业的利润函数，合理的工资补偿足以使从事危险工作的劳动力供给与劳动力需求相等，从而达到劳动力市场的均衡。

1．危险工作的供给与需求

一般来说，工作越危险，获得的工资补偿就越大，工资也就越高，而且这种工资补偿是随着危险程度的增加而递增的。假设劳动者的效用函数为 $U=U(W,P)$，其中 W 为工资，P 为在工作中受伤的概率。由效用函数可以得出工资和受伤概率的边际效用。增加一单位工资的边际效用为正，增加一单位受伤概率的边际效用为负。因为危险是一种“坏”东西，所以受伤概率的边际效用为负。受伤概率和工资之间的关系可以用图 8-1 来表示。横轴表示受伤概率，纵轴表示工资。U_0 为劳动者的无差异曲线，在 P 点从事受伤概率为 0 的工作（安全工作），可以获得的工资为 W_0，在 Q 点从事受伤概率为 0.5 的工作（危险工作），可以获得的工资为 W_1。劳动者在 P 点和 Q 点获得的效用水平是相同的，因为它们都在同一条无差异曲线上。从事受伤概率较高的工作可获得较高的工资，因而能够补偿受伤概率增加给劳动者带来的负效用。无差异曲线是先缓慢上升，而后陡峭上升，这说明受伤概率越大，工资的补偿力度就越大。工资补偿递增，是因为受伤概率非常高时，人们受到伤害的可能性非常大，事故实际发生后的损失也非常大，这种损失本身是递增的，工资补偿也应该是递增的。

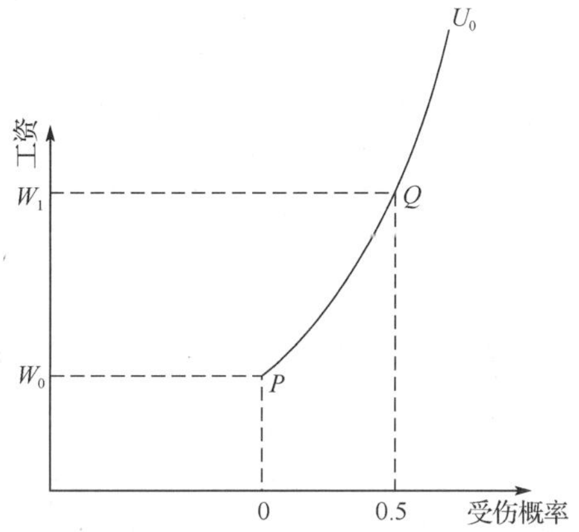

图 8-1　受伤概率和工资之间的无差异曲线

我们把图 8-1 中 $W_1 - W_0$ 定义为劳动者的保留价格，如果受伤概率为 0.5 的工作提供的工资仅仅为 W_1，只比安全工作提供的工资高 $W_1 - W_0$，对这个劳动者来说，从事受伤概率较大的工作与否是无所谓的，因为他获得的效用水平相等。只有将工资提高到 W_1 以上，劳动者才会愿意从事危险工作，因为这时他的效用水平得到了大幅度提高。

从中我们不难看出，风险厌恶型的劳动者要求的工资补偿较大，因而其无差异曲线比较陡峭。而风险偏好型的劳动者要求的工资补偿较小，因而其无差异曲线比较平缓。工资补偿在劳动者看来体现为效用水平的变化，只有带来效用水平较高的工资补偿才会促使劳动者从事危险工作。

不同类型的劳动者对危险工作的态度不同，对相等的工资提高会做出不同的决策。这在图 8-2 中可以看出来。比较两种类型的劳动者：穷人与富人。穷人是指穷苦的人，缺乏或相对缺乏金钱和财富的人；富人是指物质资源富有的人，收入稳定的高产者，衣食住行条件相对优越，不为基本生活需要而忙碌奔波的人。如果在劳动力市场上从事安全工作可以获得 W_0 的工资，从事危险工作可以获得 W_1 的工资。对穷人而言，获得 W_1 的工资可以将其效用水平由 U_1 提高到 U_2。而对于富人而言，获得 W_1 的工资后，其效用水平不仅不能保持在原来的 U_1 上，反而下降到 U_0，即高工资没有形成足够的风险补偿，效用水平没有提高则意味着富人不会对提供 W_1 工资的工作感兴趣。要使富人从事危险工作，需要为其提供更高的工资，这一现象说明了富人已有的财富对其工作选择、自身生命价值的影响。这同时说明，穷人不是天生的风险偏好型的劳动者，富人也不是天生的风险厌恶型的劳动者，人的偏好并没有本质上的差别，往往是财富、生产要素的约束形成人们不同的偏好。这印证了贝克尔的观点。

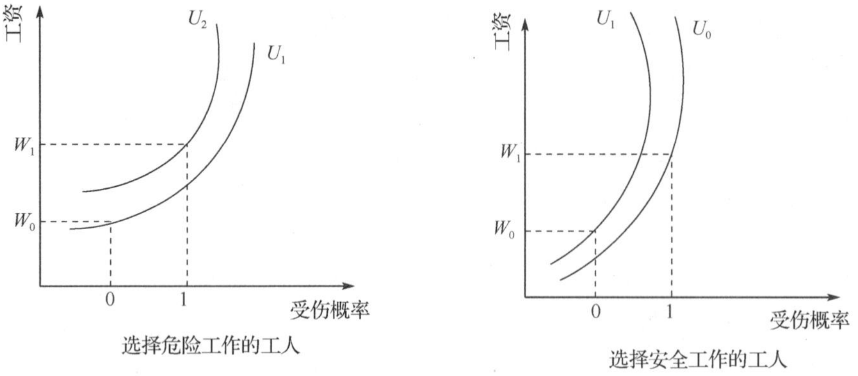

图 8-2 危险工作、安全工作的选择

由此可以得出危险工作的劳动力供给曲线，不同的人有不同的保留价格，富人的保留价格较高，穷人的保留价格较低。假设富人和穷人在总就业人口中的比重都较小，占大多数的是中等收入的劳动者。如果我们用纵坐标表示保留价格，横坐标表示从事危险工作的劳动者数量，则在保留价格很低时，只有穷人愿意从事危险工作。随着保留价格的提高，越来越多的劳动者愿意从事危险工作，因而劳动力供给曲线也是向右上方倾斜的。不同类型的劳动者对危险工作的不同反应，在宏观上表现为危险工作的劳动力供给变化。它与企业对从事危险工作的劳动力的需求共同决定了这一劳动力分市场的均衡。那么，企业为什么要提供危险工作呢？首先从企业的生产函数看，假设企业的生产函数为 $q=f(L,p)$，其中 q 为产量，L 为劳动力数量，p 为发生事故的概率。由此可以得出劳动力的边际产量和发生事故概率的边际产量。一般来说，劳动力的边际产量是正值。增加一单位发生事故概率的边际产量是正值还是负值呢？企业提供安全的工作环境要花费大量的投资，如果不进行安全维护，可以将这些投资用于增加产量，从而增加事故发生概率可以使企业的产量增加，因此 MP_p 也是正值。如果企业提供安全的工作环境，其产出为 $q_0 = a_0 \times L$，a_0 为安全的工作环境下企业的边际产量，L 为劳动力的数量。如果企业提供危险的工作环境，企业的产出为 $q_1 = a_1 \times L$，a_1 为危险环境下企业的边际产量。这里的 $a_1 > a_0$，因为企业节省了用于安全维护的费用，这笔资金用于生产可以提高企业的边际产量。如果产品的价格为 P，则企业从提供安全的工作环境转向提供危险的工作环境从每个劳动者身上可以获得的收益增加量为 $P \times a_1 - P \times a_0$。进一步可以计算企业在两种情况下的利润，在安全的工作环境下，企业的利润为 $P \times a_0 \times L - W_0 \times L$；在危险的工作环境下，企业的利润为 $P \times a_1 \times L - W_1 \times L$。我们可以得出，只有提供危险的工作环境的利润大于提供安全的工作环境的利润时，企业才会提供危险的工作环境，也就是 $P \times a_1 \times L - W_1 \times L > P \times a_0 \times L - W_0 \times L$，进一步得出 $P(a_1 - a_0) > W_1 - W_0$。这一公式表明企业提供危险的工作环境的收益要大于危险工作的工资补偿成本，否则企业会提供安全的工作环境。从企业提供危险工作的成本与收益来看，提供危险工作的成本是相对较高的工资，但因为企业可以节省投入大量资料去维护安全的工作环境，所以企业边际产量较高，企业的收益较大，从而企业从每个劳动者身上获得的净收益较大。企业收益增加越大，企业提供危险工作的动力越大。不同行业和不同企业从危险的工作环境中获得的收益增加不同，因而有最大的收益增加和最小的收益增加。采掘业的收益增加较大，因为其用于安全维护的费用较大，而教育行业收益增加较小。收益增加较大和较小的行业都是在比例上占少数的行业。如果企业为维护安全环境而需要投入的成本越大，意味着因不投入而节省的成本也越大，从提供危险工作中获利也就越大。这在采掘业中较为普遍，即它们的较高工资与节省的安全成本投入是不完全成比例的，也只有这样才可以解释煤矿中普遍存在的危险环境。改善工作环境的成本很高，企业愿意用稍高的工资来吸引劳动者尤其是低收入劳动者加入，企业从中获得更多的收益。企业对危险工作的劳动力需求是怎样的呢？这取决于企业的成本和收益核算。如果我们用纵坐标表示危险工作工资和安全工作工资的差额，如果工资差额高于最大的收益增加，成本大于收益，则没有企业对从事危险工作的劳动力产生需求。如果工资差额开始低于最大的收益增加，一些企业（如煤矿业）开始对从事危险工作的劳动力产生需求。随着工资差额的变小，劳动力的需求量逐渐上升。当工资差额等于或小于最小的收益增加时，所有的行业和所有的企业都会提供危险工作，会对劳动力产生充分的需求。因此，劳动力的需求曲线也是向右下方倾斜的。有了危险工作的劳动力需求曲线和劳动力供给需求，就可以决定均衡的就业量和均衡工资。如图 8-3 所示，危险工作的劳动力需求曲线 D 是从纵坐标上最大企业收益的一点开始向右下方倾斜的曲线，而劳动力供给曲线 S 是从纵坐标上最小保留价格开始向右上方倾斜的曲线。它们的交点为均衡的就业量和均衡工资，从而得到从事危险工作的劳动者数量和均衡的危险工作工资与安全工作工资的差距。

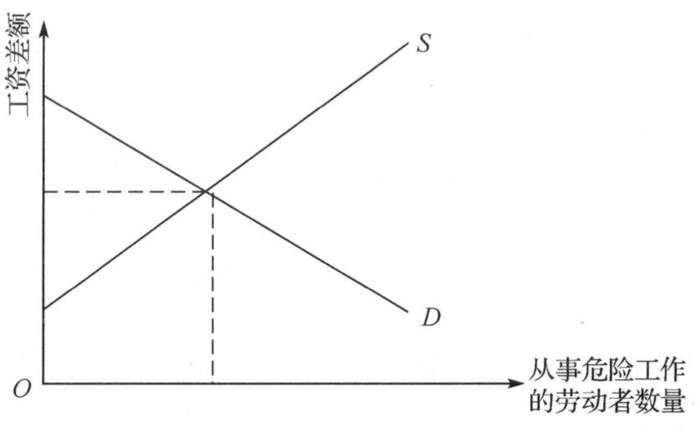

图 8-3　市场均衡决定工资补偿和从事危险工作的劳动者数量

即使没有工资补偿，一部分劳动者也愿意从事危险工作，因为风险本身给其提供了一种特殊的效用。而在从事危险工作的劳动力需求一定的情况下，由供求决定的危险工作的均衡工资可能会低于安全工作的均衡工资。

从我国目前的情况来看，由于劳动法规、劳动标准不健全，危险工作并没有得到相应的工资补偿。我们看到一些小煤矿的工作环境恶劣，但那里的劳动力的工资仍然很低。这一问题与劳动力市场的买方垄断有关。偏远矿区的低收入劳动者众多，而能够提供就业机会的企业很少，地区间劳动力市场又是分割的，煤矿主就可以任意压低工资，使危险工作的工资补偿没有得到体现。这里的低工资与劳动者风险偏好是没有关系的。

绝对安全的工作和绝对危险的工作之间分布着危险程度不同的工作类型，现实生活中有各种危险程度不同的工作，而劳动者的风险偏好程度也不同。现实经济中危险程度不同的工作由不同的劳动者从事，这样的配置是如何实现的？不同风险偏好的劳动者是如何各得其所的？让我们来进一步分析。在图 8-4 中，横坐标表示工作的危险程度，纵坐标表示工资水平。首先从企业的角度看，随着企业提供工作的危险程度增加，劳动者的工资相应地提高，存在着一条等利润线，它是不同工资水平和不同的工作的危险程度的组合。提供低危险程度工作和低工资与提供高危险程度工作和高工资给企业带来的利润相同。等利润线是向上倾斜的，说明要维持安全的工作环境，必须投入大量的成本，所以要实现相同的利润，安全的工作环境对应的工资水平较低，危险的工作环境对应的工资水平较高。同时，等利润线又是凹形的，它说明安全的工作环境的边际收益递减。在非常危险的情况下，企业只要投入较少的成本，环境就可以得到改善，因而劳动者的工资下降不大。而在工作环境已经比较安全的时候，要使危险事故概率降到零，就需要大量的投入。因此，企业也要大幅度削减工资，以保证利润不变，所以等利润线是凹形的。

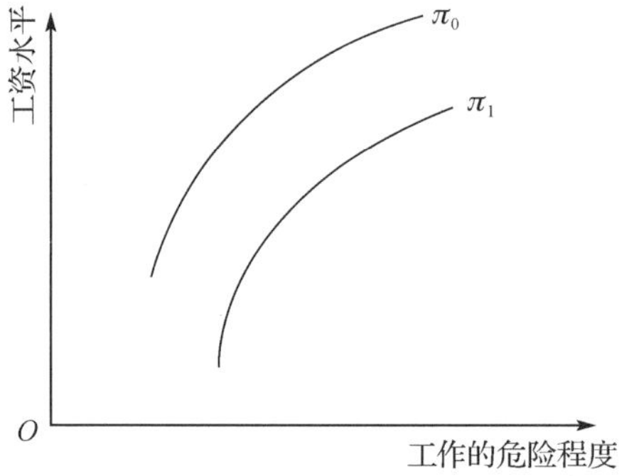

图 8-4 企业等利润线

在图 8-4 中，位于较高位置的等利润线 π_0 代表着较低的企业利润，而位于较低位置的等利润线 π_1 代表着较高的企业利润。因为在工作的危险程度相同的条件下，较低的等利润线对应的是较低的工资，企业的工资成本较低，利润较大。

我们已经在前面说明不同风险类型的劳动者其无差异曲线的形状不同，风险厌恶型的劳动者的无差异曲线更陡峭。在劳动者的无差异曲线和企业的等利润线的切点处会形成一个均衡点。企业要尽可能找到与最低的等利润线相切的无差异曲线，以获得最大的利润。劳动者要尽可能找到与最高的无差异曲线相切的等利润线，以获得最大的效用。如图 8-5 所示，图中有三个切点，分别代表了不同类型的企业和不同类型劳动者的组合。在切点 A 上，企业提供的是危险程度较低的工作，它雇用的劳动者是风险厌恶型的劳动者。在切点 C 上，企业提供的是危险程度较高的工作，它雇用的劳动者是风险偏好型的劳动者。将所有的切点连接起来，形成的曲线被称为享乐主义工资方程。

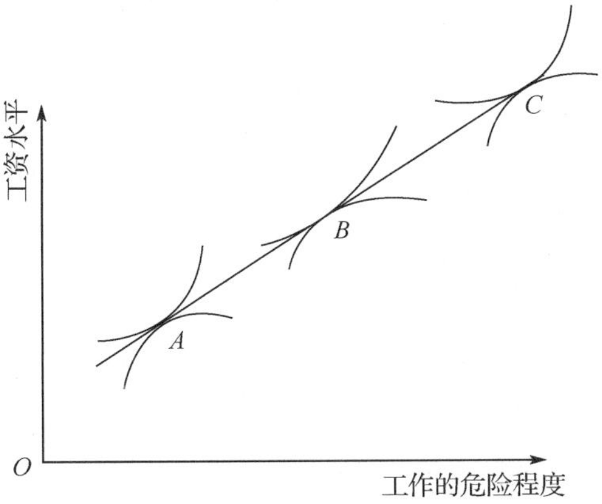

图 8-5　享乐主义工资方程

人们对工作性质与工资进行计量分析表明，工资水平与危险程度成正向关系。接触危险原料或设备的劳动者的工资比不接触危险原料或设备的劳动者的工资高 3%～4%。因事故而死亡的概率每增加 0.001，劳动者的年收入会增加 5 000～6 000 美元，由此也可以计算生命的价值。如果取 5 000～6 000 美元的中间值 5 500 美元来计算，生命的价值为 5 500/0.001=550 万美元。它说明人们愿意支付 550 万美元来补偿一个因事故而死亡的劳动者。

2．政府的作用

通过健全的法律让从事危险工作的劳动者都得到补偿，这是当前中国的一项重要任务。如果法律过度限制危险工作的出现，又会带来怎样的社会后果呢？这时只有安全工作和相对低的工资，对劳动者来说，他们失去了获得较高工资、提高效用水平的机会；对企业来说，因为企业需要投入大量成本对环境进行改善，利润水平也会下降。所以，结果似乎是对双方都不利的。如图 8-6 所示，在没有政府干预的情况下，企业和劳动者达到的均衡点为 P 点，企业获得的利润为 Π^*，劳动者获得的效用水平为 U^*。这时劳动者的工资为 W^*，工作的危险程度为 P^*。现在，政府要求企业改善工作环境，将工作的危险程度降到 P_0，由于投入大量资金用于安全维护，企业的利润下降为 Π，只能给劳动者支付较低的工资 W_0，这时，对劳动者来说，其效用水平也会下降，位于较低的无差异曲线 U 上。

但是，如果劳动者在就业之前不知道工作的危险程度有多高（存在信息不对称问题，企业欺骗和利用劳动者，让其从事危险程度较高的工作），而且考虑到事故发生后企业和社会承担的各种成本，政府的限制就会有正向的效果。如图 8-7 所示，劳动者获得 W^*的工资，但错误地以为工作的危险程度为 P_0，这时其可以获得的效用水平为 U_0，而实际上工作的危险程度高于 P_0，为 P_1，劳动者只能获得较低的效用水平 U_1。

如果政府要求工作的危险程度不能超过 P，则享乐主义工资方程图中的直线上会有新的一点成为均衡点，这时劳动者的效用水平会得到提高。政府帮助劳动者认识到了工作的真实风险，这样的干预能够提高劳动者的效用水平。政府的干预能够降低工作的危险程度。

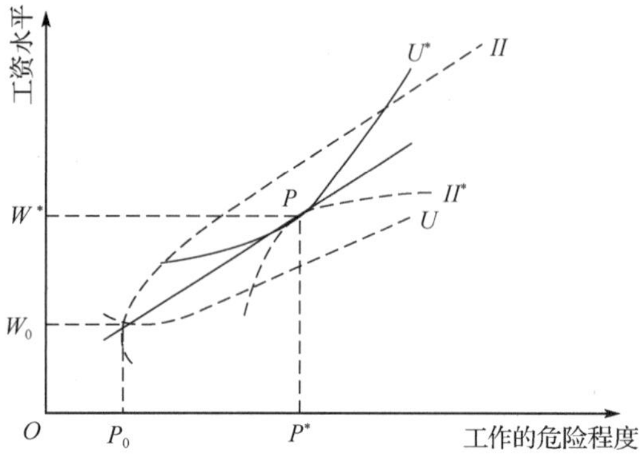

图 8-6 政府的干预对工资、利润和效用的影响

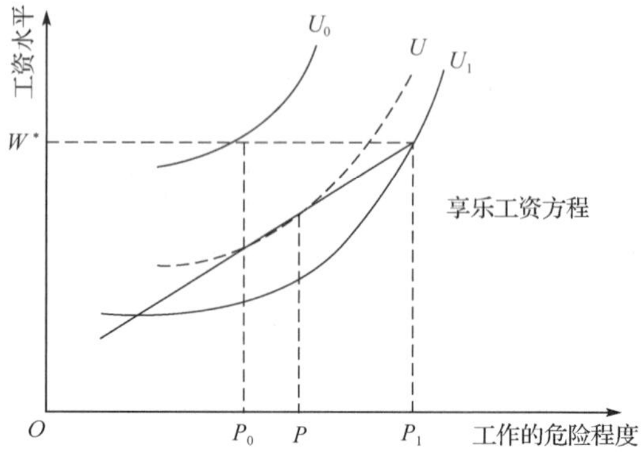

图 8-7 当劳动者错误地估计了工作的危险程度时，政府干预的影响

3．其他需要工资补偿的工作及体现

不仅危险程度较高的工作需要工资补偿，重体力劳动也需要工资补偿。但这种工资补偿也受供求因素的影响。在发达国家，人们受教育水平较高，很少有劳动者愿意从事重体力劳动，因而一些重体力工作需要用高工资来吸引劳动者就业。而在发展中国家，人们受教育水平偏低，缺少技能，大量劳动者不能在需要高技能的部门找到工作，因而只能涌向重体力工作场所，使劳动力供给过剩，工资水平自然较低，工资体现不出对重体力劳动的补偿。另外，稳定程度不同的工作给劳动者提供的效用水平也是不同的。因为如果企业经营状况不稳定，工资就会随企业经营状况好坏而变动，这样的工资收入格局给劳动者提供的效用水平会不同于长期获得稳定工资收入的效用水平。如图 8-8 所示，横坐标为工资，纵坐标为效用。有两类工作：工作甲和工作乙。如果工作甲是稳定的工作，每月工资 1 500 元，而工作乙在企业经营好的时候（出现这种情况的概率为 50%），可以获得每月 2 000 元的工资，但在企业经营不好的时候（出现这种情况的概率也为 50%），只能获得每月 1 000 元的工资。效用曲线是如图 8-8 所示的凸形，反映出边际效用水平递减的特性。工作甲提供的效用水平为 U_3，而工作乙提供的效用水平应该是连接 A、B 之间的线段的中点所对应的效用水平 U_2，它显然低于 U_3。所以，虽然工作乙每月的期望工资也是 1 500(2 000×50%+1 000×50%=1 500)元，与工作甲相同，但它提供的效用水平却低于工作甲提供的效用水平。而企业要想吸引劳动者从事不稳定的工作，必须提高工作乙的工资或者是提高经营好的时候的工资，或者提高经营不好的时候的工资，或者兼而有之，以实现对工作不稳定的补偿。工资提高会对不同类型劳动者的效用水平产生影响，导致一些劳动者会进入工作不稳定的职业中。同样，不稳定（解雇的概率较高）的工作也要有较高的工资来补偿。

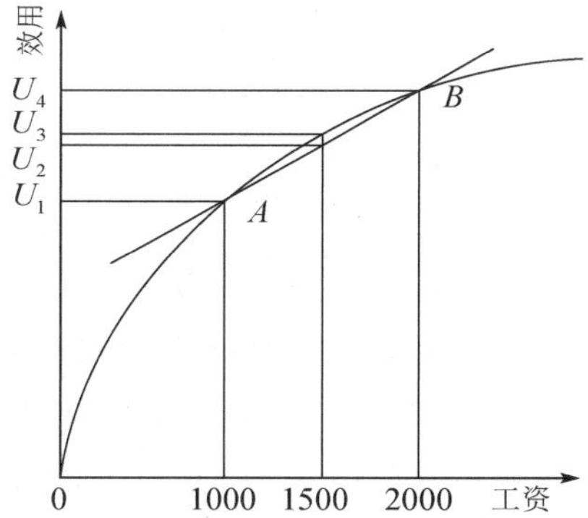

图 8-8　稳定程度不同的工作的工资补偿

这可以解释中国劳动者长期以来愿意在事业单位就业的现象，因为事业单位的工作稳定，一般不会遭到解雇，除非个人犯了严重的错误；而企业单位的工作不稳定，劳动者可能因企业破产倒闭而失业。即使平均来看，国有事业单位和国有企业单位的工资水平大致相等，劳动者仍然希望到事业单位工作，因为现行的工资体系没有对企业单位的工作不稳定进行补偿。另一方面，随着企业所有制的多元化，在私营企业和外资企业工作的劳动者增多。虽然劳动者在这些企业工作不如国有企业稳定，被解雇的风险较大，但由于有相对较高的工资补偿，很大一部分劳动者仍乐于到私营企业和外资企业工作。

下面通过计量经济学来考察工作性质对工资的影响。工作性质包括体力劳动强度、工作危险程度、工作稳定程度等。回归方程为：

$$工资变化量=\gamma_1 工作特征 1+\gamma_2 工作特征 2+其他工作特征+其他变量$$

但是研究结果表明，除了死亡率等工作危险性特征对于工资的解释能力较强外，其他工作特征的解释能力都不强。例如，按照工资补偿理论，需要大量体力劳动的工作应该支付较高的工资，但实际上重体力劳动者的工资往往偏低。如何解释这一现象呢？除了上面所说的劳动力供求的影响之外，还要控制住劳动者的其他因素，不能只考虑工作性质不同对工资的影响。例如，如果从事危险工作的劳动者是低技能劳动者，而从事安全工作的劳动者是高技能劳动者，即使存在工资补偿，从事危险工作的劳动者的工资也不一定会高于从事安全工作的劳动者的工资。如何解决这一问题呢？我们可以考虑工作性质变化对同一个劳动者工资变化的影响，假设劳动者的能力不会因为变换工作而改变，这样能力就不会对工资变化产生影响。因而回归方程变为：

$$工资变化量=\gamma_1 工作特征 1 的变化+\gamma_2 工作特征 2 的变化+其他工作特征的变化+其他变量$$

这样一来，实证分析的结果就与工资补偿理论较一致。例如，虽然在有噪声的环境下工作的劳动者的工资低于不在噪声环境下工作的劳动者的工资，但是一个劳动者如果从安静的工作环境转向有噪声的工作环境，其工资会得到相应提高。从事搬运工作的劳动者的工资平均比其他劳动者的工资低，但是如果一个劳动者由其他工作转向搬运工作，其工资会得到相应提高。需要注意的是这里比较的应该是同一劳动者在不同工作环境中的情况，而不是不同类型的劳动者。

8.2.2 技能与工资差距

高技能的劳动者可以获得高收入，与产业结构的升级及对高技能人才需求的增加有关。随着产业结构的升级，技术也不断从劳动密集型向资本密集型、技术密集型转变，这对劳动者的技能要求也越来越高。能够适应产业结构调整的高技能劳动者就可以获得较高的收入，而那些低技能的劳动者只能拥挤在低收入的岗位上。在美国，产业结构升级使低技能劳动者和高技能劳动者的工资差距不断扩大，它也成为劳动者工资差距形成的重要原因。从受教育水平来看，受过高等教育的劳动者的收入高于只受过中等教育的劳动者的收入，并且受过高等教育的劳动者的失业率也相对较低。从在职培训的角度来看，工龄长的劳动者往往接受的培训多，技能也相应熟练，所以其工资也比较高。这在日本体现为年功序列制，虽然年功序列制通常被批评为“论资排辈”的结果，但也有大量的研究证明实际上它与技能水平高低是相关的。在中国，无论是企业单位还是事业单位的工资构成中一般都有工龄工资部分，它的设计是为了反映工资与技能之间的关系。但是在技术更新日益加快的今天，有些工龄长的劳动者反而不能很好地接受、适应新技术，所以工龄工资也有其不合理的一面。

此外，有时我们看到两类劳动者的技能差异不大，但工资却相差悬殊。例如，总经理和副总经理之间的工资差距很大，而他们的技能其实相差不大。如何理解这一现象呢?这里的工资差距是否还具有其他的功能？确实如此，这里的工资差距起到激励劳动者的作用。企业通过巨大的工资差距，激励每个劳动者都积极努力、希望成为胜出者。虽然谁最终胜出往往取决于很微弱的技能优势，甚至是偶然因素，但胜出者可以获得很高的收益。正如势均力敌的体育比赛胜负取决于很微弱的优势或偶然因素，但冠军获得的收益远高于亚军的收益，这种方式能激励双方努力竞争，增加比赛的可观赏性。由于巨大的工资差距产生的激励，劳动者努力创造的产出远远大于企业付出的工资，企业从中获得更多的利益。但从按劳分配的角度来看，胜利者多得，失败者少得，这样的工资设计又显得有些不合理。而具有特殊技能的人也可以获得较高的收入，例如，一流演员和二流演员的表演技能相差不大，但一流演员的收入远高于二流演员。这是因为一流演员的产品可以复制，有巨大的市场潜力。而消费者的需求也助长了一流演员的高收入，一般的消费者宁愿通过电影、电视观看世界一流演员的表演，也不愿去现场观看当地二流演员的表演。我们可以用经济租金的理论来解释这一现象。具有特殊技能的劳动者是稀缺的，他们的供给数量无弹性，是一条垂直直线。劳动力需求曲线和劳动力供给曲线相交的一点决定了特殊技能劳动者的均衡工资，他们的工资属于经济租金，如同土地由于稀缺而获得租金一样。这里特殊技能劳动者的供给价格被看作很低甚至为零，因而劳动者的净收益很高，它不同于大多数劳动者获得的以教育或培训为基础的正常收益率，并且这种高额收入会长期存在，因为特殊技能的劳动者不会受高收入影响而马上被“生产”

出来，劳动力供给总是不足的。如果劳动力的供给暂时不能变化，在劳动力需求增加的情况下，劳动者也能够获得较高的收入。高于平均人力资本收益的部分被理解为准租金，它不会长期存在，随着劳动力供给的增加，准租金会逐渐消失。

8.2.3　劳动力市场分割与工资差距

劳动力市场分割，是指劳动力由于受到制度的限制，不能在不同地区、不同部门之间进行流动，因而限制了统一劳动力市场的形成和均衡工资的决定，从而导致不同地区、不同部门劳动者的工资差距。其极端的形式是二元结构劳动力市场。它是指劳动力市场上存在着严重的分割，出现两种类型的劳动力市场：头等市场和次等市场。头等市场上劳动者的工资高，就业稳定；次等市场上劳动者的工资低，就业不稳定。但因为存在着垄断，次等市场上的劳动者即使提高了技能，也很难进入头等市场。二元结构劳动力市场的根源在于行业垄断、职业垄断和企业垄断。垄断企业的工资较高，这种高工资来自企业的高利润，即有了高利润，垄断企业愿意与劳动者进行利润分享。但这一结果并不是自发实现的，前面我们又看到对劳动力实行买方垄断的企业劳动者工资较低，工会垄断时劳动者的工资较高。看来，影响工资差距的一个重要原因是劳动力市场的垄断竞争程度。劳动力市场的垄断与产品市场的垄断也存在一定的联系。一般情况下，垄断行业的工会力量也很强大。

这里主要分析与劳动力市场分割相关的工资差距，它与垄断企业的高利润直接相关。由于劳动力市场分割的存在，不同劳动力市场的劳动者工资不能实现统一，因而出现工资的差异。劳动力市场分割与劳动力市场的垄断同样都是形成工资差距的原因，但不能等同。例如，如果存在着劳动力市场的分割，劳动力不能自由流动，企业就会在工资制定上有很大的力量，往往会形成劳动力市场的买方垄断。一旦形成买方垄断，作为垄断方的企业为了维持自己的租金就会阻止外来企业的加入；如果形成卖方垄断，工会就会采取措施阻止外来非工会劳动者的加入，从而反过来限制了劳动力的自由流动，形成了劳动力市场分割，阻碍了竞争劳动力市场的形成。除了行业垄断产生的劳动力市场分割外，中国还有特殊的二元结构劳动力市场，即城乡劳动力市场分割、东西地区劳动力市场分割、不同所有制劳动力市场分割。由于劳动力市场分割的存在，同样的技能在一个地区或行业比在另一个地区或行业更有价值，这也是一种准租金。同样，不同职业虽然要求的技能不同，但如果政府对职业实行严格的数量许可证管制，从而使劳动者进入一种职业受到限制，也会产生租金。这些管制表面上的目的是要确保职业标准化或维持市场秩序，但不难想象，它们也经常考虑通过限制劳动力供给的手段来保证现有从业者的收入，使他们在较长的时间内获得准租金。

1. 行业工资差距

由于拥有垄断势力，企业在产品市场上可以获得较高的利润，垄断企业在面对不同的劳动力市场竞争状况时，支付的工资水平也会不同，对劳动力实行买方垄断的企业支付的工资较低，而工会卖方垄断时支付的工资又会较高。因为不同行业的垄断竞争状况不同，所以不同行业存在着不同的利润率。而政策因素和自然垄断因素，使资本不能自由地在不同行业间转移，利润率的平均化也很难实现。高的行业利润使行业的工资水平也相应得到提高，尤其在存在卖方垄断的情况下。在表 8-1 中，从美国的情况看，不同行业之间存在着较大的工资差距，石油、石油设施、化学、电子机械、通信等行业的工资较高，高于各行业的平均工资水平。而餐饮、服装、零售等行业的工资较低，低于各行业的平均工资水平。仔细观察，可以发现工资较高的行业大多数是垄断程度较高的行业，而工资较低的行业大多数是竞争程度较高的行业。此外，我们考虑到各行业劳动者的技能要求不同，在分析行业工资差距时要排除技能差异的影响。在第二栏中，如果没有控制劳动者的素质因素，各行业的工资差距缩小，但是工资高低的行业排位没有发生变化，垄断程度较高的行业依然工资较高，竞争程度较高的行业依然工资较低。

表 8-1　美国的行业工资差距

行　业	没有控制劳动者的素质因素		控制劳动者的素质因素	
采矿	0.404	0.043	0.262	0.036
建筑	0.216	0.024	0.153	0.022
商品	0.085	0.036	0.072	0.031
纺织	−0.114	0.048	−0.022	0.041
服装	−0.327	0.037	−0.156	0.033
化学	0.362	0.041	0.238	0.034
电子机械	0.362	0.030	0.105	0.027
餐饮	-0.504	0.022	−0.188	0.022
银行	0.084	0.026	0.077	0.023
娱乐	−0.181	0.043	−0.143	0.036
通信	0.353	0.035	0.194	0.030
石油设施	0.527	0.039	0.287	0.030
石油	0.594	0.094	0.382	0.077
零售	−0.241	0.013	−0.156	0.081

在中国，不同行业也存在着工资差距，且有扩大的趋势。从具体行业来看，2002 年年平均工资较高的行业有金融保险业（19 135 元），科学研究和综合技术服务业（19 113 元），电力、燃气及水的生产和供应业（16 440 元），交通运输和邮电通信业（16 044 元），这些行业基本上属于垄断行业或不完全竞争行业。工资较低的行业有农业（6 398 元）、批发零售贸易和餐饮业（9 398 元）、建筑业（10 279 元）、制造业（11 001 元）。这些行业属于充分竞争行业，最高行业工资是最低行业工资的 2.99 倍。2003 年以后，采用了新的行业划分标准，但行业的工资分布格局没有明显改变，差距依然较大。2005 年年平均工资较高的行业为信息传输、计算机服务和软件业（40 558 元），金融业（23 380 元），科学研究、技术服务和地质勘查业（27 434 元），电力、燃气及水的生产和供应业（25 073 元）。工资较低的行业为农业（8 309 元）、住宿和餐饮业（13 857 元）、建筑业（14 338 元）、

批发零售业（15 241 元），最高行业工资是最低行业工资的 4.88 倍。从纵向比较来看，2002 年农业的年平均工资约为电力、燃气及水的生产和供应行业的 39%，但是到了 2005 年农业的年平均工资只相当于电力、燃气及水的生产和供应行业的 33%。这说明虽然改革开放 20 多年市场化进程在加快，但不同行业的市场化速度存在差距。

当然，笼统地比较不同行业的工资差距只能给人一个初步的印象，并不能够准确地反映真实的行业垄断情况，因为每一个行业的企业分布在不同的地区和不同的所有制中，地区因素和所有制因素可能对不同行业有不同的影响，因而可能会干扰对行业因素的分析。所以，进一步分析要比较同一地区、同一所有制、不同行业的工资差距，考虑当面对同样的地区因素和所有制因素时，不同竞争状况行业的工资差距。

例如，以北京市的国有单位为例，2002 年，年平均工资较高的行业有金融保险业（46 636 元）、科学研究和综合技术服务业（31 222 元）、卫生体育和社会福利业（10 900 元）；年平均工资较低的行业有采掘业（10 692 元）、农业（15 729 元）、建筑业（15 971 元）。2005 年，年平均工资较高的行业有金融业（90 674 元），电力、燃气及水的生产和供应行业（57 866 元），信息传输、计算机服务和软件业（63 418 元）；年平均工资较低的行业有住宿和餐饮业（20 344 元）、采掘业（23 761 元）、农业（23 864 元）。这一分布格局就与全国笼统的行业工资分布不同，不仅高、低工资的行业发生变化，且工资差距更大一些。行业的垄断竞争程度不同形成了行业之间的工资差距，考虑到中国的所有制形式和国情，一般垄断程度高的行业，劳动者的工资较高，很少出现产品市场垄断程度高而劳动力市场是买方垄断的情况，在国有部门尤其如此。这可以理解为劳动者对垄断利润的分享。垄断行业的资本密集程度较高，劳动成本在总成本中所占比重较小，这也提高了工会的谈判能力，能够为劳动者争取更高的工资。而产品垄断程度低的行业往往对应的是买方垄断的劳动力市场，因而其工资较低。同时，劳动力在不同行业之间流动又存在着障碍，低工资行业的劳动者很难进入高工资行业，只能通过"走关系"、寻租等非市场化的过程，高工资行业虽然没有通过工会等组织形成卖方垄断，但现有劳动者却有无形的力量来阻止新的劳动者进入，作为国有企业的厂商也没有动力用外部劳动者来代替内部劳动者，国有企业的厂商不进行劳动成本的节约也能够获得较高的利润。所以，行业之间的工资差距长期不能得到缩小。

2. 地区工资差距

地区垄断往往与政府对不同地区的经济发展政策有关。地区经济发展政策的不同使企业获利能力不同，而地区经济发展水平也使各地区劳动力市场的发育状况不同，在劳动力不能在不同地区自由流动的情况下，劳动力的工资差距就会出现。中国不仅存在东部、中部和西部劳动力市场分割，而且存在城乡劳动力市场分割。理论上说，只要资本和劳动力是自由流动的，各地区的经济发展水平会逐渐趋同，工资差距也会逐渐消失，但是不同地区的经济发展政策不同使发展水平很难趋同。发展水平不同会形成工资差距，劳动力的自由流动会起到消除工资差距的作用，但劳动力市场分割却造成工资差距长期难以缩小。所以，我们分析中国不同地区的工资差距，要考虑各地区的经济发展水平、物价、地区劳动力市场分割。从表面上看，经济发展较早的东部沿海地区工资水平较高，而西部地区工资水平较低。但是，也不能一概而论。例如，西藏地区的工资水平就较高，这主要与工作环境有关，属于补偿性差异。2005 年，上海和北京的年平均工资较高，分别为 34 345 元、34 191 元，而江西和河南的年平均工资较低，分别为 13 688 元、14 282 元。同样，地区间工资差距也要消除行业和所有制的影响，例如，不同地区的国有经济比重不同，支柱产业也不同。因此，比较同一行业、同一所有制、不同地区的工资才是有意义的。以国有金融保险业为例，2002 年，北京的年平均工资为 46 636 元，天津的年平均工资为 22 487 元。2005 年，北京的年平均工资为 90 674 元，天津的年平均工资为 49 705 元。这样大的工资差距说明了什么问题？是经济发展水平的差距，还是地区劳动力市场分割，其背后有没有国家地区发展政策的因素在起作用？在其他行业也有这样的地区差异，例如，2002 年，国有科研和综合技术服务业，北京的年平均工资为 31 222 元，天津的年平均工资为 19 409 元；教育、文化艺术和广播电影电视业，北京的年平均工资为 26 568 元，天津的年平均工资为 17 063 元；国家机关、政党机关和社会团体，北京的年平均工资为 26 761 元，天津的年平均工资为 19 019 元。集体所有制或其他单位、同一行业北京和天津之间的工资差距小于国有所有制时的情况，说明地区经济发展政策因素在起作用，因为经济发展政策对国有部门的影响更大一些。

既然存在着工资差距，劳动力的跨地区流动就会出现。但是，长期以来高工资地区形成了劳动力市场的保护，限制外来劳动力进入一些行业。高工资地区要求保护的主要是本地的劳动者，外来劳动力被限制进入后，他们就处于劳动力市场的卖方垄断地位，其高工资就能够得到维持。当地政府出于就业目标、社会治安等方面的考虑，会顺应本地劳动力的意愿，限制外来劳动力进入。从劳动力市场分割的角度看，有的地区工资低也可能是由于当地劳动力市场存在着买方垄断。在这种情况下，买方垄断的企业会阻止外来企业进入本地投资，防止其破坏自己在劳动力市场上的垄断地位。这样，一方面劳动力的需求方数量不增加，另一方面劳动力的供给方由于地区劳动力市场分割，流入其他高工资地区受到限制，所以劳动力供给数量也不减少。最终的结果必然是买方垄断的局面长期维持。

3．所有制工资差距

不同所有制企业也会面临不同的发展政策和机遇，因此它们的获利能力不同。而不同所有制企业由于劳动力市场在不同所有制企业之间的分割，会面临不同竞争程度的劳动力市场。所以，不同所有制企业劳动者的工资也会出现差距。从中国不同所有制企业的工资差距来看，一般情况是其他所有制企业的工资＞国有企业的工资＞集体企业的工资。2002 年，三者的年平均工资分别为 13 212 元、12 869 元、7 667 元。2005 年发生改变，国有企业的工资超过了其他所有制企业，年平均工资为 19 313 元，其他所有制企业的年平均工资为 18 244 元，集体企业的年平均工资为 11 283 元。集体企业的工资与其他所有制企业、国有企业的工资差距很大，一方面说明集体企业的经济效益不如其他所有制企业，另一方面说明集体企业不像国有企业那样工资长期固定不变、与企业经营状况联系较少。

而其他所有制企业的较高经济效益是与政策的宽松和企业承担的义务相对较少分不开的。如果考虑到很多其他所有制企业对劳动者的福利费用支出不足，则其相对较高的工资就包含了福利保障的部分。2002 年，工资的排位情况依次为：外商投资企业＞股份制企业＞港、澳、台企业＞联营企业＞有限责任企业＞其他企业＞股份合作制企业。2005 年，工资的排位稍有变化，依次为：外商投资企业＞股份制企业＞联营企业＞港、澳、台企业＞有限责任企业＞股份合作制企业＞其他企业。外商投资企业和港、澳、台企业由于政策优惠和自身较强的竞争力，经营效益较高，因而其工资水平较高。股份制企业一般规模较大，很可能在行业中处于垄断地位，因而其工资水平也较高。有限责任企业规模相对较小，而股份合作制企业主要是中小企业构成的，很多是由原来亏损的国有或集体企业改制成职工持股而形成的，它们所处的行业一般是充分竞争的行业，面临的劳动力市场是供给过剩的劳动力市场，因而其工资水平较低。如果将行业因素和地区因素都固定住，考察同一地区、同一行业、不同所有制企业的工资情况，则可以更准确地反映所有制因素对工资的影响。

劳动力市场分割并不能完全限制劳动力流动，因为劳动者总是要追求更高的收入，虽然劳动力流动受到限制，在利益的驱动下，仍会有劳动者要尽力进入垄断的企业。劳动者一旦有机会进入并获得工作，就可以长期享有较高的工资。在这里，市场机制仍在起作用，它会使非垄断企业的工资等于垄断企业的工资乘以在垄断企业找到工作的概率。本质上，进入垄断企业找工作是劳动者的一种“寻租”行为。对劳动者个人而言，“寻租”是有效率的。但如果其获得工作是以非市场的方式（“走关系”）达到的，则从社会效率的角度考虑，这种劳动力资源配置方式是欠佳的。行业垄断、地区分割和不同所有制企业分割会导致劳动力市场的二元结构，在每一种类型的垄断或分割的分市场下，劳动力市场的买方垄断和卖方垄断都可能存在。这样两层含义的非充分竞争相互影响，共同决定了工资的差异。可以用一个综合的计量分析表达行业、地区和所有制因素对工资差距的影响。$\log w=a(\text{行业})+b(\text{地区})+c(\text{所有制})+d$，这里的 $\log w$ 表示工资的对数形式，而行业指标要用能够反映行业垄断竞争的指标来表达，地区指标包括地区的经济发展水平和地区劳动力市场的开放度，如果可以，最好分别设立指标。所有制指标可以用虚拟变量的方式，按照所有制的性质，赋予不同的所有制相应的数值。

8.2.4　产业工资差别

产业工资差别，是一种重要的工资差别。形成产业工资差别的主要原因可以归纳为以下几个方面。

1．产业的技术经济特点

产业的技术经济特点是形成产业工资差别最重要的原因。生产力发展自身特点决定不同的产业具有不同的有机构成。有机构成高的产业，其工人的工资也高。其原因可以归纳为以下四个方面。

① 有机构成直接决定了人均资本占有量的程度。工人的技术装备程度又是劳动生产率的基础，两者是正相关关系。较高的劳动生产率具有支付高工资的能力。

② 有机构成高的产业，产品的人工成本占产品总成本的比重较小，因此工资的任何一种变动对总成本的影响都极小。例如，资本密集型的产品，人工成本占产品总成本的 3%，即使工资提高 10%，总成本也才发生 0.3%的变动，对产品价格的影响极小，因此工资较高；反之，有些劳动密集型的产品，人工成本占产品总成本的 60%，工资提高 10%，就使总成本发生 6%的变动，对产品价格的影响极大，因此工资提高的可能性及提高的幅度较小。

③ 有机构成高的产业，形成规模经济要求的初始投资的规模很大，资本转移困难，从而一定程度上限制了竞争，导致垄断性的收益。

④ 有机构成高的产业，客观上要求高技能工人所占的比重较大，人均人力资本存量的差异必然导致工资的差异。有机构成低的产业中高技能工人所占的比重较小，从而造成产业较低的平均工资。

2．产业所处的地理位置

经济发展的不平衡形成了地区工资差别，一些地区的平均工资较高，另一些地区的平均工资较低。高工资地区的产业，因受生活费用等环境条件的影响，其平均工资也高。而产业的技术特点决定了产业的地理位置，如现代产业一般集中在沿海、沿江等交通便利的地区，现代产业的集中带动了地区工资的上升，地区工资水平的提高反过来又影响产业的工资。地区工资差别与产业工资差别的关系似乎属于循环论证，但实际上，两者之间是互为因果、相互渗透并相互影响的关系。

3．产业的规范管理程度及管理水平

产业的规范管理程度及管理水平直接影响着产业的工资水平。在工资决定方面，虽然经济因素起着决定性的基础作用，但也不能低估组织的影响。现代产业一般有着规范的管理体制及短期货币工资的决定机制，劳动管理水平较高，工会组织在劳动条件的所有方面起着全面的监督作用。劳动关系双方在集体谈判、集体合同签订的过程中，工会组织发挥着重要的作用。因此，工会化程度较高的产业、集体谈判、集体合同得到普遍推行的产业，其平均工资较高；反之，工会化程度较低或非正规部门以及集体谈判、集体合同没有得到普遍推行的产业，其平均工资较低。

8.3 各个历史时期经济学中的工资生成理论

工资生成理论是经济学的一个重要组成部分。这是因为工资问题是资本主义经济中最重要、最具有挑战性的问题之一，是十分复杂的经济现象。经济学家们试图对工资问题进行理论上的解释，形成了各具时代特征的工资生成理论。

8.3.1　早期经济学中的工资生成理论

工资作为社会产品分配方式之一，与以就业为主的社会劳动方式相联系，在雇用劳动关系出现后才出现工资。将工资作为一门学科来研究是从古典经济学派开始的，古典经济学派第一次把理论考察从流通领域转入生产领域。

古典经济学是产业资本运作基本要求的反映。产业资本是在资本主义雇用劳动制度的特殊历史条件下的新范畴，它既不同于古代或中古时期的高利贷资本和商业资本，也不同于封建社会末期的商业资本。古典经济学考察的是资本主义生产方式和经济规律，其研究必然涉及工资。

1. 威廉・配第的最低生活维持费的工资理论

配第是英国古典经济学的创始人。在他的那个时代，英国工人的工资是由法律规定的，国家规定了工资的最高限度，如有违反就要受到处罚，领取工资的人受处罚更重。配第根据自己的价值论，从理论上来论证这种工资制度。他认为工资和商品一样，有一个自然的水平，这个水平就是最低生活资料的价值，工资就是维持工人生活所必需的生活资料的价值。如果工资低于这个水平，就会使工人不能维持最低限度的生活水平，就不能为资本所有者继续生产财富；如果工资高于这个水平，就会使资本所有者受到损失。

配第的工资理论实际上是将工人的每日劳动时间划分为必要时间和剩余时间，这一工资理论后来成为古典经济学派一般工资理论的基础。

2. 重农学派的最低限度工资理论

重农学派的创始人魁奈提出“纯产品”的理论，他所说的“纯产品”是指农业生产出来的总产品扣除用来补偿消耗掉的农具、种子等生产资料以及工人与农业资本所有者的消费资料之后的剩余产品，即将“纯产品”看作农业产品价值超过生产这些农产品而必须消耗的生产费用的余额，将劳动者的工资只限于维持他们最低限度生活水平所必需的生活资料。魁奈的“纯产品”理论，将产品明确地划分为“扣除”和“剩余”两部分，从最低限度工资理论出发，将“纯产品”看作农业劳动创造的剩余产品。重农学派的另一代表人物杜尔阁将重农主义学说发展到最高峰，这表现在他的工资理论中提出了那个时代的新观点。第一，他明确了劳动者是指那些除了把自己的辛勤劳动出卖给别人之外就一无所有的普通劳动者。第二，他说明了劳动者之间的竞争对工资水平的影响。他从自由竞争的原则进行分析，认为在劳动力供大于求的情况下，有一大群劳动者可供资本家挑选，资本家必然会优先选用那些要价最低的劳动者，这就在劳动者之间引起竞争。劳动者不得不降低自己的工资而受雇于雇主，从而降低了工资水平。

3. 亚当・斯密的工资理论

18 世纪初，以分工为基础的工厂手工业广泛发展。亚当・斯密时代的英国已成为资本主义的工业化国家，这就给亚当・斯密的工资理论研究提供了条件。亚当・斯密认为，工人、资本所有者和土地所有者这三个阶级构成文明社会的三大基本阶级，与这三个阶级相对应的有三种收入，即劳动的收入——工资，资本的收入——利润，土地的收入——地租。亚当·斯密在具体论述三个阶级和三种收入理论时，是从分析工资开始的。他认为，在资本主义社会，工人劳动创造的价值，在扣除劳动者的工资后，才提供利润和地租。对于什么是工资，亚当·斯密做了以下理论解释。

在没有资本积累和土地私有制的原始社会状态下，全部劳动产品归劳动者所有，没有别人分享。这时劳动者生产出来的全部劳动产品就是他的自然工资。资本积累和土地私有制产生之后，工资就只是劳动产品的一部分了。亚当·斯密认为原始社会状态不可能长久保持下去，一旦有了资本积累和土地私有制，劳动产品便不能全部归劳动者所有，他们只能得到其中的一部分作为工资，其余部分要分作雇主的利润和土地所有者的地租。工资是如何确定的呢？工资是劳动价格。亚当·斯密认为劳动也是一种商品，同其他商品一样也有价格，即劳动价格。他还认为劳动价格也有自然价格和市场价格之分。

工资增长的决定因素是什么？亚当·斯密认为工资取决于对劳动力的需求，而对劳动力的需求又决定于财富生产的状况。他认为，财富生产的增长必然引起工资的增长。因为财富增长越快对劳动力的需求就越多，从而对工资的增长也就越有利（工人数量相对稳定的情况下）。亚当·斯密把国民财富分为现有的国民财富和增加的国民财富两部分。他认为导致劳动力需求增长的不是已有的国民财富，而是增长的国民财富。最高的工资不是在最富裕的国家出现，而是在最繁荣、将要变得富裕的国家出现。

4．大卫·李嘉图的工资理论

李嘉图在研究分配问题时首先研究工资，他意识到工资是影响利润的首要因素，对利润和地租的研究应以对工资的分析为前提。以下是李嘉图的关于工资决定、工资变动规律等问题的理论观点。

关于工资决定。李嘉图认为劳动也是一种商品，像其他一切可以买卖并且可以在数量上增加或减少的商品一样，具有自然价格和市场价格。劳动的自然价格是让劳动者大体上能够生活下去并等量地延续后代所必需的价格，这取决于劳动者维持其自身及其家庭生存所必需的食品、生活用品和享用品的价格。劳动的市场价格是根据供求比例的自然作用实际支付的价格。关于工资变动规律，李嘉图分析了劳动供求关系对工资变动的影响，并企图从中找出规律。李嘉图认为，当劳动要素的市场价格超过其自然价格时，劳动者能够得到更多的生活必需品和享用品，从而可以供应更多的人口。但是工人人口增加又会引起劳动的供给超过需求，于是劳动的市场价格又会降低到其自然价格以下。当劳动的市场价格低于其自然价格时，工人的生活状况就会急剧恶化，于是劳动的市场价格又会自动调节工资水平，使工资只等于工人维持最低限度生活资料的价格。从劳动的需求方面来看，工人人数只能决定劳动供给的一面，而劳动的需求则决定于资本数量的增减。李嘉图认为，如果资本积累的速度大于工人人口增长的速度，则对劳动的需求便会超过供给，工资就会上涨。但是，按照李嘉图的看法，资本积累的速度赶不上工人人数的增长速度，加之人口的增长必然使粮食等生活必需品涨价的速度加快，此时，工资就有下降的趋势。

李嘉图的工资变动规律是以马尔萨斯的人口论为基础的。马尔萨斯人口论与李嘉图学说相结合而成的劳动理论的核心是设法降低一国过高的人口增长率，以求获得其长远福利。关于相对工资，李嘉图从劳动价值出发论证了工资和利润的相互关系，说明劳动创造的价值在工人和资本所有者之间进行分配，前者得到工资，后者得到利润。工资的升高或降低，只会引起利润的减少或增加，而不影响商品的价值。

综上所述，从配第到李嘉图，虽然每个人对工资有不同的理论论述，对揭示工资的本质也都有不同程度的表达，但基本上他们均认为工资水平决定于维持工人自身及其家庭生存所必需的生活资料的总价值或价格。所以，后人把古典经济学派的工资理论称为维持生存工资理论。维持生存工资理论并未解释为什么在某一时期、某些地区工人的工资趋向高于维持生存的水平并继续维持这种水平的现象，不能正确地说明工资水平变化的趋势，也未能深刻地揭示工资的本质。所以，维持生存工资理论是一种初级的工资理论，后来被其他经济学家的工资理论替代。但工资必须保证劳动者生存所必需的生活资料这一见解，却给我们带来了有益的启示，也为确立最低工资保障制度提供了理论支撑。从劳动力市场供求关系角度揭示工资升降现象的原理也给我们带来了一定的启示。应该明确的是，"维持生存"和"劳动力供求关系"虽然会影响工资水平，但是起决定性作用的应该是劳动生产率以及经济效益。

5．约翰·斯图亚特·穆勒的工资基金理论

19 世纪上半叶，穆勒和其他学者提出工资基金理论，认为如果雇用劳动者的就业总基金不增加，或者竞争就业的人数不减少，工资总金额是不可能增加的；同理，如果用于购买劳动要素的资本资金不减少，或者领取工资的劳动者人数不增加，工资是不可能下降的。因此，工资决定于劳动者人数和用于购买劳动要素的资本资金之间的比例。简而言之，可以说工资决定于资本。

穆勒这一理论说明以下两点。第一，工资不是由生存资料决定的，而是由资本决定的。工资是资本所有者全部资本的一部分，是资本所有者的资本用于补偿机器设备的消耗、购买原材料等生产资料耗费以后剩余的部分。资本的这一部分在一般情况下是固定不变的，构成了一个社会的工资基金（也叫劳动基金）。第二，在工资基金的总量确定后，工人的工资水平就取决于工人人数的多少。工资总量已确定，如果工人人数多，每个工人的工资就少；如果工人人数少，每个工人的工资就多。工资实际上取决于工人和资本的比例。

8.3.2　近代经济学中的工资生成理论

近代经济学中的工资生成理论主要有边际生产力工资理论、均衡价格工资理论、集体谈判工资理论等。此外，还有与工资分配有关的人力资本理论等。

1．边际生产力工资理论

边际生产力工资理论是由约翰·贝茨·克拉克（以下简称克拉克）提出的。他把旧的庸俗经济学的资本生产力论和19世纪70年代的边际效用论的分析方法结合起来，构成边际生产力工资理论来作为其分析工资的理论基础。克拉克把边际生产力分为劳动边际生产力递减和资本边际生产力递减两个层面。用劳动边际生产力递减解释工资的决定（他称之为决定工资的自然标准和工资规律），用资本边际生产力递减解释利息的决定（他称之为决定利息的自然标准和利息规律）。按克拉克的观点，工资取决于劳动边际生产力。

什么是劳动边际生产力递减？克拉克在分析这个问题时首先提出四个假设前提。①在整个经济中，不论产品市场还是要素市场均是完全的自由竞争，价格和工资不是由串通的协议或者政府的规定操纵的。②假定每种生产资源的数量都是已知的，而且顾客的爱好或者工艺的状态都没有发生变化。因此，年复一年地用同样的方法生产出同等数量的同样产品。③资本设备的数量被视为固定的，但假定这些资本设备的形式可以改变，并与可能得到的任何劳动力数量做最有效的配合。④假定工人可以互相调配并且具有同等效率，这意味着完全没有专业分工，对不同行业只有一个单一标准的工资率。

在这种“静态社会”的条件下，克拉克提出的劳动边际生产力递减的意思就是，如果工人的人数不断增加，起先产量会递增，但增加到一定数量后，每增加一个单位的工人，就使每个工人平均分摊到的工具设备减少，从而使每一单位劳动力的产品要比原来未增加工人时减少，因而追加的新工人的劳动生产力依次递减，最后增加的那一单位工人的劳动生产力最低。克拉克把最后增加的那一单位工人的劳动生产力称为边际生产力。根据边际生产力理论，克拉克认为工资取决于劳动边际生产力，或者说工资是由投入的最后一个劳动单位所产生的边际产量决定的。雇主雇用的最后那个工人所增加的产量等于付给该工人的工资。如果工人所增加的产量小于付给他的工资，雇主就不会雇用他；如果工人所增加的产量大于付给他的工资，雇主就会增雇工人。只有在工人所增加的产量等于付给他的工资时，雇主才会既不增加雇用工人的数量，也不减少雇用工人的数量（在决定工资时，不仅最后一个单位工人的工资取决于劳动边际生产力，而其他每一个单位工人的工资都由它决定）。

从图8-9中可以看出，边际生产力曲线是先上升而后逐渐下降的。

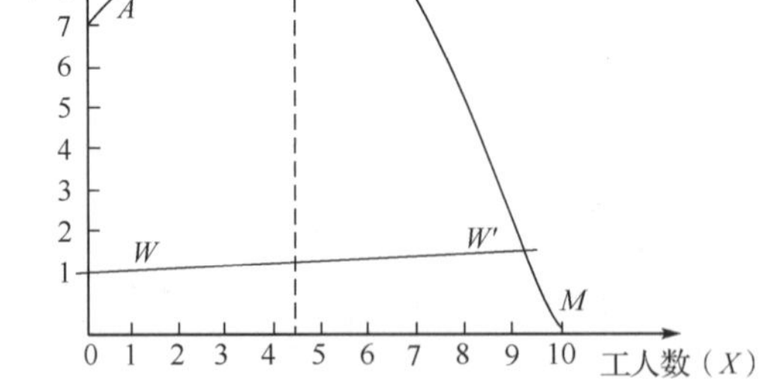

图8-9 边际生产力曲线

2. 均衡价格工资理论

马歇尔在其均衡价格论的基础上建立起均衡价格工资理论，均衡价格工资理论从劳动力供给和需求两方面来阐明工资的决定。从劳动力的需求看，工资取决于劳动力的边际生产力，厂商愿意支付的工资水平是由劳动力的边际生产力决定的。从劳动力的供给看，工资取决于两个因素：①劳动力的生产成本，即工人与其家庭所需的生活费用以及工人所需的培训和教育费用；②劳动的副效用或闲暇效用。

均衡价格工资理论认为，工资水平的决定是劳动力需求和供给两种力量作用的结果，如图 8-10 所示。

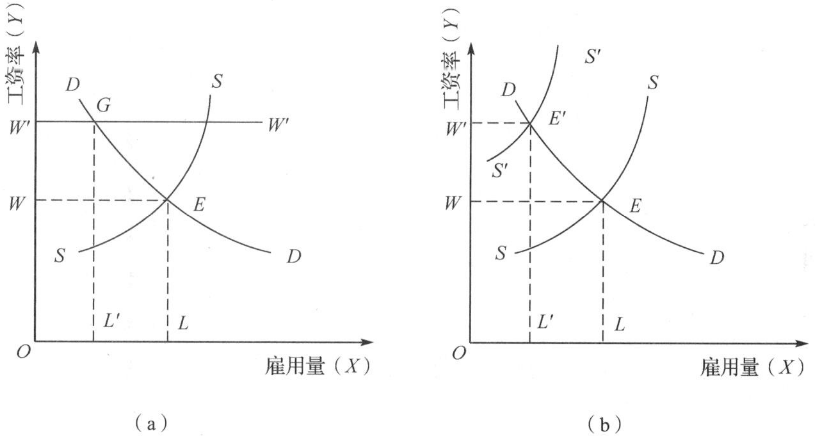

图 8-10　集体谈判对均衡价格工资的影响

在图 8-10 中，*DD* 为劳动力需求曲线；*SS* 为劳动力供给曲线；*E* 为均衡点；*OW* 为均衡工资率；*OL* 为均衡条件下的雇用量。

劳动力供给价格逐渐上升的初期，供给量会逐渐增加。但劳动力价格高到一定程度后，尽管价格还继续提高，劳动力的供给量却不再增加，甚至还会减少。这是因为工资高到一定程度后，劳动者对货币工资的需求就不那么迫切了。

3. 集体谈判工资理论

早在 18 世纪，亚当·斯密等经济学家就注意到集体谈判对工资决定的影响。19 世纪末至 20 世纪初，克拉克、庇古等经济学家对此也做过研究。但是，由于劳工群体的弱势地位，人们对工资集体谈判的研究进展不大。二战以后，发达资本主义国家的工会会员人数增多，工会力量增强，工会在工资决定中的作用引起人们的高度关注，集体谈判工资理论应运而生。对这一理论做出重要贡献的经济学家有多布、邓洛普、张伯伦、厄尔曼、里斯等。

集体谈判工资理论认为，工资的决定取决于劳资双方在工资谈判中双方抗衡的力量。开始是雇主与单个劳动者之间的工资谈判，后来由于工会力量的发展壮大，劳资双方的工资谈判也就趋向于集体方式，即资本家组织与工会组织之间的集体交涉。在现代西方经济学中，工会被视为劳动力供给的垄断者（卖方垄断），因而能够控制劳动者供给量和工资量。所以，集体谈判工资理论又被视为工会起作用条件下的工资决定理论。但是，一些西方经济学家认为，这与均衡价格论并不矛盾，它只是说明在不完全竞争的劳动市场上，用均衡价格论来决定工资。如图 8-10（a）所示，工会人为地提高工资率，即将工资率从 *OW* 提高到 *OW'*。原来劳动力供给和需求的均衡点为 *E*，*OW* 为均衡工资率，*OL* 为均衡条件下的雇用量。现在，雇主受到劳动边际生产力规律的支配，将会自行把雇用量从 *OL* 减少到 *OL'*（工资率为 *OW'*的条件下，劳动需求曲线由 *DD* 与 *W'W'*相交于点 *G*）。所以提高工资率达到的效果和工会直接限制劳动力供给的效果是一样的。

如图 8-10(b)所示，工会通过限制劳动力供给，使劳动力供给曲线由 *SS* 移到 *S'S'*。这样，供需曲线相交点由点 *E* 移到点 *E'*，工资率从 *OW* 上升到 *OW'*，雇用量从 *OL* 下降到 *OL'*。

4．人力资本理论

人们在进行投资时，总是想在未来得到高于投资额的一定回报，否则就不愿意投资。人力资本理论主要研究人力资本的内容及其形成，以及人力资本投资的收入效应。人力资本理论不是工资决定理论，但它对工资的决定有影响。我们在研究工资管理工作和工资分配问题时，应该掌握和运用人力资本理论的有关内容。

8.4 工资制度和水平设计与员工激励

工资理论实际上是价格理论，即劳动力市场上的价格理论。所谓工资理论也就是寻求解释哪些要素决定了工资水平的理论。这实际上是假定企业是一个不能打开的“黑匣子”，可以发现投入，也可以发现产出，但人们不知道内部的结构是什么。问题在于只有这样一种分析方法是远远不够的。从个人的角度来看，员工关心工作的合理回报，这决定了他的劳动力供给（如工作时间和流动方向），在长期还会影响他的人力资本投资。而从组织的角度来看，一方面，企业要将员工的工资作为总运营成本，即劳动的成本部分加以考虑；另一方面，在组织内部，如何通过工资制度的科学设计，以及通过有竞争力的工资水平，来解决各类员工（特别是高层管理人员）的激励问题，也是现代劳动经济学理论关注的重点。

8.4.1 工资与生产率的关系

传统上，我们认为劳动力是同质的。劳动力的工资反映了同质劳动力的供求价格。当讨论人力资本的时候，我们改变了“劳动力是同质的”的假说。由于教育和培训，即人力资本投资的作用，劳动力的异质性成为基本的命题。这样，一个员工的生产率，因为人力资本投资所导致的能力不同而产生了不同的生产率。前面我们引入了补偿性工资理论，但上述假说和基本命题都没有改变。即员工作为一个劳动力进入企业，他的生产率是给定的，工资自然等于他的边际生产率。实际上，这一假说存在问题。人不同于机器，人的生产率是浮动的，是一个区间，而不像机器的生产率是一个恒定的量。决定一个劳动力生产率是处于区间的下端，还是处于区间的上端的因素是企业对员工的激励。因此，从企业内部来观察，工资制度设计的焦点，本质上是对员工激励目标及其实现手段的研究，也是对工资和生产率本质特征认识的深化。工资制度设计是企业工资管理的出发点和难点。

首先，从员工的招募来看，我们知道现代人力资源管理已经发展出各种各样的招募技术，如人员素质测评、面试方法等。为了提高对新招募员工的真实情况的了解，有的企业通过工作实习，以及与其以前工作过的企业的上级电话访谈等方法，尽可能地获得对员工真实情况的了解。即使如此，企业对员工的生产率也不可能完全把握。因为不同的员工往往有不同的工作习惯，而这对生产率有很大的影响。不仅在雇用前，甚至在雇用后的一段时间内，人们都对此难以了解。或者是因为观察不到，或者是因为观察的成本太高。其次，我们看到，一个员工在不同时间或不同工作环境下的生产率不是一成不变的，这取决于激励机制。就如同我们在现实生活中看到的，有的人在某企业总是偷懒，生产率低下，而换到另一个企业，一下子就如同变了一个人，变得勤奋起来，生产率有了很大的提高。为什么呢？不是这个人的能力在短短的数月间，发生了变化，而是因为他所处的外部环境发生了变化。这就是人们讨论的不同的企业具有不同的激励机制。显然，在一定的时间内，员工的生产率是其个人天生的能力、后天的努力程度，以及环境（如价值导向的企业文化、其他雇员的行为等）的函数。所以，我们得出一个结论，员工不会简单地盲目服从雇主的命令，雇主如果强制或命令他们达到较高的生产率，效果往往是不理想的。对劳动者管理的要点在于发挥其主观能动性，即调动员工的积极性，这就需要借助于管理的技巧和行之有效的工资激励制度。

正是由于上述原因，企业为达到对员工最大的激励，必须选择适当的管理战略和工资决策。从经济学的理论来讲，在选择管理战略和工资决策的过程中，企业的管理者不得不面临对各种决策的成本和收益的衡量，并需要经常将二者加以对比和权衡，并最终做出有利于提升企业生产效率的决策。

8.4.2　委托—代理关系与工资制度设计

1. 委托—代理关系

在市场经济条件下，我们可以把雇主和雇员的关系，视为一种委托—代理的合同关系。即雇主是委托人，他通过提供工作合同，委托雇员来完成他所希望完成的工作目标和任务；而雇员是代理人，他通过签订和接受合同上所规定的条款，按照雇主的要求，执行雇主所期望的工作任务。当然，这种显性的合同关系只是一方面，实际上还存在隐性的合同内容，即非正式的契约关系内容。在以合同或契约为纽带的劳动关系中，雇主和雇员各自追求的目标实际上是不同的，雇主追求的是财富的最大化，而雇员追求的是自身效用函数的最大化。由于两者追求的目标不同，雇员就有摆脱雇主控制的倾向，产生机会主义的行为，发生所谓的“道德风险”问题，甚至做出违背雇主利益的事情。为什么呢？其原因在于以下两个方面。

一是信息的非对称性。由于雇员的很多行为难以观测，雇员在签订合同前后，其工作的实际努力程度是他的私人信息，因此雇主直接观测雇员行为从而获得信息有很大的局限性。在委托—代理关系中就出现了道德风险问题。雇员有可能选择非雇主所要求的努力水平，或者可能背离雇主的愿望。

二是合同的不完全性。在合同签订过程中，人们不得不考虑存在的三种交易成本。①人们把合同关系中可能发生的各种情况，即完整的信息都一一考虑到，并估算出应对计划需要付出的成本；②合同形成，要进行谈判，谈判是有成本的；③合同出现纠纷时，需要第三方解决争议，也需要一定的执行成本。因此，人们签订的合同不可能是完善的，雇主不可能事先通过明确的合同来规定雇员的各种行为，以减少雇员的“越轨行为”。

上述雇主和雇员的委托—代理问题的解决，关键在于建立一整套激励和约束机制，促使雇员采取适当的行为，最大限度地增进雇主的利益。其中最重要的是实行激励性的工资制度。

2. 工资制度设计

什么样的激励制度和措施是有效的呢？加强对员工的监督显然是一个最直接的办法。在任何企业中，都存在着监督。而问题在于严密的监督也存在成本。获取员工工作的所有信息，不仅需要成本，而且可能因为决策调整缓慢，影响工作效率；另外，在现代企业中，监督者本人也是该企业的员工，也存在着监督者本人需要被监督的激励问题。解决不了员工的激励问题，最终也会损害企业的利益。因此，严密的监督并非一个好的制度选择。

引入员工的工资与工作业绩相挂钩是一种好的激励思路。问题在于，假定工作业绩都能衡量，员工的工资与工作业绩完全挂钩，也存在着一些难点。比如，如何解决由于不可控制的原因导致的工作业绩浮动的问题。不增加额外风险的工资，员工不乐意。如果完全按照固定的工资制度给工作付酬，又如何解决员工的道德风险问题呢？不过有一点是值得肯定的，国内外的人力资源管理都证明，工资一旦与工作业绩脱钩，肯定影响员工能力的发挥。在实行业绩管理为基础的激励性工资中，还有一个难点是企业提出的工作目标和员工努力达成的结果的衡量问题。这也是我们在企业人力资源管理中经常遇到的考核问题。尽管我们知道，考核是将实际的工作情况与规定的工作目标加以比较。问题在于，实际的情况比较复杂。一个人没有完成工作目标可能是他不努力的结果，也可能在工作过程中超越了他个人所控制的范围，如外部因素的变化。超出个人努力控制的范围越大，业绩管理对个人的激励作用就越小。因此，业绩管理制度有两个要求：一是要提高业绩测量对个人努力程度的敏感性；二是工资是否反映了企业所期望的工作目标和工作行为，以及两者的一致性如何。再进一步讲，这涉及工作业绩目标的制定问题。比如，工作目标包括哪些方面，是否我们都已经观察到了，或者观察到后是否能够衡量，以及如何衡量。这些对业绩工资、激励制度来说，是十分重要的。

除工资制度外，激励问题还涉及员工对企业的忠诚度，以及员工对该企业在社会上的相对地位的感觉。事实证明，员工愿意而且确实能够对自己的企业产生强烈的认同感，对生产率构成十分重要的影响。因此，制定有利于培养员工忠诚度的政策，形成良好的企业文化，也是企业对员工激励的重要手段。不过，从劳动经济学的角度看，研究对员工的激励的焦点仍然是不同工资支付方式对工作效率的影响。

8.4.3　效率工资理论的要点

除上述讨论的各类员工工资制度设计外，员工工资水平高低的设计和确定，对吸纳、维系员工也有十分重要的意义。在讨论企业劳动力需求时，我们假定企业是工资水平的发现者或接受者。由此判断，员工工资水平越低越好，因为企业的人工成本越低，企业才会获得更高的利润。实际上，企业也是工资水平的制定者。而这种制定出的工资水平，并非越低越好。因为在一个充分流动的劳动力市场，工资承担了劳动力市场信号的功能，员工会对工资水平进行内外比较。一个企业要想吸纳、维系优秀的员工，就必须将员工的工资保持在“领先型”，至少是“匹配型”的水平上。

一般来说，企业制定工资水平所遵循的原则应具有内部公平性和外部竞争力。前者是说，工资水平的制定要体现内部一致性原则，在此原则的指导下，开展工作分析、工作评价和工资等级的设定。后者是说，工资水平与外部相比要有竞争力。因此，企业要开展市场工资水平调查工作，其原因在于企业要在对员工的职位工资比较中找到依据。员工也会在与企业内不同人的工作职责、工作技能和劳动力市场中的同职位人的工资水平的比较中，感到公平，获得激励。一个企业如果通过高工资，达到了高生产率，换句话说，通过边际收益与边际成本（工资）相等的提升达到了利润最大化，即获得了效率的提升，这就达到了所谓效率工资的目的和要求。与传统的边际生产率的工资理论不同，效率工资理论认为，员工的生产率取决于工作效率，工资提高会使员工工作效率提高，故有效劳动单位成本（工资、福利、培训费用）下降，生产率反而提升。这是为什么呢？

1. 工资提升会产生刺激效应和惩罚机制

一个员工逃避工作义务，即偷懒的程度与解雇的代价成反比。而解雇的代价是因偷懒而被发现的概率及因此被解雇而发生的工资收入损失的函数。为了增加因偷懒而被解雇的代价，给员工支付高于其他企业的工资，增加被解雇的代价，即被解雇的机会损失，便是一个有效的方法。这种方法会改进员工的工作刺激，从而提高效率。当然，另外一种增加因偷懒而被解雇的代价的方法，就是保持较高的失业率。找到新工作的概率较小，也会增加被解雇的代价。

2. 逆向选择效应和筛选机制

人们的能力与人们愿意接受的最低工资有关，因此企业的现行工资会对它将招聘到的员工的质量产生重要的影响。那些在本企业个人生产率高于现行工资的员工，将会向高工资的企业求职。对低工资的企业而言，其平均生产率随工资下降而下降，因为工资降低会导致更多高生产率的员工退出这一企业的求职者的行列。

3. 流动效应和效率机制

从企业的人工成本核算来看，总劳动成本比工资成本更重要。总劳动成本是变动成本（工资）和准固定成本（如培训和雇用成本）之和。辞退率的增加对变动成本影响不大，但会导致准固定成本的增加，因为需要更多的招聘支出和新员工的培训支出。提高工资，表面上是增加了劳动成本，实际上是降低了辞职率，这对企业来说最终是降低了成本，提高了效率，可能是合算的。

4. 社会伦理效应和认可机制

在劳动力市场上，工作的条件、雇用合同的决策过程，以及一个人相对其他人的工资水平的高低，对员工的心理感受而言，都是十分重要的。如果员工感到不公平，他们可能会辞职或降低努力程度，使自己的努力与工资对等，所谓“按酬付劳”。相反，当员工相信自己获得的待遇公平时，不但会增加对企业的忠诚度，而且会努力工作，回报企业。因此，吸纳和维系优秀的员工，就有必要将工资水平维持在一定的高度，这样才有利于工作效率的提高。

当然，值得注意的是，效率工资理论只是在员工与企业保持长期的雇用关系的情况下才会有效。显然，对一个随时准备辞职的人来讲，解雇并非一种有效的惩罚。因此，企业在制定工资水平时也存在效率工资理论的适应性问题。

【本章小结】

工资是企业的一项成本或费用，也是劳动者的劳动报酬和维持其生活的基本来源。从古典经济学的创始人到现代经济学的大师，西方经济学家们都试图以合理的理论来解释工资现象，从而形成了各具特色的工资理论。不管这些理论有多大差异，但还是有共同点，其共同点是对一定时期内劳动者的工资水平及其变动以及不同劳动者群体工资差别的一般规律的理论解释。这些解释对我们今天的社会生活仍然具有重大意义。我国在建立和完善社会主义市场经济体制中，制度性建设成为一个亟待解决的重大课题。其中，以工资制度为核心的分配制度建设，是人们最为关注的问题之一。采用什么样的工资制度，包括工资分配的原则、工资形式、工资水平、工资差别、最低工资等。宏观上讲，工资制度关系到国家的政治安定；微观上讲，工资制度涉及一个企业的效率。职业福利是间接薪酬，指企业在工资和社会保险之外，以员工为对象而提供的各种福利设施和福利项目的总称。在借鉴西方发达国家历史经验的基础上，我国探索出符合国情的、既保证效率优先又兼顾公平的工资制度，建立起具有中国特色的工资理论体系。

劳动力的工资作为劳动力市场的重要指示信号，一方面它取决于劳动力市场的供给和需求等诸多因素；另一方面它也引导整个社会劳动力资源配置，引导和改变着企业的生产、交换和分配行为，以及引导着个人对职业的选择、人力资本的投资及流动的地点的选择等行为。

工资是雇用劳动力的报酬。作为现代意义上的雇用劳动力的货币报酬形式，工资的产生和发展则是工业革命以后的事情。影响工资确定的因素可分为内在因素和外在因素两大类。内在因素是指与工作特性及状况有关的因素，它包括员工的劳动和工作努力程度、职务高低与权力大小、技术与训练水平、工作的时间性、劳动条件，特别是工作的危险性、附加福利、风俗习惯以及年龄和工龄等要素。

工资的一般形式包括基本工资、计时工资、计件工资和员工福利。经典政治经济学中的劳动价值论是社会主义工资生成理论的主要来源。西方经济学中工资生成理论，如边际生产力工资理论、均衡价格工资理论、集体谈判工资理论和人力资本理论等，对我们有借鉴意义。

【复习思考题】

1. 什么是工资理论?
2. 古典学派的工资理论的主要观点有哪些?
3. 简述克拉克的工资理论的基本内容。
4. 边际生产力工资理论和均衡价格工资理论的联系与区别是什么?
5. 集体谈判是怎样影响工资生成与变动的?
6. 试述效率工资理论的要点。

【案例分析】

国家统计局发布了 2018 年平均工资数据。城镇非私营单位就业人员年平均工资最高的三个行业分别是信息传输、软件和信息技术服务业（147 678 元），金融业（129 837 元），科学研究和技术服务业（123 343 元）。

2018 年城镇非私营单位就业人员年平均工资为 82 461 元，比上年增长 11.0%，增速比上年加快 1 个百分点，扣除价格因素，实际增长 8.7%，如图 8-11 所示；城镇私营单位就业人员年平均工资为 49 575 元，比上年增长 8.3%，增速比上年加快 1.5 个百分点，扣除价格因素，实际增长 6.1%。

近半数省份提高最低工资标准

国家统计局人口和就业统计司副司长孟灿文表示，一系列稳增长、促改革、调结构、惠民生、防风险政策措施效果不断显现。国民经济运行稳中有进，就业形势总体稳定，企业效益较快增长，激发重点群体活力的收入分配政策开始发力，为城镇单位就业人员年平均工资继续保持较快增长奠定了坚实基础。

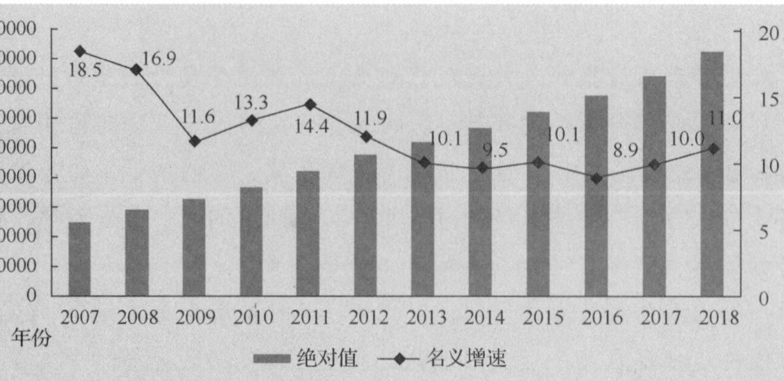

图 8-11 2007—2018 年城镇非私营单位就业人员年平均工资及名义增速

此外，2018 年，有近半数省份提高了最低工资标准，一些省份的最低工资标准增幅较大，如广东省从 1300 元涨至 1550 元，增长 19.2%。最低工资标准的提高为低工资群体提供托底保障，从而在一定程度上推动了城镇单位就业人员平均工资水平的增长。

分四大区域看，2018 年城镇非私营单位就业人员年平均工资由高到低依次是东部、西部、中部和东北，分别为 93 253 元、75 755 元、68 969 元和 65 411 元，同比名义增长率分别为 10.0%、10.9%、12.7%和 9.9%。最高和最低区域的平均工资之比为 1.4，与上年持平，如表 8-2 所示。

表 8-2 2018 年城镇非私营单位分地区就业人员年平均工资

地　　区	2017 年	2018 年	名义增长率
合计	74 318 元	82 461 元	11.0%
东部	84 809 元	93 253 元	10.0%
中部	61 193 元	68 969 元	12.7%
西部	68 323 元	75 755 元	10.9%
东北	59 514 元	65 411 元	9.9%

新兴行业年平均工资较快增长

新业态新模式的蓬勃发展，推动新兴行业年平均工资较快增长。2018 年全年移动互联网用户接入量比上年增长 189.1%，电信业务总量比上年增长 137.9%，推动城镇非私营单位电信、广播电视和卫星传输服务业年平均工资增长 11.7%，增幅比上年提高 2.1 个百分点。

2018 年实物商品网上零售额超过 7 万亿元，比上年增长 25.4%。与之相对应的是，城镇非私营单位批发和零售业年平均工资增长 13.1%，增幅比上年提高 3.7 个百分点。

科研领域年平均工资增长速度也较快。2018 年城镇非私营单位科学研究和技术服务业年平均工资增长 14.4%，增幅比上年提高 2.8 个百分点，高于全国年平均工资，增幅比上年提高 3.4 个百分点。其中，研究和试验发展、专业技术服务业、科技推广和应用服务业年平均工资分别增长 15.7%、13.2%和 15.9%，增幅分别比上年提高 3.9、2.2 和 2.3 个百分点。

孟灿文指出，创新投入力度持续加大，2018 年全国研究和试验发展经费支出增长 11.6%，科技领域实行“放管服”改革，且针对科研人员的收入分配政策逐渐生效，调动了科研人员的积极性，科技创新成果丰硕，科技成果转化率显著，为科研领域年平均工资增长创造了条件。

部分服务行业工资稳步增长

随着居民收入水平和消费能力持续提升，人民对美好生活的需求不断提高，文化、体育、健康养老等社会事业持续发展，相关行业的就业人员工资水平继续提高。

数据显示（见表 8-3），2018 年城镇非私营单位文化艺术、体育和娱乐业的就业人员年平均工资增长 12.3%，增幅比上年提高 2.4 个百分点。其中，文化艺术业、体育业、娱乐业分别增长 11.2%、27.5%和 19.5%，增幅分别比上年提高 0.5、5.2 和 14.7 个百分点；以健康养老为主的社会工作行业年平均工资在上年增长 14.6%的基础上又增长了 12.8%。

表 8-3　2018 年城镇非私营单位就业人员分行业年平均工资

行　业	2017 年	2018 年	名义增长率
合计	74 318 元	82 461 元	11.0%
农、林、牧、渔业	36 504 元	36 466 元	−0.1%
采矿业	69 500 元	81 429 元	17.2%
制造业	64 452 元	72 088 元	11.8%
电力、热力、燃气及水生产和供应业	90 348 元	100 162 元	10.9%
建筑业	55 568 元	60 501 元	8.9%
批发和零售业	71 201 元	80 551 元	13.1%
交通运输、仓储和邮政业	80 225 元	89 380 元	11.4%
住宿和餐饮业	45 751 元	48 260 元	5.5%
信息传输、软件和信息技术服务业	133 150 元	147 678 元	10.9%
金融业	122 851 元	129 837 元	5.7%
房地产业	69 277 元	75 281 元	8.7%
租赁和商务服务业	81 393 元	85 147 元	4.6%
科学研究和技术服务业	107 815 元	123 343 元	14.4%
水利、环境和公共设施管理业	52 229 元	56 670 元	8.5%
居民服务、修理和其他服务业	50 552 元	55 343 元	9.5%
教育	83 412 元	92 383 元	10.8%
卫生和社会工作	89 648 元	98 118 元	9.4%
文化、体育和娱乐业	87 803 元	98 621 元	12.3%
公共管理、社会保障和社会组织	80 372 元	87 932 元	9.4%

传统行业企业效益大幅改善

随着供给侧结构性改革深入推进，钢铁、煤炭等行业去产能深入推进，高耗能、高污染行业转型升级加快，企业效益大幅改善。

2018 年石油和天然气开采业、非金属矿物制品业、黑色金属冶炼和压延加工业、化学原料和化学制品制造业等行业利润比上年分别增长 4.4 倍、43%、37.8%和 15.9%，这些行业的就业人员年平均工资增长速度也较快。

以城镇非私营单位为例，上述四个行业年平均工资分别增长 18.6%、13.6%、18.5%和 13.4%，增幅分别比上年提高 7.6、5.4、2.8 和 3.5 个百分点。另外，煤炭开采和洗选业就业人员年平均工资在上年增长 16.3%的基础上，又实现了 15.8%的高增长。

随着工业向中高端加快迈进，2018 年装备制造业投资增长高于全国投资平均水平，相关行业的就业人员年平均工资增长速度也较快。

其中，通用设备制造业，专用设备制造业，铁路、船舶、航空航天和其他运输设备制造业，电气机械和器材制造业，计算机、通信和其他电子设备制造业，仪器仪表制造业等行业年平均工资分别增长 10.6%、14.0%、11.8%、11.0%、9.3%和 13.4%，增幅分别比上年提高 0.9、5.6、2.8、3.8、3.8 和 4.6 个百分点。

孟灿文表示，基础设施建设进一步加强，交通运输业新建扩建里程大量增加，带动行业年平均工资增长。

2018 年城镇非私营单位的交通运输、仓储和邮政业年平均工资增长 11.4%，增幅比上年提高 2.5 个百分点。其中，铁路运输业、道路运输业、水上运输业、管道运输业、装卸搬运和仓储业年平均工资分别增长 12.7%、10.7%、16.8%、20.9%和 21.9%，增幅分别比上年提高 1.8、2.9、8.3、11.6 和 11.9 个百分点。

资料来源：http://finance.sina.com.cn/roll/2019-05-14/doc-ihvhiqax8536296.shtml

思考题

传统行业企业效益为何大幅改善？

第 9 章 劳动力市场歧视

学习目标

1. 理解劳动力市场歧视的概念及类型。
2. 掌握劳动力市场歧视理论。
3. 了解发达国家和地区劳动力市场歧视问题制度建设。
4. 了解中国的农民工就业歧视现象。
5. 掌握工资收入歧视。
6. 掌握劳动力市场歧视的测量。

关键术语

劳动力市场歧视、歧视偏好模型、统计歧视模型、垄断歧视理论、职业隔离、排挤理论、市场歧视问题、工资收入歧视、歧视的测量

导入案例

恐慌性歧视：全国首例乙肝歧视案

2003 年 6 月 30 日，芜湖市人事局在芜湖境内组织实施了公务员招录考试。张先著报考芜湖县委办公室经济管理职位，并在近百名竞争者中综合成绩排名第一。张先著在体检时，被指定的铜陵市人民医院诊断为乙肝“小三阳”，医院出示的结论是“不合格”。在随后的解放军 86 医院复检中，医院出示的结论还是“不合格”。9 月 25 日，芜湖市人事局以“两对半检测”不合格为由，宣布对张先著“不予录取”。

10 月 18 日，张先著向安徽省人事厅提请行政复议；10 月 28 日，安徽省人事厅做出“不予受理”的决定，理由是体检不合格的结论是由主检医生和体检医院提供的，不是芜湖市人事局做出的行政行为；11 月 10 日，张先著向新芜区人民法院提起了行政诉讼，诉讼理由是“人事部门歧视乙肝患者”；3 天后，张先著接到了立案通知书。

在庭审中，张先著及其律师提出，张先著所谋求的芜湖县委办公室经济管理职位与乙肝没有联系。一方面，除了 1984 年的《病毒性肝炎防治方案》中规定乙肝患者不能输血之外，其余都没有对乙肝患者从事的职业做出限制。医院没有权力对一个人做出不符合公务员体检标准的具有强制性的结论。另一方面，芜湖市人事局依据安徽省人事厅 1999 年做出的《安徽省国家公务员录用体检实施细则（试行）》，将 7 种乙肝患者排斥在公务员行列外，这种行为违反了《中华人民共和国宪法》第三十三条第二款“中华人民共和国公民在法律面前一律平等”的规定。

资料来源：http://edu.sina.com.cn/l/2004-06-15/73000.html

9.1 劳动力市场歧视的概念及类型

9.1.1 劳动力市场歧视的概念

歧视是一个带有明显贬义的词汇，它意味着对待个人或由个人组成的某个团体不公平公正。

劳动经济学中的劳动力市场歧视是指具有相同生产率特征的劳动者仅仅因为他们所属的人口群体具有一些非经济的个人特征引起的不同而受到不公平的对待。这里所指的非经济的个人特征，主要是指种族、性别、肤色、年龄、家庭背景、民族传统、宗教、身体外形和原有国籍等。

9.1.2 劳动力市场歧视的类型

按照劳动力市场歧视的概念，劳动力市场歧视可以分为以下四种类型。

1. 工资收入歧视

工资收入歧视指从事相同工作的员工，一部分人由于非经济的个人特征导致所获工资收入低于另一部分人。可见，工资收入歧视是由劳动生产率差别以外的因素引起的。

2. 雇用歧视

雇用歧视指在其他条件相同的情况下，甚至部分劳动力供给者具有更好的劳动力供给条件，但是由于这部分劳动力非经济的个人特征而遭到雇主的拒绝，因而承受着不适当的失业比重。

至今，世界各地还普遍存在着女性在劳动力市场上遭受歧视的不公平现象。

3．职业歧视

职业歧视指在劳动力市场上，某些劳动力即使完全有能力胜任，却因非经济的个人特征被限制或禁止从事某些职业，或者被排挤到同一职业中的过低档次的位置上。

4．人力资本投资歧视

人力资本投资歧视指某些劳动力因非经济的个人特征只能获得较少的正规教育、在职培训及健康照顾等机会。在我国一些落后地区，女孩受教育的机会往往低于男孩。在美国，黑人与白人相比，往往受到较少的教育或较低等的教育。

前三种歧视通常被称为后市场歧视，或被称为当前市场歧视和直接市场歧视，因为这三种歧视出现在劳动力进入劳动力市场以后。最后一种歧视通常被称为前市场歧视，或被称为过去市场歧视和间接市场歧视，因为这种歧视出现在劳动力进入劳动力市场以前。

9.1.3　国内劳动力市场歧视现状

我国劳动力市场也存在着形形色色的不公平现象。一些企业歧视观念严重，再加上劳动力市场运行不规范，相关的法律监督不到位，劳动力市场歧视的现象并不乐观。

目前，我国的劳动力市场歧视有以下五种。

1．性别歧视

在劳动力市场上，性别歧视最为普遍。很多企业招用员工时存在性别歧视的现象。无论在招聘广告中，还是在实际招聘活动中，对女性的歧视都表现得十分明显。

2．年龄歧视

在一些招聘广告中，我们经常看到有关年龄的限制性条件。比如，招聘文秘人员，一般要求是女性，年龄要求是 22～28 岁；招聘部门经理一般都要求在 35 岁以下。如果求职者年龄在 40 岁以上，求职将十分困难，很难找到适合自己的工作。

3．经验歧视

在一些招聘广告中常常有经验要求，这使一些没有工作经验的求职者望而却步。其实，有些职位对经验的依赖并不多，只要经过短期的接触或培训即可胜任。

4．身高歧视

某地区教育部门重新认定教师职业资格时，规定身高在 160 厘米以下的男性不得当教师。这项“规定”使一位身高在 160 厘米以下的授课多年的男老师面临下岗的威胁。

5．户籍歧视

一些大城市规定求职者须有“本地户口”，这就是“户籍歧视”。此外，血型歧视和姓氏歧视在企业招聘中也偶有发生。目前，《中华人民共和国劳动法》第十二条规定，劳动者就业，不因民族、种族、性别、宗教信仰不同而受歧视。

9.2 劳动力市场歧视理论

经济学家对歧视问题进行了大量分析和实证研究，并形成了一些重要的模型和理论，包括歧视偏好模型、统计歧视模型及垄断歧视理论等。但必须明确的是，到目前为止关于劳动力市场歧视现象的解释尚未形成统一的理论，原因有三点。第一，经济学家对劳动力现象的研究起步比较晚。英国经济学家弗朗西斯·埃奇沃思于 1992 年最早展开对劳动力市场歧视的经济分析，而有关这一领域最早的书籍则是美国经济学家加里·贝克尔于 1957 年出版的《歧视经济学》。第二，歧视是劳动力市场甚至整个社会中比较复杂的现象，它可能表现为各种假象，并以各种不同的形式出现。第三，劳动力市场歧视的根源广泛而且复杂，往往超出了经济学的研究范围。经济学的分析建立在理性假设的基础之上，而歧视更多表现为非理性的行为，经济学在解释非理性行为方面存在严重不足。尽管如此，我们还是有必要对经济学家们曾经提出的一些重要理论和模型进行阐述。

9.2.1 歧视偏好模型

歧视偏好模型是建立在个人偏见基础上的。美国经济学家加里·贝克尔在歧视偏好模型中把歧视看成歧视者的一种偏好或爱好，即如果一个人具有歧视偏好，为了与一些群体为伍而不与其他群体为伍，他将愿意直接或间接地牺牲一部分收入来为此支付成本，或者为此放弃某些收入。无疑，加里·贝克尔的歧视偏好模型是建立在负效用基础上的，即歧视者会因歧视而承担额外的成本。根据个人偏好的来源，加里·贝克尔进一步将歧视分为三种类型，即雇主歧视、顾客歧视和雇员歧视。

1. 雇主歧视

雇主歧视是指雇主对具有某种特征的劳动力存在偏见，因而在雇用劳动力时倾向于选择自己偏好的群体，或者将较好的职位分配给这些群体，或者向他们支付较高的工资。雇主歧视面临的最大挑战在于歧视性雇主似乎追求的是效用最大化（减少雇用有偏见的劳动力可以增进雇主的效用），而不是利润最大化。但是，根据新古典经济学理论，在完全竞争的市场中，企业只有实现利润最大化才能获得正常的收益，凡是无法实现利润最大化的企业将受到惩罚，最终将被淘汰。因此，在新古典经济学理论框架内，雇主歧视是根本不可能存在的。

在现实中，那些可以不必为了维持生存而追求利润最大化的雇主往往存在于那些具有垄断力量的企业。由于垄断企业可以获得超额利润，因此这些企业的所有者或管理人员有能力，同时也有动力去追求利润最大化以外的其他目标，如效用最大化。有证据表明，在受到管制、存在垄断的市场上，歧视现象更多。一项研究发现，在受到管制的行业中，相互竞争的行业在某一区域中的数量越少，则女性雇员在该行业总就业人员中所占的比例就越小。另外一项研究则发现，当政府解除对某些行业的管制之后，这些行业之间的竞争加剧，那些在该行业中受到偏爱的群体获得的工资奖励将被削减。因此，对雇主歧视的解释只能从劳动力市场的非竞争性入手。

2．顾客歧视

工资和职业歧视也可能由于顾客的原因而产生。比如，一些顾客在某场合只喜欢男性所提供的服务，而在另一些场合却只喜欢女性所提供的服务。如果顾客对男性的偏好扩大到较大的社会职业范围，而他们对女性的偏好又仅仅限于熟练程度较低的社会服务职业范围，就会发生对女性的职业隔离。女性想要在具有顾客偏好的男性工作的岗位上谋得一个职位，就要接受比一般男性更低的工资待遇或投入更高的人力资本。尽管顾客歧视意味着顾客要支付比不存在顾客歧视的条件下更多的成本，但他们却获得了可以自由享受歧视的效用。只要顾客愿意这样做并且有这样做的经济实力，他们就可以尽情享受这种歧视给他们带来的"满足"。这与雇主歧视不同，它只与效用有关而与利润无关。确切地说，顾客歧视是指消费者在消费时存在偏好，他们更倾向于接受某种群体所提供的服务或者购买某些企业或群体所生产的产品。一般来说，顾客歧视更容易发生在那些与顾客直接接触的服务行业中，而在那些与顾客不直接接触的工作场所，如工厂的生产车间，顾客歧视则不容易发生。

顾客歧视会导致那些不被顾客偏好的劳动力群体处于不利的就业地位，他们必须接受较低的工资或降低服务及产品的价格。例如，一项考察顾客歧视对收入差距影响的研究指出，在控制甲自雇劳动者与乙自雇劳动者的其他特征后，甲的收入仍然比乙的收入低 19%左右。这可以看作顾客歧视对不同劳动力群体收入差距作用的结果。

除了影响收入差距，顾客歧视还会导致职业场所的相互隔离，尤其是在那些与顾客有较高程度接触的职业中。受顾客偏好的影响，一些雇主往往会选择雇用特定的劳动力群体，并为这些劳动力群体支付较高的工资。因此，顾客歧视还会强化雇主歧视。与那些不受影响的雇主相比，受影响的雇主必须向有偏好的顾客收取更高的服务价格。理论上，顾客会因为雇主收取较高的商品或服务价格而改变自己的偏好。但是，由于他们在这些商品或服务上的消费可能占总消费的比例很小，因此尽管歧视行为为这些顾客带来了额外的成本，也不足以改变他们的行为，顾客歧视或将继续存在下去。

3．雇员歧视

雇员歧视是指在工作场所中，某种类型的雇员不愿意与另一种类型的雇员相互合作。

然而，如果雇主本身是非歧视性的，那么他们为什么还要支付更高的工资来留住或吸引那些具有歧视偏好的雇员呢？或者说，如果雇主追求利润最大化，雇员歧视又怎么会存在呢？一种解释可能是离开这些劳动力，任何雇主都不可能维持正常的生产和经营活动。另外一种解释可能是企业中早已形成了一套与晋升相关的潜规则。换言之，放任雇员歧视的存在，雇主的成本可能非常高，但是要遏制这种歧视，迎合雇员歧视的方法之一就是在工作场所进行人为的隔离，尽量使不同群体的雇员之间不产生直接的联系。虽然在一个企业中对雇员实行隔离缺乏经济上的可行性，但是仍然可以按照职位来进行。

此外，西方社会有这样一种情况，在一些由非妇女和少数民族成员把持的传统职业领域，妇女和少数民族成员在近些年被雇用，而白人雇员却在早些时候就按照一整套可能与晋升有关的隐性合同被雇用了。一旦企业改变雇员实践，就意味着雇主对自己的承诺反悔，而这种情况很可能会使长期雇员的士气低落，那么企业将有利益损失的风险，不愿意承担风险的企业，就将尽力去适应一部分雇员的歧视偏好。因为一部分雇员歧视的存在对雇主来说虽然成本可能很高，但是要想摆脱他们，成本可能会更高。雇主迎合一部分雇员歧视的方法之一是在隔离的前提下进行雇用，这样，不同人群背景中的雇员就不会彼此发生联系，虽然在一个企业中完全对雇员实行隔离缺乏经济上的可行性，但是还是有可能按照职位来进行的。

9.2.2 统计歧视模型

如果群体特征成为企业雇用决策的组成要素，那么统计歧视就有可能出现。统计歧视的定义是，将一个群体的平均特征视为该群体中每一个个体所具有的特征，并断言个体具有平均特征而不具有个别特征。如果说该群体确实具有这些特征，从一定意义上说，这种判断是正确的、真实的和客观的，但是由此断定群体中的许多个体，这种判断就不正确了。关于统计歧视的一个最典型的非劳动力市场案例就是汽车保险。一般来说，保险公司对年轻男性司机收取的保险费率要比对女性司机收取的保险费率高得多，这种保险费率的差异就是基于累计的真实证据，也就是说在统计的意义上，年轻男性司机群体比女性司机群体更容易发生安全事故。然而，尽管许多年轻男性司机与女性司机的平均事故率几乎持平甚至更小，但是这些男性司机仍然因统计歧视而需要缴纳较高的保险费。

很容易理解为什么统计歧视会在劳动力市场中发生作用。一般来说，雇主总是希望雇用生产率最高的员工来填补其空缺的工作岗位。然而在现实中，雇主往往很难在雇用之前知道某个求职者的实际生产率究竟是怎样的。在理论上，劳动力的生产率与教育水平、年龄及过去的工作经历等密切相关，因此雇主会试图搜集求职者的这些信息，甚至对每位求职者进行测评，来判断他们的潜在工作能力。但是，一方面，雇主在获取求职者的个人信息时面临较高的成本，而且搜集到的信息是有限的。另一方面，雇主也很难凭借求职者的个人信息和测评成绩等有限信息，准确判断出他们雇用的求职者是否具有较高的生产率，这些因素都只不过是关于求职者实际生产率的一种并不完全的“指示器”，它们只不过在某种程度上为决策提供了一些辅助性信息。虽然求职者个人的实际生产率往往很难准确判断，但是在实践中雇主常常发现具有某一特征的求职群体可能比其他群体有更高的平均生产率。因此，雇主常常通过种族、年龄、性别等群体平均特征来决定雇用哪位求职者，雇主利用群体平均特征代替群体内个体特征来判断个体生产率的过程就是统计歧视。产生统计歧视并不是因为雇主的歧视偏好，而是因为关于求职者实际生产率的信息严重不对称，雇主获取这些信息的成本较高，为了降低雇用风险，雇主只能利用求职者所属群体的平均生产率进行评估。

统计歧视模型可能为劳动力市场中的学历歧视提供了较好的解释。2006 年，劳动和社会保障部（2008 年与人事部合并为人力资源和社会保障部）发布的一项调查显示，在中国有近 2/3 的求职者感到自己或多或少遭遇就业歧视，而其中学历低的求职者的受歧视感更为强烈。这是为什么呢？根据统计歧视模型，这是因为雇主由于很难了解求职者的真实能力，因而将求职者的能力与其学历挂钩，认为学历较高的群体平均而言可能具有更高的生产率，从而倾向于雇用学历更高的求职者。

统计歧视模型有两个重要含义。一是同一群体中的每一个成员之间的相似性越低，则雇主利用群体信息作为甄别手段所产生的成本就越高，也就是说，统计歧视给雇主带来的损失就越严重。例如，虽然雇主可能认为某个群体的平均生产率较低，但是在该群体中有一半求职者的真实生产率非常低，而另一半求职者的真实生产率却非常高，那么雇主就有可能因为统计歧视而放弃雇用那些真实生产率非常高的求职者。二是两个群体之间的相似性越高，统计歧视的代价也越高。但是，我们没有足够的理由认为统计歧视会在一段时期后消失。这可能是因为在现实中获取求职者详细信息的成本非常高，雇主只能通过统计歧视来使其雇用成本最小化，也就是说采取统计歧视的雇主最终是受益的。

统计歧视模型还说明，群体中个体差别越大，利用群体信息作为甄别手段所产生的成本越高。例如，越来越多的女性不想退出劳动力队伍去抚养子女，而希望从事全日制工作，雇主利用性别作为甄别手段，就会产生很高的成本。他们会拒绝很多能够长期为企业工作的女性求职者，而接受生产率较低的男性求职者。在任何情况下，使用不正确甄别手段的企业利润都比使用正确甄别手段的企业低。

9.2.3　垄断歧视理论

劳动力市场上的歧视现象与劳动力市场运行有关。有的经济学家认为，劳动力市场不是完全竞争的，而歧视正是由个别企业垄断造成的。歧视的动机往往不是偏见，而是货币收益。这是因为垄断企业有能力决定市场上的工资水平，这种市场运行的力量使制定具有歧视性的工资成为可能，歧视行为能增加歧视者的收入。在垄断市场结构中，某些劳动者，如年龄偏大的劳动者、女性劳动者，因缺少可供选择的雇主，只能接受具有歧视性的工资，从而使企业获得歧视利润。该理论在分析了因为劳动力市场上存在垄断，所以产生了歧视现象之后，提出了以下几种观点。

① 男性劳动者的工资水平将高于不存在歧视的情况下的一般工资水平。

② 女性劳动者的工资水平比男性劳动者的工资水平和不存在歧视的情况下的一般工资水平都低。

③ 企业的利润在歧视的情况下必然增加。比如，在歧视的情况下，男性劳动者的平均工资为 5 元/时，女性劳动者的平均工资为 3 元/时，男、女劳动者的平均工资为 4.5 元/时。此时，假设雇主雇用 9 人，其中 3 人为女性，则在歧视的情况下，企业的工资总成本为 39(3×3+5×6=39)元；而在不存在歧视的情况下，企业的总工资成本为 40.5(4.5×9=40.5)元。同样雇用 9 人，生产率相同，产出并没有变化，但工资总成本却下降了。

④ 在产品市场完全竞争的条件下，若其他竞争对手实施歧视性用人政策，而某些企业不这样做，其将因较高的相对人力成本而处于不利地位。

⑤ 市场竞争将导致歧视减弱的说法理由不充分，政府有必要采取公共政策措施应对歧视现象。

该理论的关键论点是，一些劳动力（如女性劳动力）的供给弹性小于其他劳动力（如男性劳动力）的供给弹性，这是由女性工资歧视导致的。在一些企业，没有参加工会的女性劳动力的供给弹性小于男性劳动力的供给弹性，因此导致女性劳动力的工资水平相对较低。

9.2.4 职业隔离与排挤理论

在西方国家，由性别歧视和种族歧视造成的职业隔离现象十分普遍。职业隔离是女性劳动力的供给弹性较低的基本原因之一，也是解释垄断歧视理论中以性别为基础的工资差别的关键，以职业隔离为基础的歧视理论，也称为排挤理论。

职业隔离，尤其是按照性别形成的职业隔离在现实中是存在的，并且也是较严重的，这使一些人认为，职业隔离是某些特定行业为了降低工资水平故意采取的“拥挤政策”造成的一种后果。如果用图形表示，这种“拥挤政策”是非常简单的，如图 9-1 所示。图 9-1（a）所表示的是这样一种劳动力市场状况：劳动力供给比劳动力需求相对而言要少一些，因此工资率(W_H)相对较高。图 9-1（b）所表示的是另外一种劳动力市场状况：由于市场过于拥挤，结果导致与劳动力需求相对应的劳动力供给过多，使工资率(W_L)相对较低。虽然“拥挤政策”的影响是很容易看出来的，但是拥挤现象本身却不容易得到解释。比如，男性劳动力和女性劳动力在某类工作中具有相同的生产率，那么有人可能会认为，正是因为女性人为地挤进某些特定类型的工作中，所以她们只能获得较低的工资，这种较低的工资反过来又使她们对于企业的吸引力更强，从而又使那些在其他类型的工作中使用男性劳动力的企业现在也转过来使用成本较低的女性劳动力，这种利润最大化行为应当会逐渐消除工资差别。

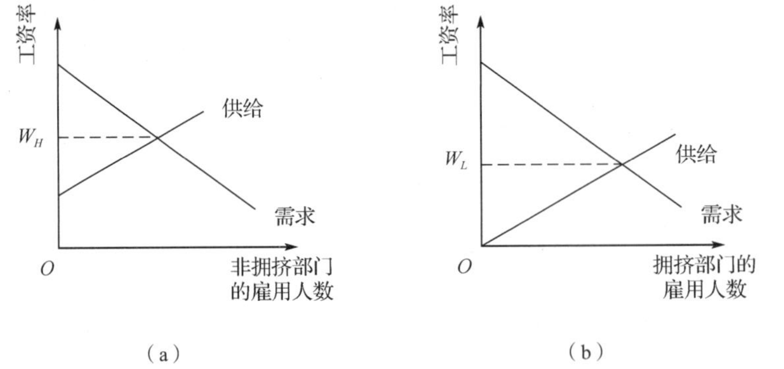

图 9-1 劳动力市场“拥挤”状况

然而，虽然我们非常清楚，只要职业隔离或拥挤现象尚未消除，那就说明在市场上仍然存在着一些非竞争性的人口群体（从而存在雇员流动障碍），但是我们仍然需要解释的是，为什么在一开始会存在这样一些非竞争性的人口群体。在过去的几十年中，经济学家们做出了各种各样的解释：把某些工作鉴定为“男性工作”，而把另外一些工作鉴定为“女性工作”的过程是通过社会习俗完成的；男性和女性之间要么存在先天能力上的差异，要么存在后天努力上的差异；男性和女性对买方垄断雇主的供给曲线有所不同，等等。虽然从寻求歧视的最终根源这一角度来看，这些原因都没有能够对问题做出完整的解释，但是一个不可否认的事实是越是女性占主导地位的工作，其工资率就越低，即使是在考虑到劳动力的人力资本差别之后，亦是如此。

9.2.5　双重劳动力市场歧视理论

一些西方经济学家认为，劳动力市场可以划分成两大不可竞争性类型，分别是高级劳动力市场和初级劳动力市场。高级劳动力市场的工作对应的是相对较高的工资率、较为稳定的就业岗位、良好的工作环境，以及进一步的发展机会；初级劳动力市场的工作则对应的是较低的工资率、不稳定的就业岗位、较差的工作环境、较低的技术水平和较少的职业发展机会。劳动力要想从初级劳动力市场流向高级劳动力市场十分艰难，在初级劳动力市场上寻找工作的劳动力似乎无法在高级劳动力市场上找到一份工作。该理论认为，在劳动力市场上，大部分妇女和农村转移进城的劳动力大都在初级劳动力市场上就业，这就导致了一种长期延续下来的对他们的歧视。这种歧视的态度会进一步导致妇女和农村转移进城的劳动力在初级劳动力市场上更加频繁地进出劳动力市场，加大了工作的不稳定性。

9.3　劳动力市场歧视问题制度建设

9.3.1　美国消除歧视的政策

从肯尼迪政府开始，美国联邦政府就制定了同劳动力市场中的歧视现象做斗争的一系列法律法规。这些法律法规中最重要的是《民权法》和《平等工资法》。其中，1964 年通过的《民权法》奠定了美国联邦政府在就业方面的政策基础，该法第七条规定，任何雇主凡因某人的种族、肤色、宗教、性别或原有国籍的不同而拒绝雇用或解雇某人，或者在就业报酬、条件、期待方面对某人进行歧视都是违法的行为。该法律在 1972 年又进行了修改。为了更好地执行该法律，美国国会还专门成立了平等就业机会委员会。此后，《民权法》被授权可以由该委员会对违法雇主提起诉讼。为了扩大法律的影响，法庭允许原告将诉讼扩大到“团体行动”，法庭可以就某一组织的就业活动对整个工人群体的潜在歧视性影响进行判定。

此外，1963 年制定并通过的《平等工资法》就是针对歧视而制定的法律，该法律明确规定，对使用相同技术并在相同条件下工作的男女工人支付不同的工资是违法的。该法律所指的工作是指要求男女工人在相同的工作条件下具有相同的技能、努力程度和胜任工作责任感的工作。

9.3.2 日本消除歧视的政策

日本为了消除男女雇用机会的差别，在雇用条件、员工安置和晋升等方面，颁布执行了《男女雇用机会平等法》，该法明确规定，禁止在教育培训、福利医疗、退休退职和解雇等方面对女性差别对待。该法于 1986 年 4 月开始实施，其要点如下。

1．关于就业机会与劳动待遇方面的均等

雇主的责任：①招聘、录用员工时，必须向女性提供与男性均等的机会，在工作岗位安排与提升方面要努力做到女性与男性均等；②在退休、解雇方面禁止设置女性与男性不同的条件，禁止以婚姻、妊娠等作为解雇女性员工的理由；③在教育培训以及福利方面禁止女性与男性差别对待。为此，日本在各都道、府、县设立机会均等调停委员会，对有关纠纷进行调停。

2．关于女性员工劳动保护规定的修改

①废除担任管理职务、技术职务女性员工在制度时间以外以及节假日进行工作的限制规定；②废除担任管理职务、技术职务以及其他由政府部门认可的职业的女性员工在深夜进行工作的限制规定；③承认女性在妊娠期、围产期以外可以参与部分政府行政部门认可的低度危险及有害性工作。

9.3.3 中国消除歧视的政策

为了消除劳动力市场歧视问题，我国政府也出台了很多法律、法规和政策。例如，《中华人民共和国劳动法》（以下简称《劳动法》）第十二条明确规定，劳动者就业，不因民族、种族、性别、宗教信仰不同而受歧视；《劳动法》第十三条规定，妇女享有与男子平等的就业权利。在录用职工时，除国家规定的不适合妇女的工种或岗位外，不得以性别为由拒绝录用妇女或者提高对妇女的录用标准。由此可见，我国《劳动法》是明确主张保护劳动者的平等就业权，反对就业歧视的。

此外，我国《残疾人就业条例》第八条规定，用人单位应当按照一定比例安排残疾人就业，并为其提供适当的工种、岗位。用人单位安排残疾人就业的比例不得低于本单位在职职工总数的 1.5%。

9.4 中国的农民工就业歧视现象

人力资源和社会保障部于 2016 年发布了《人力资源和社会保障事业发展“十三五”规划纲要》，其中第七章第五节是“保障农民工合法权益”，提出全面加强为农民工服务工作。稳定和扩大农民工就业创业，加强农民工职业技能培训。依法维护农民工劳动保障权益，全面治理拖欠农民工工资问题。推进户籍制度改革，实施居住证制度，推动农民工及其随迁家属逐步平等享受义务教育、公共卫生服务等基本公共服务，有序推进农民工市民化。推动开展新市民培训，促进农民工实现社会融合，开展农民工市民化进程动态监测。

9.4.1　农民工的就业状况

人力资源和社会保障部劳动工资研究所 2016 年发布的农民工薪酬课题报告显示，2008 年前，我国农民工工资一直在低位徘徊，珠江三角洲地区甚至出现过 10 年间月均工资只上涨 68 元的情况。此后几年，农民工工资出现了“补涨”的态势，每年均有相应的涨幅，比如，2012 年、2013 年、2014 年、2015 年涨幅分别为 11.8%、13.9%、9.8% 和 7.2%。

上述报告数据显示，在“十二五”期间（2011—2015 年），农民工月平均收入年均增长 12.7%，从“十一五”末（2010 年）的 1690 元涨至“十二五”末（2015 年）的 3072 元。2016 年农民工工资的涨幅为 10%～15%，有些工种的涨幅甚至更高。值得注意的是，很多地区的农民工工资均以各地的最低工资标准为参照，从近年来全国最低工资标准的调整幅度来看，农民工工资还有较大的上涨空间。同时，根据人力资源和社会保障部公布的《2015 年度人力资源和社会保障事业发展统计公报》，2015 年全国城镇非私营单位就业人员年平均工资为 62 029 元，全国城镇私营单位就业人员年平均工资为 39 589 元，外出农民工人均年平均工资为 36 864 元。即便在工资持续上涨的情况下，农民工在法定工作时间内获取的收入，依然不到同年城镇非私营单位就业人员年平均工资的 60%，由此看来，农民工工资确实有较大的提升空间。

收入低、劳动强度大、工资增长缓慢、流动率偏高，是中国制造业一线工人面临的四大问题。中国制造业一线工人，特别是农民工的工资长期被严重剥夺。与工资剥夺相对应的是农民工超时劳动，而且很难依法获得额外补偿。在许多地区，加班加点已经成为农民工增加收入的主要来源。湖北省的调查显示，若减去加班工资、高温津贴等，实际上有近 1/3 的职工工资徘徊在最低工资标准附近。

造成农民工工资被剥夺的原因很复杂，既包括市场性的因素，如制造业属于充分竞争的产业，劳动力供大于求；也包括其他因素，如在制造业私营经济占主导地位，劳动关系不规范，工会组织力量薄弱，很难通过集体谈判与集体合同等手段来有效地保护劳动者的权益。

9.4.2　就业机会歧视

农民工因为身份、户籍等非相关因素而导致平等就业机会受到损害，在我国城市普遍存在着两个劳动力市场：一个是收入高、工作环境好、待遇好、福利优越的劳动力市场，可以叫作初级劳动力市场，这是属于城市人的；另一个是收入低、工作环境差、待遇差、福利低劣的劳动力市场，可以叫作次级劳动力市场，这是属于农民工的。二元的劳动力市场和就业制度使农民工无法获得与城市人同等的劳动资格，城市人所从事的工作，农民工不是不能干，而是因为他们没有城市户口而不被允许。因此，农民工只能进入次级劳动力市场，而次级劳动力市场上，农村劳动力的大量过剩使劳动力供大于求，所以农民工随时面临被解雇的命运，就业状况极不稳定。同时，有些城市对农民工进行总量控制，限制其职业和工种，采取先城后乡的就业政策等。哈耶兹曾指出，在市场经济中，应保护自然的不平等，消除人为的不平等。具体到农民工就业，被选择的标准不应该是人为制定的带有歧视性的政策，可惜的是农民工由于农民身份和户籍制度，无法自由地进入劳动力市场，即使被接纳，也只能被限制在次级劳动力市场中的脏、险、苦、累的岗位上。

9.4.3 工资拖欠问题久拖不决

收入保障是劳动者最基本的权益。但是，当前农民工工资拖欠问题在中国仍然没有得到彻底解决。根据中华全国总工会的调查，2003 年中国农民工被拖欠的工资总额竟高达 1000 亿元。近年来，各地各部门按照党中央、国务院部署，治欠力度不断加大。据人力资源和社会保障部统计，通过各种专项活动，2016 年 11 月 15 日至 2017 年 1 月 15 日，已为 76.65 万名农民工追讨欠薪 92.04 亿元。然而，当前保障农民工工资支付的工作面临的压力依然很大。一方面，工程建设领域存在的深层次矛盾还没有得到有效解决，依然是发生欠薪的重灾区。另一方面，当前我国经济下行压力仍然较大，实体经济困难状况尚未根本好转，钢铁、煤炭等行业产能过剩矛盾还很突出，这不但增加了工程建设领域的欠薪风险，而且导致其他行业的欠薪问题明显增多。据人力资源和社会保障部统计，2013—2015 年，全国查处的欠薪案件中，有 80%以上的案件和金额属于工程建设领域，而施工单位出现的拖欠工资问题，多数是经济承包纠纷与劳动纠纷交织在一起，形成很长的债务链，增加了解决欠薪的困难。产生这种现象的原因有以下三个方面。一是市场竞争激烈，产业发展不规范。例如，在房地产行业，建筑企业为了在竞争中获得合同，被迫为房地产开发项目垫资，这就造成了房地产开发商拖欠建筑企业的资金，而建筑企业又拖欠农民工的工资，最终导致农民工成为这一拖欠链条上的牺牲品。二是为了降低管理成本、规避劳动关系的制约，部分企业在录用农民工时采用很原始的“包工头”制度，直接将项目分包给“包工头”，避免与农民工建立任何劳动关系。这种管理方式的一个重大缺陷是将农民工面临的风险直接转嫁到更不负责任的“包工头”个人身上。“包工头”拖欠工资甚至卷款逃跑为农民工的权益维护造成了更大的困难。三是有关部门的劳动执法及监察不力，对这类问题缺乏快速反应机制和解决农民工欠薪问题的长效机制。

9.5　工资收入歧视

9.5.1　工资收入歧视的定义

工资收入歧视指从事相同工作的员工，一部分人由于非经济的个人特征导致所获工资收入低于另一部分人。

9.5.2　歧视性工资差别的表现形式

歧视性工资差别有两种表现形式：一是女性劳动力和男性劳动力间的工资歧视，又称性别工资收入歧视；二是黑人劳动力（以及其他少数族裔）和白人劳动力间的工资歧视，又称种族工资收入歧视。

1．性别工资收入歧视

女性劳动力与男性劳动力工资收入存在差别的原因有女性工作特点和歧视两个方面。与男性相比，女性的工作特点如下：①女性在一个单位工作的时间短，工作经历的年限也少；②女性每年部分时间工作的比例高；③女性在离开学校后不加入劳动力队伍的时间长，工作中断的比例高；④女性在工作方面的限制条件较多，难以承担某些工作。据研究，工作特点可以解释女性和男性工资差别的 42%左右，其余的 58%则是由于性别歧视造成的。

由于工作特点造成的男女工资差别是正常的、合理的，劳动力市场工资价格机制正常运行必然出现这样的结果。然而，根据统计的概率来区别具有同等劳动生产率的男性和女性劳动力的工资收入是不公平的。性别歧视造成的工资差别，意味着男女劳动力同工不同酬，从本质上违背了劳动力市场工资价格机制。工资价格机制要求按劳动者的生产率（尤其是边际生产率）支付工资，歧视性工资差别压低了女性劳动生产率的工资，同时抑制了女性生产能力的发挥，对整个社会女性劳动力资源的合理利用也是一种限制和损害。

2．种族工资收入歧视

在美国劳动力市场上雇主给黑人劳动力的工资一直低于白人劳动力的工资，女性劳动力种族工资差别一般小于男性劳动力种族工资差别，而且前者下降的速度大大快于后者的速度。

种族工资差别还表现在按不同职业内容划分的黑人家庭和白人家庭的平均收入上。在每种职业类型中，黑人家庭的收入都低于相同类型白人家庭的收入，一般要低 13%～47%。在蓝领职业类型中，黑人家庭的收入与白人家庭的收入差距要小一些。农业职业类型的收入差距最大。

此外，还应特别提到，不但在不同劳动力群体间存在工资差别，而且在劳动力群体内部工资收入也不平等。采用基尼系数作为判断劳动力群体内部收入平均分配程度的指标，美国 1958—1977 年男性工薪收入者的基尼系数平均约为 0.358，女性工薪收入者的基尼系数平均约为 0.397，由此可见，女性收入不平等程度高于男性。收入不平等在劳动力市场上是不可避免的现象，据称这是为了获得效率而付出的代价。实际上，劳动力群体内部收入不平等是工资差别的另一种表现形式。

劳动力市场在工资上应该存在差别。没有差别，无法对不同质的劳动力给予不同的经济评价，更无法合理地配置和有效地利用劳动力资源。然而，劳动力市场歧视性工资差别应该被摒弃，它给相同的劳动力以不同的经济评价，从而造成劳动力资源的浪费和低效使用。

9.5.3 歧视性工资的测量方法

目前，有关理论介绍了一种被称为差额法的歧视性工资的测量方法。这种方法是以美国白人员工与黑人员工的情况为例加以说明的。

假定只有受教育的年限 E 是决定员工劳动生产率的唯一可变因素，用横轴来表示；向上倾斜的线 ω_b 是黑人员工收入函数图，它表示接受各种教育年限的黑人员工所获得的平均工资水平；斜线 ω_a 是白人员工收入的函数图，它表示接受各种教育年限的白人员工所获得的平均工资水平。假定工资歧视的结果是黑人员工接受同样的教育年限只能获得较低的工资，并且每额外多接受一年教育，也只能带来相应较小的边际货币收益。同样，由图 9-2 可知，ω_b 有比较平缓的斜率并位于 ω_a 之下。为了说明差额法的计算方法，再假定白人员工具有的平均受教育年限高于黑人员工所具有的平均受教育年限，为 E_2，黑人的平均受教育年限为 E_1，这样，根据图 9-2 中白人员工的收入函数曲线 ω_a，表明白人员工所获得的平均工资是 ω_a 上的 X 点，对应的工资水平为 W_3，黑人员工获得的平均工资是 ω_b 上的 Y 点，对应的工资水平为 W_1。所以，白人员工与黑人员工之间的工资差额为 W_3-W_1，该差额就是白人员工与黑人员工的平均工资差别。

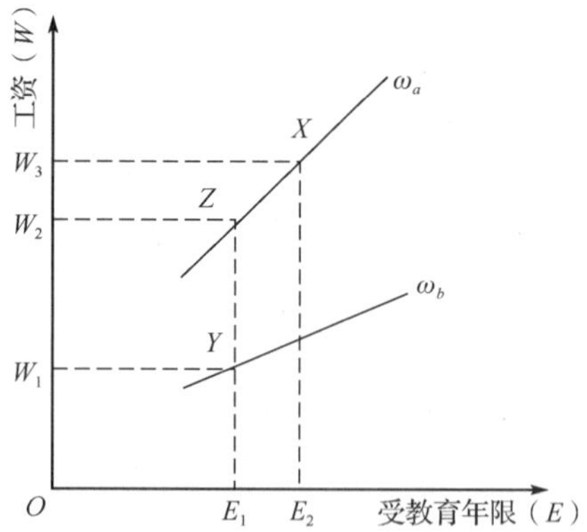

图 9-2 差额法图示

该理论认为，产生这一差别的部分原因是黑人员工的受教育水平和劳动生产率比白人员工的受教育水平和劳动生产率低，其他部分就是由歧视造成的。显然，差额法把白人员工与黑人员工之间的工资差额分解为两部分。一部分是在没有歧视的情况下的工资差额，即假定在没有歧视的情况下，获得同等教育程度的黑人员工的收入与白人员工的收入应当是相等的。如图 9-2 所示，当黑人员工受教育年限为 E_1 时，对应 ω_b 上的工资水平应为 W_1，当白人员工受教育年限也为 E_1 时，对应 ω_a 的工资水平应为 W_2，也就是现在 $W_2 - W_1$ 部分是由于黑人员工的较低的受教育年限和较低的劳动生产率水平的结果。而图 9-2 中的 $W_3 - W_2$ 所构成的差额是无法用正当理由加以解释的。这个差额最终无法归因于劳动生产率的差异，这部分就是由歧视所造成的工资差别。

在美国，根据差额法计算出来的结果，工资差别中有 53%是由劳动生产率的差别引起的，47%是由歧视引起的。这一统计结果说明黑人员工在没有歧视的情况下，每小时的收入会达到 4.92 美元，而不是 4.31 美元。而对白人女性员工和黑人女性员工来说，她们与白人男性员工由于歧视所产生的工资差别分别是 56%和 68%。研究表明，劳动力市场上黑人员工得到的工资由于歧视的原因与白人员工的工资差别可以达到 40%～60%。

如果这种测定法是准确的，则毋庸置疑，工资歧视行为是存在的，并成为导致不平等工资收入的主要原因。

也有人对差额法提出了不同的看法，认为可能会有多方面的原因，使这些计算不准确。

有人认为，差额法过高地估计了劳动力市场歧视的结果，这是因为歧视导致的工资差别是用工资差别的余额部分来衡量的，倘若引起白人员工与黑人员工劳动生产率差异的因素未能在收入函数中体现，如劳动态度与劳动经验等因素都会使劳动生产率水平产生差异，就会低估由劳动生产率差别导致的工资差别，从而过高地估计由于歧视产生的工资差别。

也有人认为，差额法过低地估计了劳动力市场上的歧视结果。如把黑人女性员工与白人男性员工的工资差别归结为在职培训，但如果较少的在职培训本身被看成一种歧视行为的话，那么，把它考虑在由于受教育程度差异而引起的劳动生产率方面的特征，就会过低地估计由歧视产生的工资差别。

9.6 劳动力市场歧视的测量

劳动力市场结果差异，如性别工资差距，是分析歧视问题的起点。显然，我们无法把观察到的性别或城乡户籍差异全部归因于歧视。同等生产力特征劳动者之间的工资差距，才是劳动力市场歧视的潜在证据。因此，经济学测量劳动力市场歧视的基本思路，就是在控制或排除所有生产力特征因素之后，再检验群体之间的劳动力市场绩效是否存在显著差异。首先，大家能够想到的是多元回归分析，即控制受教育程度等生产力特征，在其他条件一样的情况下，检验群体之间的差异和歧视程度；其次，大家能够想到的是

“实验设计”的方法，如虚构简历，模拟分析和检验生产力特征一样的两个群体，检验他们之间的差异和歧视程度。

9.6.1 测量歧视的回归分解方法

劳动经济学领域最早也是应用最广泛的测量歧视的方法是瓦哈卡·布林德针对平均工资差距的分解。假如两个不同的劳动者群体，比如男性（M）和女性（F），他们的平均工资存在差距，在讨论性别歧视对工资差距的影响程度之前，首先假定工资（W）与生产力特征存在线性关系，即

$$W_g = X\beta_g + \varepsilon_g,\ g = \mathrm{M},\ \mathrm{F} \qquad \text{（公式 9-1）}$$

其中，$E(\varepsilon|X)=0$，X 是影响工资水平的技能向量组合（如受教育程度、工作经验等），β_g 是有待估计的回归参数，ε_g 是误差项（包括无法观察的影响因素）。这个回归模型意味着，在控制生产力特征变量并通过回归方法估计出系数的基础上，男性和女性劳动力初始的平均工资差距（ΔW）可以分解为两部分：

$$\Delta W = \bar{W}_{\mathrm{M}} - \bar{W}_{\mathrm{F}} = \bar{X}_{\mathrm{M}}\hat{\beta}_{\mathrm{M}} - \bar{X}_{\mathrm{F}}\hat{\beta}_{\mathrm{F}} = (\bar{X}_{\mathrm{M}} - \bar{X}_{\mathrm{F}})\hat{\beta}_{\mathrm{M}} + \bar{X}_{\mathrm{F}}(\hat{\beta}_{\mathrm{M}} - \hat{\beta}_{\mathrm{F}}) \qquad \text{（公式 9-2）}$$

$\bar{W}_{\mathrm{M}}$ 和 $\bar{W}_{\mathrm{F}}$ 分别表示男性和女性的平均工资，$\hat{\beta}_{\mathrm{M}}$ 和 $\hat{\beta}_{\mathrm{F}}$ 是男性和女性工资回归方程的估计系数（生产力特征变量对应的支付价格）。其中，公式右边第一部分表示因生产力特征差异对工资差距的影响（可解释的部分），第二部分是不可解释的部分，可归因于性别歧视，因为是由于生产力特征的区别对待（回归系数不同）而导致的工资差距。

从上式中可以看出，当男性和女性的平均生产力水平不一样时，第一项就不可能等于零。因此，性别工资差距的一部分可能是由这两个群体在技能上的差别引发的。如果男性与女性的平均生产力特征完全一致，此时性别工资差距就来源于技能回报差异，因此衡量的正是工资歧视的程度。

在此基础上，可以拓展上面的方法，同时估计职业歧视和职业内部的工资歧视。该分解方法将职业选择因素考虑到工资方程中，将性别工资差距细分为职业内部和不同职业之间的差异，从而分离出职业隔离对工资差距的影响。具体而言，工资差异来源于职业内部和不同职业之间，职业内部的差异与瓦哈卡·布林德类似，可分解为源于职业内部男女劳动力的生产力特征差异和职业内部的工资歧视；而不同职业之间的差异，就是职业隔离对工资差距的作用，也可进一步细分为源于职业获得影响因素的差异（职业隔离可被受教育程度等技能因素所解释的部分），以及职业歧视的影响。此外，在性别工资差距问题研究中引入纵向职位隔离的作用，构建引入职位晋升机制的工资差距分解方法，可以同时考察和估计生产力特征差异、职业内工资歧视和晋升歧视对性别工资差距的作用。

9.6.2　回归分解方法存在的问题

回归分解方法对于测量劳动力市场歧视的有效性，很大程度上取决于是否能够观察和控制所有的生产力特征变量。如果影响工资的一些技能特征无法被研究者观察到，而没有纳入回归模型，“无法解释的部分”被认定为歧视是有问题的。

事实上，研究者几乎不可能观察和控制构成劳动者人力资本水平的所有变量。例如，研究能够观察和控制劳动者的受教育程度，其教育质量信息则是难以控制的。如果男性与女性，或是农村户籍劳动力与城镇户籍劳动力的教育质量存在系统的差异，那么使用回归分解方法就会得出错误的结果。例如，假设农村户籍劳动力普遍在教学质量低的学校里学习，在其他条件不变的情况下，这将导致具有同等教育程度的城乡户籍劳动力之间存在工资差距。因此，向具有同等的可观察生产力特征的劳动力支付不同的工资并不一定是歧视的标志，因为事实上，这两类劳动力真实的技能水平并不一致。

其结果是反对者总是能够指出遗漏生产力特征变量，从而质疑回归分解方法高估劳动力市场歧视的程度。即使研究者努力尝试把所有能够想到的，以及能够观察到的技能变量都纳入回归分析模型，仍然会被批评遗漏了诸如能力、偏好和行为动机等难以观察的变量，而这些变量在不同群体之间也总是存在差异的。有研究表明，相比经典的人力资本变量，学术界现在可以利用更多因素和机制对性别工资差距加以解释。例如，一些研究发现，非认知技能或人格特质，风险偏好、竞争意识等心理属性对教育获得、职业选择和工资收入等具有广泛影响，且非认知技能和心理属性存在性别差异，因而对性别工资差距具有潜在的解释作用，如果忽视这些变量，由研究工资差距的回归分解方法得出的结果就会存在问题。

然而，在工资方程中加入越来越多的控制变量，最终结果也可能掩盖劳动力市场的歧视证据。例如，劳动力市场存在两类行业（企业），一些行业（企业）针对女性或农村户籍劳动力存在严重的工资歧视，而另一些行业（企业）则没有工资歧视，如果劳动者对此完全知情并做出合理的规避，女性或农村户籍劳动力最终会选择进入没有工资歧视的行业（企业）。此时，在工资方程中控制行业（企业）的固定效应，就会得到劳动力市场没有工资歧视的结果，但它与实际情况完全是两回事。

此外，回归分解方法把由前市场歧视形成的生产力特征差异当作可解释的部分，因此，也可能低估歧视的影响。绝非巧合的是，与白人相比，黑人受到的正规教育较少，且进入教学质量较低的学校学习。与之类似，中国农村落后地区或城镇外来流动人口的随迁子女则没有机会接受高质量的正规教育。当他们进入劳动力市场之后，最终会因为人力资本累积较少，而获得与之相称的“公平工资”。由此，研究者也许会得出劳动力市场没有歧视而教育领域存在歧视的结论。但如果劳动力市场歧视能够作用于教育决策，这样的结论就是错误的。事实上，劣势群体在工作动力、受教育程度等方面的差别，反映了现实的和预期的劳动市场歧视。在某种程度上，至少是由于现实的和预期的歧视，女性和农村户籍劳动力才会选择特定的行业和职业，因为潜在的劳动力歧视降低了他们的预期收入，所以他们所受的教育较少，工作动力也较弱。

此外，回归分解方法面临的另外一种批评则是其对于描述现状非常有用，但对于因果关系的检验存在不足。回归分解方法主要通过排除可观测的生产力特征差异之后，间接而非直接地得到劳动力市场歧视的证据。尽管我们可以明确工资差异的程度，以及歧视所占比重，但我们无法明确知道歧视的来源及其作用机制。比如，我们无法识别和区分，不能被解释的工资差异究竟是源于雇主偏见还是统计性歧视。

【本章小结】

劳动力市场歧视是指那些具有相同能力、教育、培训和经历并最终表现出相同的劳动生产率的劳动者，由于一些非经济的个人特征引起的在就业、职业选择、晋升等方面受到的不公正待遇。劳动力市场歧视通常被分为以下几种类型：工资收入歧视、雇用歧视、职业歧视、人力资本投资歧视。到目前为止，还没有一种统一的劳动力市场歧视理论。比较有代表性的理论包括歧视偏好模型、统计歧视模型、垄断歧视理论等。经济学家往往在相关条律平等，但出现了不平等的结果时，推断歧视现象是否存在，并间接地测量歧视的程度。回归分解方法就是一种歧视测量方法。

【复习思考题】

1. 什么是劳动力市场歧视?
2. 劳动力市场歧视的类型有哪些?
3. 劳动力市场上有哪几种代表性的歧视理论?
4. 如何认识当前中国的劳动力市场歧视现象? 怎样缓解当前中国的劳动力市场歧视现象?

【案例分析】

女性就业“暗门槛”，怎么拆

“只限男生”“男生优先”……中国传媒大学女生小赵说起之前在招聘会上遇到的性别歧视就十分沮丧。虽然小赵有中央媒体实习经历，又有博士学位，但用人单位还是青睐男硕士毕业生，女博士的竞争力甚至不如某些名校男本科生。小赵说，求职面试时，还会被问到婚育计划、是否会生二孩等问题。

人力资源和社会保障部数据显示，2016 年高校毕业生有 765 万人，就业形势艰巨、复杂。在我国正式实施全面二孩政策后的首个毕业求职季，可能承担的两次生育会怎样影响女性毕业生求职就业? 女性就业这个老问题再次受到关注。

求职女性：不少人遭遇性别歧视

全面二孩政策实行后有媒体曝出："两个孩子的妈妈"成为女性求职者中有"优势"的人。然而这种"优势"背后，却从来不乏对女性的"就业歧视"。

据了解，招聘中的显性性别歧视包括：在招聘信息中注明限招男性，男性优先、已婚已育的女性优先，提高对女性的学历要求等。2014 年全国妇联妇女研究所课题组对北京、河北、山东应届本科毕业生展开调查，结果显示，86.18%的女大学生受到过招聘性别歧视。

"女性就业歧视的现象在毕业季经常遇到"。西安交通大学学生就业创业指导服务中心副主任李勇介绍，该校对此采取了措施，如让招聘单位先在学校就业信息网上注册，由就业创业中心审核，决不允许出现限定院校、性别、民族等歧视性招聘信息。但这尚不能完全解决问题。"有企业到学校招聘 20 人，其中只招了一个女生，校方也没有干涉的权力。"李勇无奈地说。

用人方：顾虑女性生育带来的用工成本增加

结婚、生育、就业，都是女性受法律保障的权益，但倾向于"不选穆桂英"的用人方，却有自己的考量。

全国妇联妇女研究所研究员马焱分析，用人单位主要顾虑女性生育带来用工成本的增加，包括经济成本、时间成本和运营成本等。女大学生工作后一旦结婚生子，产检假、产假和哺乳假随之而来，单位就面临人员紧缺、寻找替代劳动力的问题。

全面二孩政策实行后，各地相继修订地方计生条例，在国家规定的 98 天产假基础上延长了 1～3 个月，对女性生育是一种保障。"女员工休一次产假要影响一两年正常工作，薪资、保险等还要发，多生个孩子又意味多一倍的影响。"西安市一家民营制药企业人事资源部经理郭瑞林说。毕业工作不久后结婚生子是很多女生不得不面临的现实，如今，生育还可能是两次。

这样的"计较"会持续到女职工生育后。在我国传统观念中，打理家务、照料孩子，大多默认为女性的责任。由于这种中国传统家庭性别分工模式尚未打破，女性在养育孩子的过程中往往要比男性付出更多的时间和精力，更不用说有两个孩子的家庭。

资料来源：http://society.people.com.cn/n1/2016/0808/c1008-28617455.html

思考题

哪些是招聘中的显性性别歧视？

第 10 章 劳动关系

学习目标

1. 理解劳动关系的内涵及调整机制。
2. 学会分析中国的劳动关系现状及趋势。

关键术语

劳动关系、三方协商机制、集体协商制度、产业民主化

导入案例

中共中央、国务院印发《关于构建和谐劳动关系的意见》

2015 年 3 月中共中央、国务院印发的《关于构建和谐劳动关系的意见》，系统阐述了构建中国特色和谐劳动关系的重大意义、指导思想、基本原则、目标任务和政策措施。

劳动关系是生产关系的重要组成部分，是最基本、最重要的社会关系之一，劳动关系是否和谐，事关广大职工和企业的切身利益，事关经济发展与社会和谐。

该意见明确指出，我国正处于经济社会转型时期，劳动关系的主体及其利益诉求越来越多元化，劳动关系矛盾已进入凸显期和多发期，劳动争议案件居高不下，有的地方拖欠农民工工资等损害职工利益的现象仍较突出，集体停工和群体性事件时有发生，构建和谐劳动关系的任务艰巨繁重。

在新的历史条件下，努力构建中国特色和谐劳动关系，是加强和创新社会管理、保障和改善民生的重要内容，是建设社会主义和谐社会的重要基础，是经济持续健

康发展的重要保证，是增强党的执政基础、巩固党的执政地位的必然要求。

资料来源：http://www.xinhuanet.com//politics/2015-04/08/c_1114906628.htm

10.1 劳动关系概述

10.1.1 劳动关系的内涵

劳动关系是生产关系中直接与劳动有关的社会关系。劳动关系的含义有广义和狭义之分。狭义的劳动关系是指劳动者和用人单位（雇主）在劳动过程中形成的社会关系。广义的劳动关系是指人们在社会劳动过程中发生的一切关系，包括劳动力的使用关系、劳动管理关系、劳动服务关系等。劳动关系包括三个方面的内容。第一，劳动关系是与劳动过程相联系并在劳动过程中形成的。第二，劳动关系是以劳动者和用人单位（雇主）为基本主体构成的，但为实现劳动过程，作为社会生产过程的组织协调者的政府、作为劳动者利益代表的工会组织及作为雇主利益代表的雇主组织也是不可缺少的。第三，劳动关系的基本性质是社会经济关系。

劳动者的行为是在一定的劳动关系中发生的，或者说劳动者之间是以一定的身份，在一定的社会关系背景下发生联系的。劳动者身份与社会关系背景主要来自产权和劳动分工两个方面。由产权因素决定的社会关系被称为"劳资关系""工业关系""产业关系"，由劳动分工决定的社会关系被称为"业缘关系"。劳资关系和业缘关系又被称为"劳动关系"，这是广义的劳动关系；狭义的劳动关系仅指劳资关系。业缘关系是以职业为纽带而产生的一种人际关系，如上下级关系、同事关系、师徒关系和主客关系等，属于劳动社会学的研究范畴。劳动经济学研究劳动关系中的劳资关系。

劳动是人类最基本的社会实践活动，社会生产劳动是社会存在与发展的基础。从劳动过程的角度观察，劳动是劳动者运用其劳动能力、使用劳动工具、作用于劳动对象以创造满足自身需要的产品的实践活动。从社会生产的角度观察，生产过程则是生产诸要素，包括劳动、资本、土地、管理的组合投入，并各自发挥效应的过程。劳动过程在现象上反映人与自然的关系，但背后其实是人与人之间的关系，这种关系其实就是劳动关系。从这一意义上考察劳动关系，可以将劳动关系划分为三类。一是从业关系，反映劳动力与生产资料相结合的关系。二是组合关系，包括一般分工与特殊分工的关系。一般分工是宏观的组合关系，也就是国民经济结构关系，反映的是国民经济结构各部门或产业劳动力分配的比例与结构；特殊分工是微观的组合关系，也就是生产过程中的分工协作关系。三是分配关系，反映劳动产品如何分配。此种定义的劳动关系为劳动关系的广义解释。

狭义的劳动关系有多种理解方式，学者从不同的角度定义劳动关系。例如，高斯博和帕尔默在《英国的产业关系》一书中，将劳动关系表述为一种雇员通过提供体力和脑力劳动来换取雇主所提供的报酬的经济、社会和政治关系。在这种关系中，雇员投入自己的时间和专业知识为雇主谋利，以换取一系列个性化的经济和非经济的报酬。一般而言，劳动关系是指实现现实的生产过程中劳动者与劳动力使用者所形成的一种社会经济关系。这种关系存在的前提是劳动力的所有者与实现劳动力的物质条件相分离，这种分离以生产力长期发展为基础。劳动关系是生产过程中资本与劳动力结合的表现形式。

10.1.2 劳动关系的基本类型

劳动关系是财产权关系的另一种表现形式，生产要素分配给不同的所有者，以及财产权不可侵犯原则的作用，是劳动关系得以产生的前提条件。劳动者的行为和雇主的行为都是在一定的劳动关系中发生的，或者说分别以一定的身份，在一定的社会经济背景下发生联系。劳动关系直接体现生产要素的结构和关系。劳动力、资本、管理等要素在劳动过程中的地位、作用是通过劳动关系来体现的。劳动力产权的所有者即劳动者在劳动关系中是劳动主体，其行为目标是工资、劳动条件和职业的稳定性。在现代市场经济条件下，由于财产的所有权与经营权的变革，用人单位或雇主通常并不是资本产权的最终所有者，但享有资本的经营权——法人财产权。享有经营权或法人财产权的雇主在劳动关系中是用工主体，其行为目标是实现利润、效率和企业的市场形象。劳动关系双方利益的差异、摩擦，以及利益的冲突，导致人们在劳动过程中所产生的联系转变为劳动法律关系。在劳动法律关系中，任何一方当事人依据劳动法律规范而分别享有一定的权利、承担一定的义务，从而使当事人之间的行为具有法律意义，可以依法予以肯定或否定的评价。例如，劳动者使用劳动工具进行劳动，就绝不是一般劳动，而是具有多方面规定性的行为。劳动者有在劳动后向雇主索取劳动报酬，要求雇主提供符合国家规定的劳动条件等诸方面的权利；与此相对应，劳动者有遵守劳动纪律，保守雇主的商业秘密等诸方面的义务。

劳动关系在经济社会中是一种最为基础的社会关系。由于对劳动关系双方利益关系的性质和利益关系处理原则的不同，认识和调整劳动关系形成了几种具有代表性的观点，并可以依此划分劳动关系的类型。劳动关系类型的划分与劳动关系的研究方法有密切的联系。

1．阶级斗争的观点与利益冲突型劳动关系

（1）阶级斗争的观点

阶级斗争的观点认为，阶级矛盾和阶级斗争是社会发展变化的根本原因，阶级矛盾和阶级斗争是社会发展的根本动力。资本主义社会中的劳动关系所依存的经济组织——企业，是一个雇用组织，它是社会的缩影和复制品，社会的阶级矛盾必然反映到雇用组织之中。阶级矛盾的根源在于生产条件占有的不同，一方是劳动力产权的所有者——雇员，另一方是资本产权的所有者——雇主。资本与劳动的关系是资本剥削劳动，并以最大限度地获取利润作为这种劳动关系运行的根本目的。各种社会和政治组织的组成主要是由于各组织之间经济能力的差异，而所有社会矛盾与政治矛盾不过是经济矛盾的反映。

社会的矛盾反映到雇用组织中形成如下结构。

① 劳资矛盾。生产条件占有的不平等造成劳动的异化，劳动已经不是发展自己的主要力量，反而成为自己的对立面，成为压榨自己的异己力量。劳动已经成为资本剥削的材料。劳资矛盾是雇用组织中所有矛盾的根源，而这些矛盾是社会矛盾发展的结果。

② 工会发展。工会的出现和发展是劳动关系矛盾发展的反映。雇员加入工会，不但提高了与雇主抗衡的能力，避免了雇员之间的竞争，而且使自己加入了一个具有共同利益的社会团体。雇员在工会运动中所形成的团结和情谊转化为社会和政治体系中的阶级意识。工会活动是随着工人阶级的壮大而出现的政治行动，是为了达到经济与社会变革所进行的政治活动的重要组成部分，因此工会要达到其根本目标，必须使工会会员认识到工会的历史使命并按照工会既定的政策活动。

（2）利益冲突型劳动关系

研究者以阶级斗争的观点研究劳动关系，将劳动关系看作利益冲突型的劳动关系。劳动关系在冲突、斗争、妥协中维系和发展。在这种劳动关系没有被打破之前，劳动过程呈现出以下特征。第一，劳动与资本之间的关系是一种剥削关系，劳动与工资的等价交换使资本获得了超过劳动力价值的剩余价值，资本所获取的剩余价值造成了资本的增值。第二，资本积累要求不断扩大生产规模和降低劳动成本。第三，生产过程要保持持续发展，雇主必须建立并保持一种对生产过程的控制结构。第四，劳动过程的延续要求雇主与雇员达成某种共识，要求雇员做到对暂时的共同目标的妥协和对协调生产活动手段的认同。

以阶级斗争的观点研究劳动关系的学者认为，资本主义社会在 19 世纪和 20 世纪中期以前的劳动关系的基本特点是，雇主通过经验管理和科学管理等手段剥削雇员和雇员地位下降。他们认为，管理具有二重性：其一，管理是协作劳动的客观需要；其二，管理是资本的职能。在利益冲突型劳动关系中，运用科学管理的方法，如时间研究、动作研究、劳动定额标准研究、各类分工的发展，管理部门将工作分解为各项任务，再分配给每个雇员，使每个雇员或群体受制于生产产出的控制，这样一方面有助于资本的所有者达到提高生产效率、增加利润的目的，另一方面可以降低生产过程中资本的投入成本，减少工资支出，使生产成果与雇员的个人利益直接挂钩。雇主控制了劳动过程，使劳动关系发生了重大变化。雇员的利益随着工作的分解而多元化，很难形成个人利益焦点，雇员的收入取决于个人的劳动成果，集体谈判的重要性因而降低。

进一步，研究者认为，利益冲突型劳动关系的变化是雇主控制劳动过程方法的变化。一种新的控制劳动过程的方法是“分而制之”。这种方法要求将雇员分为两类：一类是核心雇员，他们的技能、经验、知识是企业长期发展与盈利的基础，劳动力市场的替代比较困难；另一类是“边际”雇员，这些雇员的作用和职能与企业的长期发展和竞争力的联系不大，劳动力市场的替代极为容易。雇主对两类雇员采用不同的管理策略，使两类雇员产生分歧，减少雇员对雇主各种管理控制手段的抵制。

另一种新的控制劳动过程的方法是“灵活控制”。如对劳动过程除了采用科学管理手段和技术方法进行直接控制，还可以采用多种形式的“责任自治”“共同协商”“劳动成果承包”等方法进行间接控制。这些方法在形式上似乎提高了雇员的地位，使之具有一定的自我控制的权力，实际上这些方法被严格限定在一定范围内使用，这有助于降低管理控制的成本、保证雇主的利益，并达到提高生产效率的目的。

以阶级斗争的观点研究劳动关系的学者认为价值创造和价值分配应是统一的。谁创造价值，价值就应当归谁所有。劳动创造了价值，为共同利益做了必要扣除后就应当归劳动者分配，价值就应当归劳动者所有。资本等生产要素不创造价值，就不能参与分配，这否定了资本、管理等生产要素，以及其他物化劳动在价值创造过程中的必要作用，忽视了资本所创造的社会生产力对价值创造的意义，忽视了科学技术通过积累劳动在创造价值和剩余价值中的作用。价值的创造是一个十分复杂的过程，它首先是劳动过程，但不仅是劳动力作用的结果，它还是劳动、资本及与之密切联系的科学技术、管理等多重因素综合作用的结果。不承认这一点，就可能忽视各种形式的积累劳动和知识劳动的作用。分工及机器的广泛使用，确实可以使劳动的差别越来越小，但这只是机器在生产过程中的应用对劳动造成的一种趋势。与此对应，还存在着另一种对劳动者知识、经验与技能的要求越来越复杂的趋势。在当代，存在于劳动者身上的人力资本，在某种意义上说，同样属于物化或积累劳动的结果，而人力资本或劳动者的知识、经验、技能等对价值的创造也发挥着巨大的作用。此外，以阶级斗争的观点研究劳动关系，在剩余价值创造过程的分析中是以生产过程为中心，忽视了市场制度在其发展过程中，由劳动力商品的特殊性导致的一种社会、自我调节机制的功能，包括劳动法、社会法的调整机制的功能，仅仅重视工会组织的政治和社会功能，忽视工会在保护雇员群体经济利益功能的进步意义。

2. 多元化的观点与利益协调型劳动关系

（1）多元化的观点

多元化的观点认为，在企业这个雇用组织中，存在着相对离散的权力和权威，存在着管理权和所有权的分离。企业是由雇员和雇主组成的，在雇员与代表雇主利益的管理方中有着不同的群体，每个群体都有自己的利益、目标和头面人物（正式的或非正式的）。因此，企业这种雇用组织不是单一结构的，而是多元结构的。群体之间会在利益分配、权力安排等方面发生矛盾。在这种情况下，企业应当通过各种方式和程序，对不同群体之间的矛盾加以协调，以保证其能够长久地存在。多元化的观点对雇用组织内部矛盾实质和工会作用的看法如下。

① 雇主与雇员的矛盾。雇主与雇员的矛盾不但包括劳资纠纷、抱怨、怠工、罢工和关闭企业，而且包括一系列在管理方与工人组织之间发生的对立和冲突。多元化的观点认为，双方的矛盾是合理的、合乎逻辑的。矛盾源于双方在雇用组织中的不同目标。就雇主来说，他要追求生产效率和企业利润，要协调好企业与外界的关系，要关注企业的市场形象。对雇员群体来说，他们关心的是劳动报酬、劳动条件和就业的稳定性。所以，双方在管理决策的每个问题上将产生有差异的，甚至对立的认识。例如，裁员、流程再

造、结构调整、关闭高成本的企业等，都与雇主提高利润水平的目标一致，但是，这些行为将导致一部分雇员失业。使用新技术将提高企业的利润水平和生产力，但提高了对雇员的技术要求，并可能会使劳动过程更加枯燥，甚至有可能影响到雇员的就业稳定性。劳资之间的矛盾也可能源于双方利益的冲突。例如，雇主不管有无可能，总是想将劳动力成本降低到能够吸引和保留劳动力所必需的基本水平，以保证企业的竞争能力，而雇员总想最大限度地增加工资，以提高生活水平。雇主想保留最大限度的权力和权威，而雇员则想建立一个保障制度，以防止雇主滥用权力。

当然，在着重于研究雇用组织内部矛盾实质的同时，多元化的观点认为，劳资双方的这些矛盾是可以协调的，在劳动关系中劳资双方通过谈判可以达成一致，可以形成共同遵守的规则。劳资之间的一致与妥协需要两个前提：一是不同利益的群体在力量上达到均衡；二是各群体把各自的利益要求限定在双方继续合作的程度之内。因此，应当建立一套可以解决矛盾并为双方所接受的谈判机制。在现代产业的发展中，实际上形成了两大相互依存、相互独立、权力对等的力量——劳动和资本。在企业中，权力对等的两大相互独立的力量——劳动和资本，决定他们的共同事务，只有通过谈判、协商，才能达成劳动关系双方合作的基础，解决可能出现矛盾的问题。雇主的决策地位并不是天然赋予的，雇员也应具有一定的决策权，双方可以通过谈判、协商来解决重要的劳动关系问题。

② 工会。多元化的观点认为，雇员有理由结成正式的组织以表达自己的意愿，寻求对雇主决策的影响以达到他们的目的。工会的合理性在于它存在一种社会价值，应当承认不同利益群体有结合的权利，有反映他们自己利益呼声的权利。雇员通过各类自己的组织发生普遍的联系，此时，他们追求更为广泛的社会利益，而不仅仅是企业内部的利益。工会的存在本身并不是矛盾的制造者，而是矛盾存在与发展的结果。即使没有工会，劳动关系双方的矛盾也是一种客观存在。工会能够有组织地、持续地反映雇员的利益与要求。实际上，越是规模比较大的工会组织，越能负责任地做到这一点。

（2）利益协调型劳动关系

劳动关系实际上是一个由矛盾向规则转化的系统。多元化的观点认为，关系双方之间的矛盾可以通过劳动关系系统的投入—产出机制转化为双方都能够接受的共同规则。劳动关系双方的各种矛盾都可以看作一种投入，而管理规则则可以看作一种有效的产出，从而把劳动关系的运行与调整看作一个把矛盾转化为管理规则的过程。也就是说，多元化的观点将劳动关系视作具有一定功能的系统，在外部因素和内部因素的共同作用下，实现从投入向产出转化的特定功能，以寻求劳动关系的稳定和谐发展。

劳动关系系统的运行就是将劳动关系主体各方的矛盾向规则转化的过程。因此，劳动关系的研究首先必须重视矛盾是如何产生的，其次才是研究如何解决矛盾。劳资矛盾产生于相互依存的两个方面。一是产生于雇用组织内部固有的工业化的特征。例如，企业中技术结构、规模程度、组织结构、利润目标等不断变动的特征，以及发布命令与执行命令、削减劳动成本与提高工资、裁员与寻求就业保障等活动，必然造成企业内部劳动关系的紧张。二是劳资之间的矛盾源于工业化市场经济的社会环境。例如，不同社会阶层的人之间价值观的差异与利益的冲突。因此，我们可以认为，作为劳资关系核心的劳资矛盾既可以源于微观的雇用组织，也可以源于宏观的社会环境。

劳资矛盾实际上经常以潜在的形式存在。解析矛盾，进而探讨如何解决这些矛盾，重要的是认识到劳资之间潜在的矛盾可以通过多条途径转化为显露的矛盾。这些途径均是劳动关系应当研究的内容。首先，矛盾可以通过相对随意的、无组织的个人行为加以转化，如雇员士气低落、流动频繁、缺勤率上升；其次，矛盾也可以通过公开的、合法的形式加以转化，如建立劳动关系协调的各种程序与机制，包括抱怨申诉处理机制、劳动争议处理程序、集体谈判机制等；最后，矛盾还可以以团体施加压力的形式加以转化，如采用罢工、关闭企业等行动方式，或者其他经济、政治手段。在劳资矛盾显露的过程中，转化矛盾所采用的各种形式都应当被认为是合法且有效的，因为解决矛盾的前提是显露矛盾。但是一些劳动关系学者认为，当矛盾显露形式造成的后果超过了某一点，劳动关系将“失常”，并影响到社会稳定。因此，在劳动关系中，应当禁止严重的侵权行为、大量的无组织行为和旨在消灭对方的行为。当劳资矛盾由潜在形式转化为显露的形式之后，则需要建立与完善各种调节与转换机制，如集体谈判、劳动争议的调解仲裁、劳动法律制度等，将利益的矛盾转化为雇用组织中的规则，从而使劳资双方的关系得到调整。因此，多元化的观点侧重于各种转换机制的研究，提出了系列转化机制。第一，单方决策机制，包括雇主单方决策。例如，由雇主依法制定内部劳动管理规则或雇用规则，劳动纪律、雇员申诉制度，用以约束规范雇员方和管理方劳动行为与管理控制行为。第二，双方协商机制。例如，劳动关系双方共同协商、集体谈判和雇员参与管理。第三，三方协商机制。例如，劳动关系双方与政府就劳动关系运行的重大事项进行共同协商。三方协商制定有关劳动法律制度、社会政策、劳动政策及各类劳动标准，充分考虑雇主与雇员的利益。在上述各种转化机制中，集体谈判被认为是一种解决矛盾、制定规则的简单有效的方式。很多劳动关系学者认为，集体谈判也是一种雇员通过集体的力量与雇主力量抗衡的最有效的方式。

利益协调型劳动关系是基于多元化的观点对劳动关系运行和利益调整的理论概括。

3. 一元化的观点与利益一体型劳动关系

（1）一元化的观点

一元化的观点认为研究劳动关系必须研究雇用组织，而任何一个雇用组织都是由两类人组成的一个整体。其中，一类人为雇主和实现其职能的管理方，他们具有管理权力和权威，权力来源于企业财产的占有与经营；另一类人为服从管理指挥的雇员群体。但是在经济关系上，雇主与雇员都是生产要素的供给者，他们具有共同的价值观和利益追求。由于雇主与雇员都是生产要素的供给者，因而两类人之间并没有根本的利益冲突。雇主与雇员是经济过程中的合伙人，企业的财产组织形式是业主制还是公司制，其实质都是生产要素供给者的合伙组织，雇主与雇员在生产、利润、报酬等方面有着共同的目标。雇主对企业管理和决策的权力是合法的、合理的，也是可以接受的，任何反对这种权力的活动都是不合理的。这种观点认为，雇用组织的基础是和谐一致的，没有必要制造劳资双方的矛盾。在这种观点中，体现了两个内涵。

① 劳动关系的矛盾。雇用组织内劳动关系双方确实存在着差异，但是这种差异不是利益根本冲突的矛盾，而只是一种摩擦。造成差异的原因主要是组织内的个性差异，性格偏好的不同，组织的信息传递不畅，雇员对雇主的决策和行为不理解等。在解决矛盾的时候，雇主采取的方式通常具有权威型或者家长型的风格，这是其管理权力的合理使用。此外，雇主也可以采用人力资源管理方式，改善劳资双方的关系，完善组织内部的信息传递系统，提高沟通的效率；完善沟通网络，提高雇员对组织的忠诚度；完善激励、考核和薪资制度，挖掘雇员的潜力等。因为组织内部并不存在实质性的利益矛盾，所以以缓解或解决利益矛盾为存在前提的集体谈判制度是多余的。

② 工会是一种来自雇用组织外部的社会势力。持一元化观点的学者认为，工会是一种历史产物。工会在历史上曾经起到过其应有的作用。但是，在当前产量的发展与管理的完善中，不需要通过工会保护雇员利益。因为雇主的管理决策已经将雇主的利益与其他因素统一考虑了。虽然雇主可以接受工会在劳动力市场中存在的事实，但在组织内部实行管理权力的时候，并不愿意将工会作为考虑的因素。工会和集体谈判的存在对管理方面来说是痛苦的、不受欢迎的。

（2）利益一体型劳动关系

利益一体型劳动关系类型划分的基础在于生产要素的合作论，即一体化的观点。在利益一体型的劳动关系之中，完全可以运用人力资源管理方法协调雇用组织的矛盾。这一观点认为，组织内所有人有共同的价值观、共同的利益和共同的目标。因此，雇主与雇员之间不存在根本的利益冲突，没有必要制造劳资双方的矛盾。用人力资源管理方法调整劳动关系，应当建立雇主与雇员之间的一种新型的、平等的合伙关系。人力资源管理方法的基础在于组织运行要素的完善，包括领导关系、组织授权、组织文化、沟通机制等方法设计，人员选择、流程设计、目标责任、绩效管理与控制等制度设计。将人力资源管理方法与制度建立和完善相结合可以保证组织的产出和组织的稳定。

人力资源管理方法侧重于个人，侧重于雇主与雇员之间的直接关系，这种方法提倡通过各种新的人力资源管理手段，如合作式的技术革新与劳动组织的重新组合、培训与企业发展计划、个人收入计划、合作信息系统等，使雇主与雇员个人或团队直接联系，没有必要再让工会作为雇员的代表。根据这种方法的研究，劳动关系的调整机制应当从一种对立的、以制定规则为主要目标的机制转化为一种合作的、以提出建议为主要目标的机制。换句话说，人力资源管理等同于一种"没有工会的劳动关系"。近年来，人力资源管理理论与方法对劳动关系的实践具有重要作用，被誉为建立新型劳动关系的途径。当然，受这种理论和方法的影响，工会在雇用组织中的地位和作用被削弱了。

10.1.3 劳动关系的特征

第一，劳动关系的存在以劳动为基础，劳动是这种关系的实质与内容。

第二，劳动关系的当事人由其在生产过程中的地位决定，而且具有特定性，一方是雇主（用人单位），另一方是雇员（劳动者）；而其他与劳动有着密切联系的社会经济关系的主体并不具有特定性。例如，农户在市场上出售自己的产品与消费者之间的关系、作家与出版社因图书出版而发生的关系、信息咨询公司的咨询员与各类客户之间的关系均不属于劳动关系。

第三，劳动者在劳动过程中必须服从用人单位的管理、命令与指挥，必须服从其所在雇主组织的内部劳动规则。

第四，劳动关系通常与集体劳动相联系，与有酬劳动相联系。

10.1.4 劳动关系的主体

从狭义上讲，劳动关系的主体包括两方：一方为劳动者及工会；另一方为雇主及雇主组织。二者构成了劳动关系的基本主体。从广义上讲，劳动关系的主体还包括政府，在劳动关系的发展过程中，政府通过立法介入，影响劳动关系，调整、监督和干预作用不断增强。

1. 劳动者

劳动关系是现代产业社会中最重要的社会经济关系。因此，劳动关系中的劳动者是指在现代产业社会中受雇于他人，以劳动工资收入为基本生活来源的体力和脑力劳动者。被雇用是劳动关系中劳动者的主要特点，而被雇用的标志就是以劳动工资作为其基本的收入来源。因此，农民、个体劳动者、自由职业者、企业主等都不属于劳动关系中的劳动者。

2. 工会

工会是由雇员组成的组织，主要通过集体谈判的方式，代表雇员在工作场所，以及整个社会的利益。其要义包括：工会因劳动关系矛盾而产生；工会以维护雇员利益为首要职能；工会以集体谈判为基本手段；工会由雇员自愿结合而形成，代表雇员意志。

中国工会的组织体制，是在中华全国总工会的统一领导下，分别建立地方工会和产业工会两大组织系统。组织结构从中华全国总工会、省级地方工会、地市（州）工会、县（市、区）工会及各级产业工会到基层工会，共设置有五级工会组织。中华全国总工会是中国工会全国代表大会选举产生的全国工会的最高领导机关。它领导全国工人运动，指导工会工作并在国际活动中代表中国工会组织。

3. 雇主及雇主组织

雇主是劳动关系中相对于劳动者的劳动力使用者的称谓，即代表资方负责管理和处理劳工事务的法人和自然人。雇主包括企事业业主、企事业的经营者和管理者以及代表企事业业主处理劳资事务的其他人。雇主组织是由雇主依法成立的组织，其目的是通过一定的组织形式，使单个雇主形成一定的群体力量，在产业和社会层面，通过群体优势同工会抗衡，最终促进并维护每个雇主成员的具体利益。雇主组织最主要的作用是在劳动关系中代表雇主的利益，随着经济和社会的进步，这种代表作用的表现形式的内容和方式也在不断变化。从传统上看，雇主组织的主要作用是协调雇主之间的内部利益，以便同工会进行集体谈判，从而维护雇主的利益。随着经济发展和劳动关系趋向规范化和法制化，雇主组织的代表作用也在不断变化，逐渐转向了立法参与和为会员提供所需要的服务。

4．政府

政府一般有广义和狭义两种理解。广义的政府泛指各类国家权力机构，即立法、行政和司法机构的总称。狭义的政府仅指国家机构中掌握行政权力、履行行政职能的行政机构。作为劳动关系中的主体之一，政府的作用主要包括制定劳动政策、建立和完善劳动力市场、维持和改进劳动条件、协调劳动关系等。

10.2　劳动关系的发展和演变

10.2.1　西方国家劳动关系的发展和演变

1．第一阶段：从产业革命开始至 19 世纪下半叶

从产业革命开始至 19 世纪下半叶，资本主义的发展处于自由竞争时期，劳资矛盾主要表现为尖锐的阶级对抗和激烈的阶级冲突。18 世纪中期兴起的产业革命标志着资本主义工业化的开端。生产技术的划时代变革推动了生产的发展和社会的进步，也为雇主带来了巨额利润，但却使普通工人的生活状况急剧恶化。雇主为了榨取更多的剩余价值，对工人采用最残酷、最原始的剥削方式，工人成为机器的附属品，劳资矛盾处于尖锐的对抗之中。面对雇主的残酷压榨，工人们奋起反抗。但是，早期的工人斗争多是自发的、分散的行动，绝大部分都以失败告终。工人们从实践中开始意识到联合起来的必要性，于是，在一些行业中开始出现了最初的工人组织，这便是早期的工会。雇主对早期的工人组织进行了激烈的抵制，代表雇主利益的资产阶级政府则用法律对其加以限制。当时资本主义各国的立法都禁止工人结社、罢工和示威，英国 1799 年颁布的《结社法》和法国 1791 年颁布的《夏勃里埃法》就是这类法律的典型代表。当时的政府标榜自己的主要职责是保证“自由竞争”，将劳资关系问题交由劳资双方去处理，政府不予干涉。这种自由放任政策在资方明显处于优势、劳方明显处于劣势的劳资关系格局中，实际上是放任、纵容雇主的政策，是限制、打击工人的政策。综上所述，这个时期西方国家劳资关系的演变具有以下四个特点。第一，劳资矛盾的焦点主要集中在工人最基本劳动条件的改善上。第二，工人运动总体上处于分散、个别和局部的状态。工人群众联合的进程面临着来自政府与雇主的巨大阻力。第三，在劳资关系中，资方处于绝对优势地位，劳资矛盾多以激烈对抗和冲突的方式表现出来，劳资关系呈不稳定状态。第四，政府对劳资关系采取自由放任政策，在表面自由的背后，立法和政策明显向雇主方倾斜。

2．第二阶段：从 19 世纪下半叶至 20 世纪初

从 19 世纪下半叶至 20 世纪初，处于资本主义各国经济开始从自由竞争向垄断过渡的时期。工人阶级的斗争和工人运动的发展没有因为雇主和政府的镇压而停止。在工人运动的强大压力下，西方国家政府被迫相继废除了禁止结社的法律，各国的工会组织获得了空前的发展。与此同时，一大批社会主义政党也开始在西方国家出现。工人运动力量的增强使劳资力量对比发生了变化，同时随着社会经济的发展和政治制度民主化的推进，劳资斗争的方式出现了一些变化。工会代表工人与雇主谈判的方式开始在个别国家的个别企业中出现。

面对这种形势，西方国家政府逐渐改变了资本主义发展初期"自由放任"的劳资关系政策，转而采取建设性干预政策。这点，首先体现在立法上，在 1802 年英国通过第一个现代意义上的劳动法《学徒健康与道德法》后，各国相继通过了类似的立法。工厂法、劳动保护法、劳动保险法、工会法、劳动争议处理法等法律大量出台，相应的劳动行政管理机构也开始出现。1904 年新西兰出现了较规范的集体合同法。从此，集体谈判制度也开始得到国家法律的承认和保护。国家干预在劳资关系领域全面铺开。

归纳起来，第二阶段西方国家劳资关系有以下三个特征。

第一，劳资矛盾的焦点依然如旧，但是矛盾的激烈程度和表现方式发生了一些变化。除了传统的对抗斗争方式以外，经过谈判—罢工—再谈判的反复较量，集体谈判制度终于得到了确认，成为解决劳资矛盾的又一途径。

第二，由于工人罢工斗争的发展、工会组织的广泛建立以及社会主义政党的出现，导致劳资力量对比发生了变化，日趋强大的、有组织的工人运动，迫使资方及其政府做出让步，从而在一定程度上改善和缓解了劳资矛盾。

第三，政府调整了劳资关系政策，从对劳资关系领域的自由放任政策转向国家干预政策，大量劳工立法的出现以及相应机构的建立，使劳资关系的调整开始向有序化、法律化方向迈进。

3．第三阶段：两次世界大战之间的历史时期

两次世界大战之间的历史时期，在劳资关系领域可以说是一个过渡期，从初期的国家干预向下一阶段全面进入制度化、法制化过渡。此阶段出现了两次世界大战和历史上最严重的经济危机。第一次世界大战结束时，世界上出现了第一个社会主义国家苏维埃俄国，这对饱受战争之苦的各国工人阶级是极大的鼓舞。工人阶级不但继续要求改善劳动和生活条件，而且要求参与生产经营和管理。面对巨大的社会压力，西方各国政府进一步加强劳动行政管理工作，完善劳动立法，健全有关机构，扩展劳动监察的领域和范围，更加全面地干预劳资关系的方方面面。20 世纪 20—30 年代，资本主义世界发生了空前严重的经济危机，导致大量的企业破产和工人失业，劳资关系重新紧张起来。为了缓解失业问题，政府加强对劳动力市场的宏观干预。与此同时，社会保险制度开始出现，它成为缓和劳资关系的一道社会安全网。战争和经济危机之后，由于进行了大量的固定资本更新，经济发展出现了新的高涨，这对劳动过程的科学管理提出了新的要求。在这基础上，以工人参与企业管理为主要内容的产业民主化运动开始兴起。

从 1904 年新西兰的集体谈判立法出现以后，集体谈判、集体协议制度逐渐在各国兴起。政府则为谈判创造条件，提供调节和仲裁及其他服务。迫于工人运动的压力，在劳动立法过程中，政府从开始的只邀请雇主代表，转变为也邀请工人代表参与协商。三方格局的萌芽在这一阶段开始出现，一些国家还成立了一些由三方参加的机构，如劳资协议会等。

归纳起来，第三阶段西方国家劳资关系有以下三个特征。

第一，世界大战、经济危机和革命极大地影响着这一阶段劳资关系的发展，劳资关系领域的许多重大变化都受到这些因素的影响。

第二，国家的劳动行政管理工作获得了空前的发展，成为政府宏观调节劳资关系的主要手段。

第三，工业民主化、集体谈判制度和三方协商的出现，使协调劳资关系的方式更加丰富、内容更加宽泛。

4．第四阶段：第二次世界大战以后至今的历史时期

第二次世界大战以后至今的历史时期，在第三次科技革命和社会改革浪潮的推动下，劳资关系发生了重大的转折性的变化。劳资关系协调体制从法律规范到制度机制，都日趋完善和健全，劳资关系的总态势是缓和中有对抗，对抗中求合作、求制衡。第二次世界大战以后，世界范围的人民革命高潮，对西方各国政府造成了巨大的社会压力，为了维持国内产业和平，消除潜在的革命情绪，西方工业化国家采取了一系列措施。随着国家垄断资本主义的发展，政府进一步加强了对劳资关系、劳动力再生产的全面干预，并形成了一整套规范化、制度化的法律体系和调整机制。以英国为首的福利国家的出现，意味着社会保障制度的完善及福利水平的提高，这在某种程度上保证了相当长时期的社会稳定。与第二次世界大战前相比，这一阶段劳资关系发展的总态势趋于缓和，劳资之间大规模的激烈对抗相对减少，取而代之的是日常的、规范化的、有组织的行为，如劳资协议制、集体谈判制度、三方协商等。当然，也不排除在某些国家、某些历史时期劳资矛盾激化引发出一些大规模的劳资冲突，如 1968 年法国的五月风暴、20 世纪 80 年代英国煤矿工人大罢工等。

争取民主参与权，成为战后劳资关系中一项新的重要内容。工人参与权不但体现在企业的生产经营领域，而且涉及国家劳动立法和有关社会政策的制定。第二次世界大战以后，三方协商成为市场经济国家产业关系的基本格局和主要运行机制。在劳资关系领域，政府所起的作用是规范劳资双方的行为、相对平衡双方实力。劳资矛盾和问题，更多的由当事者双方依法解决。

归纳起来，第四阶段西方国家劳资关系有以下四个特征。

第一，劳资关系焦点仍然集中在社会劳动问题上，但与此同时，争取广泛的民主参与权也成为劳资关系中非常重要的内容。

第二，劳资关系时而紧张、时而缓和，总态势是向缓和、合作的方向发展的。

第三，国家用以调整劳资关系的手段趋于完备，立法体系不断完善，社会保障制度的完善和福利水平的提高、三方格局的形成，为劳资关系的稳定创造了有利条件。

第四，劳资关系的运行方式发展成一种有序的组织行为，解决劳资矛盾、劳资争端的途径趋于制度化、法律化。

10.2.2 中国劳动关系的发展和演变

中国劳动关系的发展和演变是伴随着劳动力市场的发展和完善进行的，主要划分为以下四个阶段。

1. 第一阶段：改革开放之前（新中国成立至 1978 年）

新中国成立至 1978 年，我国劳动力市场资源配置实行“统包统配”模式。1953 年，中央劳动就业委员会、劳动部等发布了《关于劳动就业的报告》，规定各单位招聘个人、职员数量较大时，应向劳动部门申请，并由劳动部门负责选择和录用。当时，用人单位在招收少量人员、使用临时工和解退职工方面还有一定的自主权。1955 年以后，企事业单位的用人自主权逐渐削弱，并逐步建立起由各级劳动部门统一管理的劳动力调配使用制度。1957 年，国务院发布通知，规定使用临时工的指标也需经过中央主管部门或省级政府批准，并将政府负责安排的人员范围从大、中专毕业生和部分复转军人，扩展到城镇中全部需要就业的人员。在计划用工制度下，国家对于城镇所有用人单位的用人数量、招收范围实行严格的审批程序。因此，从新中国成立至 20 世纪 70 年代末，计划手段和行政手段是我国资源配置的唯一手段。在这一阶段中国不存在劳动力市场，劳动力资源的配置主要依赖于行政手段，全社会不存在劳动力的自由流动。

归纳起来，这一阶段中国劳动关系有以下四个特征。

第一，劳动关系主体身份不明确。这种劳动关系是由国家通过企业行政管理构成的，以共同利益为出发点的劳动关系。国家代表全社会的利益，进而在劳动关系的建立、调整过程中承担统一管理的角色。因此，企业行政管理方和职工都不具有独立的劳动关系主体身份。

第二，利益结构是包容的、一致的，因此劳动关系普遍不存在利益冲突。在计划经济体制下，劳动关系具有一个由国家、企业、劳动者三个不同层次的利益所组成的利益结构。企业劳动关系的双方都不具备利益主体的身份，作为劳动者的职工和作为经营管理者的厂长或经理都没有形成独立的利益群体，双方的利益都包含在工人阶级利益和国家利益中，劳动关系的双方人员都是国家和企业的主人翁。并且在实际运行当中，劳动关系主体由于劳动分工所引起的社会分层和利益差别也不明显。作为用人单位代表的厂长或经理，虽然享有更多的管理权力，但是在工资收入和经济地位方面，与作为劳动者的一般职工也相差无几。

第三，计划经济下劳动关系的运行，由国家通过行政手段直接控制和处理。严格地讲，这种劳动关系实质上是一种行政隶属关系而非雇用关系，或者称为劳动行政关系。

劳动行政关系即国家通过行政手段来建立和管理用人单位与劳动者的关系。劳动关系双方利益的确定、劳动力的配置和调整、劳动就业的解决、劳动工资的确定、劳动保护和社会保险的实行等，都由国家负责并运用行政手段解决。

第四，劳动关系的类型单一。在全国范围内，只有公有制经济的劳动关系一种类型。即随着"三大改造"的完成，个体经济与私营经济几乎被消除，用人单位的经济性普遍为全民所有制、城镇集体所有制两种类型。劳动者通过劳动部门被分配到"一大二公"的公有制经济部门当固定工，成为各类人员唯一的就业渠道，从而也带来劳动关系类型的单一性特征。

2．第二阶段：过渡时期（1978—1991 年）

1978—1991 年，我国劳动力市场开始萌芽并局部建立。1978 年我国召开了党的十一届三中全会，确立了以经济建设为中心的基本路线。之后，农村劳动者开始围绕多种经营和城镇企业进行流动，并出现了用人单位与劳动者的双向选择，这表明我国农村劳动力市场萌芽出现。同时，城镇劳动用工制度也进行了改革，1980 年，中央召开了劳动工作会议，提出了在国家统筹规划指导下，实行劳动部门介绍就业、自愿组织起来就业和自谋职业相结合的"三结合"就业方针。于是，城镇开始形成劳动力配置的双轨制，一块仍然由国家进行行政控制，另一块则可以自由流动、自谋职业。受市场调节的作用，自此出现了城镇劳动力市场的萌芽。1984 年 3 月，党中央、国务院发布 4 号文件，确立了乡镇企业在国民经济中的重要地位，乡镇企业的发展进入了一个高潮。围绕乡镇企业的发展，我国开始形成了遍布全国但又局限在一定地域的乡镇劳动力市场。因为我国乡镇企业规模小、布局分散，所以由此形成的劳动力市场也具有规模小、布局分散的特点，只是一种局部的劳动力市场。同时，自 1984 年开始，国家准许农民自筹资金、自理口粮，进入城镇务工经商，这表明实行了多年的限制城乡人口流动的就业管理制度开始松动。自此，城镇形成了许多以从事第三产业、提供劳务服务为主要形式的劳动力市场，当时也称劳务市场。但劳务本身只是一种劳动产品，它并不是生产要素，所以这时的劳务市场还不能等同于劳动力市场。这也表明，这一阶段的劳动力市场发展还只是局部的、不充分的。

归纳起来，这一阶段中国劳动关系有以下三个特征。

第一，公有制企业，特别是国有企业仍然在我国经济结构中占主体地位，国有企业劳动关系仍然是全部劳动关系的唯一重点。从 1978 年改革之初，国有企业改革就一直是中国城市经济的改革重点。政府希望通过改革将国有企业转变为自主经营、自负盈亏的经济实体。通过所有制、劳动用工制度、工资制度、社会保险制度等各方面改革的展开，国有企业的经济功能得到强化。

第二，企业经营管理者权力、地位的确立，已经开始改变企业劳动关系的利益结构。1984 年 5 月，国务院发布《关于进一步扩大国营工业企业自主权的暂行规定》，提出在生产经营计划权、产品销售权等 10 个方面扩大企业的自主权。1986 年 9 月，国务院发布《全民所有制工业企业厂长工作条例》，规定企业的法定代表人是厂长，负责代表法人

（企业）行使职权。在这个条例中，企业厂长的中心地位得以确立。1986 年 12 月，国务院发布《国务院关于深化企业改革增强企业活力的若干规定》，要求凡文件规定放给企业的权利被中间环节截留的，要坚决放给企业；要求全面推行厂长（经理）负责制，厂长（经理）对企业负有全面责任，处于中心地位，起中心作用。

第三，劳动合同制度的试行，初步形成企业与工人之间的双向选择关系。1986 年，国务院发布《国营企业招用工人暂行规定》，提出企业招用工人，应贯彻执行先培训、后就业的原则，面向社会公开招收，全面考核，择优录用。同时发布的《国营企业实行劳动合同制暂行规定》，要求对新招工人普遍实行劳动合同制，这实际上是全面打破固定工制度。在这一阶段，随着企业经济责任制，特别是各种承包责任制的发展，国营企业和政府的关系发生了实质性的变化。企业开始成为相对独立、自主经营、自负盈亏的经济实体，企业经营管理者的地位和责任也发生了重大变化，这些变化使原有劳动关系模式发生变化成为必然。

3．第三阶段：市场化改革初期（1992—1997 年）

1992—1997 年，我国劳动力市场建设进入全面快速推进时期。1992 年，以邓小平同志南方谈话为标志，我国开始建立社会主义市场经济体制的进程，我国的劳动力市场建设也开始进入了全面快速推进时期。20 世纪 90 年代初，改革的基本思路是把企业推入市场。90 年代中期，劳动制度改革以培育和发展劳动力市场为中心，废除了统包统配的就业政策，形成劳动者自主择业、企业自主用人的用工制度，并逐步打破了城乡之间、地区之间劳动力流动的限制。90 年代中期以后，伴随着劳动用工制度改革、劳动力市场的发育成为政府改革工作重点，国有企业开始实施减员增效、下岗分流、规范破产、鼓励兼并的结构调整政策，大规模的职工下岗，失业开始成为劳动关系当中的突出问题之一。1993 年 11 月发布的《关于建立社会主义市场经济体制若干问题的决定》中，中共中央第一次明确提出“改革劳动制度，逐步形成劳动力市场”的劳动制度改革思路。1993 年 12 月劳动部发布的《关于建立社会主义市场经济体制时期劳动体制改革总体设想》中，将劳动力市场定义为生产要素市场的重要组成部分，根据这个概念，在深化企业用工制度改革方面，这一阶段的工作实际上是围绕着裁减企业富余人员进行的。在国务院 1997 年 1 月上旬召开的国有企业职工再就业工作会议上，中央政府进一步提出，解决国有企业的困难，要在坚持企业改组、改造、改制和加强企业管理的同时，坚持走减员增效、下岗分流、规范破产、鼓励兼并的路子。

归纳起来，这一阶段中国劳动关系有以下三个特征。

第一，劳动关系主体之间的利益结构发生重大变化，国有企业经营管理者已经获得充分的自主权。经过以建立现代企业制度为重点的改革，企业与政府之间的产权关系逐渐明确，国有企业的经营者开始具有和非公有制企业的管理者一样的生产经营权力。现代企业制度的题中之义，是建立一个严格的企业内部治理机制。这意味着新中国成立以后 40 余年形成的企业内部治理结构、管理方式要重新构建，并针对经营者、劳动者和工会在企业劳动关系中的身份、地位进行重新界定。这种变化使国有企业的经营者、劳动者在市场经济条件下面临新的挑战。

第二，全员劳动合同制度的推行使国有企业工人的身份发生变化，劳动关系开始具有明显的契约化特征。1992 年 2 月，劳动部发布《关于扩大试行全员劳动合同制的通知》，要求各省、自治区、直辖市以及计划单列市选择一、二个市县试行全员劳动合同制。全员劳动合同制的推行，否定了在国有企业实行了四十多年的“固定工”用工制度。1994 年《劳动法》的颁布，更是从法律上明确了社会主义市场经济条件下，用人单位与劳动者在劳动关系中的主体身份。全员劳动合同制的深刻影响，体现在原有体制中的劳动关系主体现在必须通过市场交换机制来建立劳动关系，并以劳动合同的方式加以确认；原有劳动关系中的利益统一体发生分化，用人单位与劳动者的人格化代表经营者之间的利益相互分离，形成不同的利益主体；劳动关系不同的主体的权利、义务依法通过劳动合同的方式加以明确。

第三，在国有企业改革继续深化的同时，私营企业特别是外商投资企业得到发展，劳动关系开始呈现出类型多样化的特征。我国经济特区自 20 世纪 70 年代末期开始吸引外商直接投资，经过十余年的发展，1993 年我国已成为世界第二大外商投资国。外资企业的雇主往往在尊重我国主权、利益原则和遵守国家有关法规政策的基础上，将其在本国、本地区的劳动用工、工资分配和企业内部规章制度等管理惯例和手段输入我国，在企业劳动关系的处理上带有明显的国别、地区特征。私营企业，包括外商投资企业的劳动关系从其发生之日起，就具有主体明确、利益分化、雇主主导等典型的市场经济特征，相当一部分企业的劳动关系的规范化程度比较低。总之，在这一时期，计划经济条件下由国家与工人构成的以共同利益为出发点的劳动关系，开始转变为市场经济条件下以利益关系为基础的社会经济关系。

4．第四阶段：市场经济体制初步建立和不断完善时期（1998 年至今）

1998 年至今，我国劳动力市场逐步完善。1998 年以后，国有企业进入全面改制阶段。国有企业改制主要在两个层面进行：一是通过出售、转让等多种方式，将大批国有中小企业改造为私营企业；二是对国有大中型企业实行股份制改造，在这些企业建立现代企业制度。进入 21 世纪以后，我国的劳动力市场已逐步成熟，其标志可以归纳为一是企业自主用人、劳动者自主就业的双向选择机制已经初步形成；二是由劳动力市场供求关系调节的工资分配制度已基本建立；三是劳动力供求双方开始以劳动合同的形式确立劳动关系。但是，因为我国传统的户籍制度并没有发生根本改变，而且在 20 世纪 90 年代末我国劳动力市场全面快速发展的时期对农民工问题过于强调其负面作用，从而在许多制度安排上并没有把农民工与城镇职工同等对待，所以就形成了比较典型的二元劳动力市场。在二元劳动力市场中，农民工与城镇职工的各种待遇相差悬殊。

归纳起来，这一阶段中国劳动关系有以下四个特征。

第一，国有企业劳动关系主体，即经营者与劳动者的权利和利益差别正在逐渐加大。大量工人通过身份置换的形式解除劳动关系，由企业改制引发的劳动争议大幅度增长。随着国有企业的公司化改造，企业经营者掌握了法人财产权，他们在企业的劳动用工、工资分配等方面拥有更大的自主权，并且享受年薪制和股份期权，他们与劳动者的权利和利益的差别正在逐渐加大。同时，国有企业逐步开展“建立新型劳动关系”“置换工龄”“置换身份”，即工人称之为“买断工龄”的改革，通过置换身份的形式解除劳动关系。“买断工龄”政策，即由改制企业支付给工人一笔经济补偿金，在领取这笔经济补偿金后，工人便不再拥有国有企业职工的身份。企业可以根据生产的需要，继续雇用这些工人，也可以与他们解除劳动关系。随着国企改制和结构性调整，劳动争议数量和涉及的劳动者人数不断增加；集体劳动争议数量和涉及的劳动者人数明显增加；争议的焦点涉及解除劳动关系的工龄补偿、保险接续和债务清偿等问题。

第二，非公有制经济得到全面发展，使劳动关系类型多样化成为典型特征。非公有制经济的劳动关系成为整体劳动关系体系中的重要组成部分。习近平总书记指出：“非公有制经济在我国经济社会发展中的地位和作用没有变，我们鼓励、支持、引导非公有制经济发展的方针没有变，我们致力于为非公有制经济发展营造良好环境和提供更多机会的方针政策没有变。”目前，非公有制经济组织的数量已占市场主体的 90%，对 GDP 的贡献率超过 60%，对就业的贡献率超过 80%，对固定资产投资的贡献率超过 65%，对对外直接投资的贡献率超过 67%。

第三，大量农民转化为工人，加入我国劳动者阶层的队伍。随着城镇化、工业化进程的推进，农村劳动力加速向城镇转移。根据国家统计局抽样调查结果，2015 年农民工总量为 27 747 万人，比上年增加 352 万人，增长 1.3%。从农民工构成来看，本地农民工 10 863 万人，比上年增加 289 万人，增长 2. 7%。外出农民工 16 884 万人，比上年增加 63 万人，增长 0.4%。本地农民工占农民工总量的 39.2%，所占比重比上年提高 0.6 个百分点。

第四，规范劳动关系运行的法律法规体系正在逐步完善。劳动关系运行的法制化，是劳动关系市场化发展的必然要求。1994 年《劳动法》颁布，随后国务院及劳动部发布了一系列劳动法规和规章，初步建立起适应市场发展需要的劳动法律法规体系。2001 年至今是我国劳动关系运行的法律法规体系逐步完善的阶段。目前，中国劳动关系运行的法律法规体系逐渐形成了以《宪法》为基础，以《劳动法》为基本法，以《劳动合同法》《社会保险法》《工会法》《妇女权益保障法》《职业病防治法》《安全生产法》等为辅助法，以中国批准的《男女工人同工同酬公约》《就业政策公约》《最低就业年龄公约》《建筑业安全卫生公约》《禁止和立即行动消除最恶劣形式的童工劳动公约》等国际劳工公约为补充的相对完善的劳动法律法规体系，并在逐步完善当中。

10.2.3 现代劳动关系的特点及发展趋势

第二次世界大战结束至今，科学和工业技术飞速发展，尤其是信息技术的发展使世界经济经历了快速增长期。全球政治、经济和文化结构都有了非常大的变化，尤其是交通、信息等产业的迅速发展，加快了生产要素的流动，使生产要素在全球范围内快速配置成为可能，推动了全球经济一体化的发展趋势。全球经济一体化使全球产业结构调整对劳动关系带来重要的影响。企业的生存环境发生了根本性的变化，他们面对的不再是狭小的国内市场，而是广阔的国际市场。劳资关系的构成和特点发生了一些变化，脑力劳动的价值不断提升，部分劳动力的价值随之迅速提高；中产阶级的队伍不断壮大，但世界各国的劳资关系力量对比也呈现出极度不平衡的状态，两极分化的现象依旧在不断加剧，强资本、弱劳动的局面依然没有改变；世界各国把健全劳动保障和提高社会福利作为劳动关系协调的重要部分，劳动保障能力和社会福利制度日趋完善，保障水平不断提高；意识形态对劳资关系的影响逐步减弱，以阶级矛盾为主要特征的劳资关系基础开始逐渐瓦解，劳资矛盾转向多样化、复杂化；出现了劳资矛盾由各国国内问题逐渐开始变为国际问题的趋势，不同国家间的贸易纠纷和矛盾也体现在劳资关系方面。

10.3　劳动关系的调整

10.3.1　劳动关系的调整机制

2006 年 10 月党的十六届六中全会通过的《中共中央关于构建社会主义和谐社会若干重大问题的决定》，首次提出“发展和谐劳动关系”的主张。此后，我国把构建社会主义和谐劳动关系作为构建和谐社会的一项新命题加以重视。2011 年 8 月 15—16 日，由全国总工会、人力资源和社会保障部、全国工商联、中国企业联合会、中央宣传部联合召开的全国构建和谐劳动关系先进表彰暨经验交流会在北京举行。习近平出席会议并讲话。他指出，构建和谐劳动关系，是建设社会主义和谐社会的重要基础，是增强党的执政基础、巩固党的执政地位的必然要求，是坚持中国特色社会主义道路、贯彻中国特色社会主义理论体系、完善中国特色社会主义制度的重要组成部分，其经济、政治、社会意义十分重大而深远。各级党委和政府要进一步提高认识、强化责任，把构建和谐劳动关系作为一项重要而紧迫的政治任务抓实抓好。2015 年 4 月 28 日，习近平在庆祝“五一”国际劳动节暨表彰全国劳动模范和先进工作者大会上的讲话中指出：“劳动关系是最基本的社会关系之一。要最大限度增加和谐因素，最大限度减少不和谐因素，构建和发展和谐劳动关系，促进社会和谐。要依法保障职工基本权益，健全劳动关系协调机制，及时正确处理劳动关系矛盾纠纷。”人力资源和社会保障部制定的《人力资源和社会保障事业发展“十三五”规划纲要》将构建中国特色和谐劳动关系作为“十三五”期间的主要目标之一，提出劳动关系工作体制进一步完善，劳动关系协调机制和矛盾调处机制更加健全，劳动人事争议处理效能和劳动保障监察执法能力进一步提升，劳动关系总体和谐稳定。到“十三五”末期，企业劳动合同签订率达到 90%以上，劳动人事争议调解成功率达到 60%以上，劳动人事争议仲裁结案率达到 90%以上，劳动保障监察举报投诉案件结案率达到 95%以上。这些表明我国政府日益高度重视调整劳动关系。

劳动关系协调机制大致包括劳动立法调整、企业内部调整、劳动争议处理和劳动监察等。发达国家经过多年的实践和发展，劳动关系已经形成了一整套、制度化、法制化的综合体系。在这一体系中，三方协商机制是劳动关系的基本格局；集体协商制度和产业民主化反映了构成劳动关系的两个主体——雇员和雇主的自行协商，这是劳动关系协调机制的基础环节；而劳动立法、劳动争议处理以及劳动监察主要反映了在市场经济条件下对劳动关系的调整和规范。

1．三方协商机制

三方协商机制是市场经济国家或地区调整劳动关系的一项基本制度，是政府、雇主组织和工会就与劳动关系相关的社会经济政策和劳动立法以及劳动争议处理等问题进行沟通、协商、谈判和合作的原则与制度的总称。政府代表国家，雇主组织代表雇主，工会代表工人。三方协商机制的实质是在不同利益的三方之间实行三方权利分享、共同协商、增进了解。

从目前的社会效果来看，三方协商机制的效果还是十分显著的，可以概括为以下三点。

① 三方协商机制能够涉及并解决单个基层经济组织劳资双方无力解决但又尤其关注的一些宏观劳动问题。从这个意义来说，三方协商机制能将劳动关系的调整范围从单个基层经济组织扩大到整个产业社会的领域。显然，这对于社会经济的平稳发展具有积极的意义。

② 三方协商机制有助于政府向雇主组织和工会两个不同的利益群体宣传自己的利益主张并赢得他们的支持。

③ 三方协商机制在一定程度上缓解了劳资矛盾，保护了工人的一部分利益，这对于提高工人的劳动积极性是很有帮助的。

随着社会主义市场经济体制的逐步建立，我国正在建立符合我国国情并与国际惯例接轨的、多层次的劳动关系三方协商机制。目前，最低标准工资的确定与调整、劳动争议的调解与仲裁等方面已经实施三方协商机制。在劳动条件决定的其他方面，已经在一些地区进行三方协商机制的改革试点。我国实行三方协商机制起步晚，但是在政府的强力主导下，发展较快，人力资源和社会保障部与全国总工会、中国企业联合会正在进行协商，准备建立全国劳动关系三方协商机构。我国的三方协商机制要充分发挥作用，还需要做到雇主组织与工会组织定位准确、权责明确，需要进一步使三方协商机制法制化等。

2．劳动立法调整

现代劳动立法源于 19 世纪的工厂立法。第二次世界大战以后，劳动立法的效力范围进一步扩大，内容更趋全面，形成了一个完整的体系。各国的劳动立法普遍贯穿了共同的基本原则，即劳动保护原则、三方协商机制和国际劳动标准原则。用立法形式确定劳动标准，保护雇员利益，调整劳动关系，使劳动关系领域的几个重要方面受到国家法律规范的制约与调整，在一定程度上保证了劳动关系运行的有序化、规范化。

各国政府通过制定一系列法律和规章制度对劳动关系进行协调。例如，美国劳动法分为两大部分：一是劳动关系法，是对职工结社和集体谈判双方职能及集体谈判的程序进行规范的立法，如《国家劳资关系法》；二是劳动实体法，有关工资、工时和其他雇用条件等集体谈判主题事项的各种法规，如《公平劳动标准法》《就业法》《社会保障法》《职业安全卫生法》等。

在我国，也形成了一整套由《劳动法》《劳动合同法》和各种劳动法规组成的独立的法律规范，对劳动关系进行调整。其中，劳动法规包括《集体合同规定》《国务院关于职工工作时间的规定》《企业最低工资规定》《女职工劳动保护规定》《未成年工特殊保护规定》《企业职工培训规定》《中华人民共和国企业劳动争议处理条例》《劳动监察规定》《失业保险条例》《社会保险费征缴暂行条例》。值得一提的是，我国于 2008 年 1 月 1 日正式实施了《中华人民共和国劳动合同法》(简称《劳动合同法》)，并于 2008 年 9 月 18 日发布实施了《中华人民共和国劳动合同法实施条例》。上述法规和条例的实施进一步规范了当代我国劳动者和用人单位之间的劳动关系。

3. 企业内部调整

在市场经济国家，企业内部协调劳动关系的机制主要包括集体协商制度和产业民主化。

(1) 集体协商制度。集体协商制度既包括集体谈判制度和集体合同制度，也包括劳动关系双方经常性的、多层次的、内容广泛的相互协商。团体交涉比较正规、严肃，但气氛不好，一旦破裂，容易发生争议。集体协商则比较灵活，气氛融洽，有缓冲的余地。它可以多层次开展，如可以在车间、分厂、总厂开展，协商的内容可以从日常生活到企业经营活动。这种经常进行交流、沟通式的集体协商制度是融洽、稳定劳动关系的重要制度。

目前，集体谈判制度是国外市场经济国家对日常劳资问题，特别是利益划分问题进行经常性调整的一项重要制度。工人代表与经营者代表之间就双方建立劳动关系涉及的各项条件进行谈判，签订集体合同或集体协议。近年来，随着工人参与权的扩大，集体谈判制度的内容也有所增加，有的包括企业人事和投资等问题。但是由于企业自主权的扩大和参与国际市场竞争的需要，越来越多的企业不再采用行业集体合同，而是根据本企业的具体情况签订企业集体合同，这反映了集体谈判制度由行业级向企业级发展的趋势。

集体谈判权对劳动者和工会来说是一项很重要的权利，它可以维护劳动者的合法权益。另外，随着谈判内容的扩大，集体谈判也成为实现工人参与权的一种方式。实践表明，集体谈判这种较为缓和的、非直接对抗性的方式，有效地缓解了劳资矛盾，减少了劳动争议，在一定程度上维护了社会和经济秩序的稳定。

我国按照建立社会主义市场经济体制和现代企业制度的要求，客观上要求强化劳动合同管理制度，推进集体谈判制度和集体合同。劳动合同是劳动者个人与企业之间就具体劳动关系、权利、义务等方面的规定签订的协议。集体合同制度有助于克服劳动者与企业在签订劳动合同的过程中相对弱势的缺陷。集体合同是由工会代表本企业或者本行业的全体劳动者，就劳动报酬、工作时间、休息休假、劳动安全卫生，保险福利等事项，与企业经协商签订的书面协议。由工会作为劳动者代表与企业签订集体合同，可以从整体上维护劳动者的合法权益，发挥工会在稳定劳动关系中的作用，也为社会主义市场经济条件下协调劳动关系建立了一种新的机制。

（2）产业民主化。产业民主化是指工人参与权的获得与发展。它的显著特征是企业雇员在一定范围内参与资本构成、管理决策和利润分配。分享权力、分享利润、尊重人格构成产业民主化的三大原则。

现代市场经济国家的工会组织把雇员参与管理和劳动过程人性化作为产业民主化的目标。在产业民主化的过程中，承认生产是在雇员控制下的物资组合，雇员是整个生产的主人，因此在法律中承认并规定雇员参与管理的权利，是保护人格发展的强制手段。

在现代市场经济国家中，实现产业民主化的途径各不相同，有的通过集体谈判，有的通过加入董事会、监事会、工厂委员会来争取共决权。概括来说，产业民主化的基本实践形式有：①雇员参加董事会、监事会和管理委员会；②通过工厂委员会或其他类型的专门机构，雇员依照合同规定参加企业咨询或管理活动；③通过职工大会，实行企业自治或企业民主管理；④通过车间、班组的自我管理小组，直接参与本小组的生产管理活动；⑤共决合同制，即雇主与工会依据法律规定，通过谈判决定共决的内容、范围，签订“共决合同”，实现雇员的民主参与。

由于社会化大生产的内在特性，所有权、经营权分离是必然趋势，雇员参与管理已成为客观现实，并且由于技术进步导致大批裁员，因此实行产业民主化成了必然选择，它有利于缓和劳资矛盾，使政府、雇主和工会间寻求更大范围的合作。

4．劳动争议处理

通过处理劳动争议和不当劳动行为案件来调整劳动关系，是各国普遍采用的一种比较成熟的调整劳动关系的机制。对劳动争议进行处理，可以纠正劳动关系中的偏差行为，有利于维护劳动关系双方当事人的各项权益。劳动争议是指劳动法律关系双方当事人，关于劳动权利和劳动义务的争执和纠纷。劳动争议产生的根本原因是劳动关系双方的利益冲突。它是劳动关系处于不协调或不平衡状态的表现，不论其具体表现形式如何，都会对社会稳定、经济发展产生不良影响。因此，对以劳动争议形式出现的劳资纠纷进行处理，成为调整劳动关系的一个重要方面。

根据《劳动法》的规定，目前我国的劳动争议处理机构为劳动争议调解委员会、劳动争议仲裁委员会和人民法院。我国劳动争议处理遵循着重调解、及时处理，在查清事实的基础上依法处理，当事人适用法律平等的原则。下面具体介绍我国的劳动争议处理渠道。

（1）通过劳动争议调解委员会进行调解。《劳动法》规定，在用人单位内部可以设立劳动争议调解委员会。劳动争议调解委员会由职工代表、用人单位代表、工会代表三方组成。在企业中，职工代表由职工代表大会推举产生；用人单位代表由厂长（经理）指定；工会代表由企业工会委员会指定。劳动争议调解委员会组成人员的具体人数，由职工代表大会提出并与厂长（经理）协商确定，用人单位代表的人数不得超过劳动争议调解委员会总人数的 1/3。劳动争议调解委员会主任由工会代表担任，其办事机构设在用人单位工会委员会。

劳动争议调解委员会的调解程序是我国劳动争议处理的一个独立的程序，是群众自我管理、自我教育的活动，具有群众性和非诉讼性、非强制性的特点。劳动争议调解委员会调解劳动争议遵循自愿、尊重当事人申请仲裁和诉讼权利的原则。调解的步骤如下。

① 申请：劳动争议当事人以口头或书面方式向本单位劳动争议调解委员会提出调解的请求，是自愿申请。

② 受理：劳动争议调解委员会接到当事人的调解申请后，经过审查，决定接受申请。

③ 调查：劳动争议调解委员会进行深入调查研究，了解情况，掌握证据材料，弄清争议的原委，确定调解争议的法律政策依据等。

④ 调解：劳动争议调解委员会召开准备会，统一认识，提出调解意见；找双方当事人谈话；召开调解会议。

⑤ 制作调解协议书：经过调解，双方达成协议，即由劳动争议调解委员会制作调解协议书。

（2）通过劳动争议仲裁委员会进行仲裁。劳动争议仲裁委员会是依法成立的、独立行使劳动争议仲裁权的机构。它以市、市辖区、县为单位，负责处理本地区发生的劳动争议。

劳动争议仲裁委员会由劳动行政主管部门、同级工会、用人单位三方代表组成，劳动争议仲裁委员会主任由劳动行政主管部门的负责人担任。劳动行政主管部门的劳动争议处理机构为劳动争议仲裁委员会的办事机构，负责办理劳动争议仲裁委员会的日常事务。劳动争议仲裁委员会是一个带有司法性质的特别行政执行机关，其生效的仲裁决定书和调解书具有法律强制力。劳动争议仲裁遵循一次裁决原则、合议原则、强制原则、回避原则及区分举证责任原则。

（3）通过人民法院进行调解。调解是指双方或多方当事人就争议的实体权利、义务，在人民法院、人民调解委员会及有关组织主持下，自愿进行协商，通过教育疏导，促成各方达成协议、解决纠纷的办法。调解是我国司法中一个独特的法律制度。

5．劳动监察

劳动监察的任务主要有以下几点。第一，监督劳动保护立法的贯彻执行。监察员通过提供技术知识，有权建议雇主实施有关劳动条件的法律规定。如果雇主无理拒绝，监察员可以依据事实向主管单位正式建议采取法律措施。第二，协调劳资关系，促进生产和经济发展。监察员一般比较熟悉劳资双方纠纷的原因，因而能对症下药，使劳资双方找到一种双方都能接受的办法，以协调劳资关系。“监控器”能够及时纠正违法行为，化解潜在的劳动争议。它不限于职业安全、卫生方面的监督检查，而是对所有劳动关系基准政策和劳动合同执行情况的全面监察，可以在一定程度上减轻劳动争议处理工作的压力，还能为宏观预警系统提供多方面、多层次的劳动关系情报资料。一旦发现劳动关系中存在不稳定、不和谐的隐患，就采取有力措施予以排除。因此，劳动监察是调整劳动关系的重要基础。劳动监察的主要内容有：社会劳务中介机构、社会培训机构遵守有关规定的情况；劳动合同的订立和履行情况；单位招聘职工的行为；职工的工作时间和休息休假等情况；企业遵守工资宏观调控规定的情况；单位支付职工工资情况；国有企业经营者的收入情况；用人单位和职工缴纳社会保险情况；社会保险金给付情况；用人单位遵守职工福利规定的情况；用人单位和职工遵守职业技能开发规定的情况；社会职业技能考核鉴定机构对职工职业技能考核鉴定及颁发证书情况；承办境外承包工程，对外劳务合作，公民、个人出境就业的机构维护境外就业人员合法权益的情况等。

10.3.2 企业劳动关系调整的形式

企业劳动关系双方利益调整方式，随着产业民主化和法制建设的完善，越来越趋向规范化、制度化。企业劳动关系调整形式主要有以下五种。

1. 集体协商制度

集体协商制度是企业代表或雇主代表与劳动者或雇员群体的代表（一般是工会）为签订集体合同进行商谈，确定劳动条件各方面内容的行为与过程的制度。集体合同是集体协商双方代表依据法律或法规的规定，就劳动条件等事项在平等协商的基础上签订的书面协议。集体协商与集体合同是既相互区别又相互联系的两个概念。集体协商是订立集体合同的必经程序，集体合同是通过集体协商而达成的关于一般劳动条件的协议。国外一般将集体协商定义为集体谈判，国际劳工组织第 154 号公约《关于促进集体谈判的公约》将集体谈判表述为“集体谈判适用于单个雇主、雇主群体或组织同单个或若干工人组织之间签订各种协议的过程”。一般来说，集体协商与集体谈判并没有实质性的差别。集体协商不是雇员和雇主的个人行为，而是双方通过他们的代表进行的集体行为，双方代表在集体协商过程中均具有主体的独立性，双方权利对等，不受对方控制。在劳动力市场中，不管从哪种角度观察，雇员个人都不具备同雇主进行个人谈判的同等实力，这一事实决定了雇员组织起来以增强谈判影响力的必要性。集体谈判作为劳动关系调整的核心内容、确定工资和其他劳动条件的机制及调整劳动关系的手段，之所以能够吸引众多的雇员，主要的原因是通过集体谈判，雇员可以向雇主施加集体影响，使雇主接受他们提出的有关工作条件的要求。在工作场所中，有两个原因决定了集体谈判比个人谈判更为重要。第一，由于企业内的分工、协作和资本使用的统一性和社会性，企业中很多东西属于“公共事务”，也就是说，这些事务对每一个雇员都有影响。一个人在受益的同时，不能防止其他人受益。例如，劳动时间制度、工资制度、劳动安全卫生条件、生产线的速度、争议处理程序、退休养老金计划、裁员与晋升政策等事务明显地影响到雇员整体。集体决定的方式是必要的，如果没有一个集体性组织，个人将很少考虑其行为对他人的影响。第二，工作于企业组织内的雇员个人，由于劳动力的本质性特征不可能与雇主保持力量上的均衡；在劳动力市场的特殊地位使雇员必须组织起来以增强对雇主的影响力，他们需要通过一个集体性的组织来反映他们的呼声。

现代市场经济国家的集体谈判主要有三个层次：一是国家级谈判，即全国性工会或者工会联合性组织与雇主联合性组织之间的谈判；二是产业部门级谈判，即产业工会或者部门工会与雇主协会之间的谈判；三是企业级谈判，即企业工会代表企业的雇员与企业雇主之间的谈判。在西欧、北欧一些国家中，国家级和产业部门级的集体谈判较为普遍；美国和加拿大，则较多采用企业级集体谈判形式。在我国，集体协商一般在企业层级，中小企业则主要集中于地域性的行业层级。

集体谈判往往会由于双方意见不一致而产生争议，当此种情形出现时，由于谈判主体的独立性，集体谈判是企业组织内部劳动关系双方组织的自主行为，必须坚持平等合作、协商一致的原则，国家不能采用行政命令、仲裁或司法强制的手段强行消除分歧，因此，只能由政府相关部门进行协调和斡旋。在我国，在集体谈判、签订集体合同发生争议时，通常由政府代表进行协商和协调，使争议双方在既维护雇员，又维护企业权益的基础上，达成共识，从而完成集体谈判、签订集体合同。政府的指导与协调反映了政府的职能由对企业的直接管理和指挥向宏观调控和微观服务的方向转变。而对于已经生效的集体合同的履行发生的争议，则由劳动争议仲裁机构进行仲裁。

在西方市场经济国家，集体谈判或者在集体合同签订后出现争议时，通常先由政府代表进行调解和斡旋。如果双方仍不能妥协，则可以诉诸法律。工会在这种情况下可以采用产业行动形式来迫使对方做出让步；雇主则可能以关闭工厂等手段对工会施加压力。在这些国家，工会行使产业行动权，一般有法律规定的严格程序和条件，有许多限制。集体谈判制度是协调劳资关系的一种主要形式，也是工会维护工人权益的重要手段，甚至被称为工会运动的“基石”。

2. 雇员参与企业管理制度

在现代社会，工会和雇员代表普遍获得了参与企业管理的权利。不少国家先后通过立法，保障工会和雇员代表的参与权。工会和雇员代表参与企业管理，主要是对企业经营活动提供咨询，或与雇主一起参与对企业某些问题的决策，以便双方的相互理解和配合。目前雇员参与企业管理主要有以下形式。

（1）职工代表大会制度。职工代表大会是我国国有企业职工行使民主管理权利的机构。职工代表由企业职工直接选举产生，企业工会是职工代表大会的工作机构，负责职工代表大会的日常工作，检查、督促职工代表大会决议的执行情况。职工代表大会依法具有对企业生产经营的重大问题的审议建议权；对企业关于劳动条件的相关制度、方案的审查通过和否决权；对企业有关福利事项的方案的审议决定权；对企业经营者、管理者的评议监督权等。通过职工代表大会的形式，可以及时处理和协调劳动关系主体各方面的利益关系。

（2）企业委员会制。企业委员会由雇主或代表雇主的企业经营者与本企业雇员共同组成。其基本职能有：在企业的劳动人事管理方面拥有决策权；监督企业的经营活动；

在企业制订重大发展计划方面，拥有咨询权和建议权；调解劳动关系双方的争议，促进劳动关系双方的沟通等。

（3）职工建议制。这一制度的中心内容是动员企业的全体职工为提高企业的经济效益，树立企业的良好形象献计献策。许多企业都制定各种措施，鼓励职工提出合理化建议。职工建议制为企业创造了巨额的经济效益，同时也提高了企业的凝聚力。

（4）初级董事会制。企业一般只有一个董事会，它是企业的决策机构，初级董事会只是一个协商和咨询性质的机构。初级董事会由企业中下层管理人员组成，其作用在于反映职工的意见，上下沟通交流。

3. 工会参与国家和社会经济决策

第二次世界大战以后，工会逐步介入政府制定政策的过程中。西方发达国家流行合作式劳资关系，国家与一些重要的组织共同决策，从而使社会危机与冲突减少。在这种劳资关系中，劳资双方各自的利益组织都强大而集中，形成了自上而下的组织形式。这些组织对本组织成员具有绝对的代表权，参与国家政策、法令的制定。劳资双方通过高层谈判或对政府施加影响，实现利于自身的劳动立法。在我国，工会组织一直是参政议政的主要社会力量，有权参与法律法规的起草，参与制定国民经济和社会发展规划，参与研究制定工资、物价、劳动安全卫生和社会保险等重大政策措施。即通过各种途径和形式参与管理国家事务、社会事务。

4. 建立协调劳动关系的机构

企业劳动争议调解委员会是我国企业依法成立的专门处理本企业劳动争议的群众性组织，由雇主代表、工会代表和企业职工代表三方组成，负责本企业的劳动争议的处理。调解委员会主任由工会代表担任，雇主代表的人数不得超过调解委员会总人数的 1/3。调解委员会对劳动争议的调解是我国劳动争议处理的一个独立程序，具有群众性、自治性、非强制性等特点，可以将企业内部的劳动争议解决在基层。在其他一些市场经济国家，企业一般也设有劳动关系的协调机构，设有解决劳资纠纷的组织，企业绝大部分劳资矛盾都由协调机构调解解决。

5. 雇员参股制

建立现代企业制度的企业比较注重鼓励雇员向企业投资入股，参与利润分红，并以此作为经济手段，激发雇员对企业的关心。例如，瑞典在 1983 年通过了《雇员投资基金法案》，规定企业雇主每年向雇员提供一定数量的基金用来购买企业股票。这部分资金由雇员管理，以增强雇员的参与意识，增加劳资双方在经济利益上的联系。

【本章小结】

本章介绍了劳动关系的内涵、特征、主体等基本内容，阐述了劳动关系的类型、劳动关系调整的方法以及劳动关系调整制度的内容，从理论上分析了劳动力市场发展中的劳动关系变化，并着重对中国劳动力市场发展中的劳动关系变化进行了详细分析。在中国劳动力市场发展的不同时期，劳动关系呈现出不同的特征。第一阶段：不存在劳动力市场（改革开放之前）。这一阶段劳动关系的特征表现为：劳动关系主体身份不明确；劳动关系普遍不存在利益冲突；劳动关系的运行由国家通过行政手段直接控制和处理；劳动关系的类型单一，只有公有制经济的劳动关系一种类型。第二阶段：劳动力市场开始萌芽并局部建立（1978—1991 年）。这一阶段劳动关系的特征表现为：国有企业劳动关系仍然是全部劳动关系的唯一重点；企业经营管理者权力、地位的确立，已经开始改变企业劳动关系的利益结构；初步形成企业与工人之间的双向选择关系。第三阶段：劳动力市场建设进入全面快速推进时期（1992—1997 年）。这一阶段劳动关系发生的变化主要有：劳动关系主体之间的利益结构发生重大变化，国有企业经营管理者已经获得充分的自主权；劳动关系开始具备明显的契约化特征；劳动关系开始呈现类型多样化的特征。第四阶段：劳动力市场逐步完善（1998 年至今）。这一阶段劳动关系发展变化的主要内容包括：国有企业劳动关系主体，即经营者与劳动者的权利和利益差别正在逐渐加大，大量工人通过身份置换的形式解除劳动关系；非公有制经济得到全面发展，使劳动关系类型多样化成为典型特征；非公有制经济的劳动关系成为整体劳动关系体系的重要组成部分；大量农民转化为工人，加入我国劳动者阶层的队伍；规范劳动关系运行的法规体系正在逐步完善。中国劳动力市场与劳动关系的变革与发展态势：劳动力市场加速发展，劳动关系日益市场化；就业形式多样化，劳动关系日益复杂多变；劳动力供求失衡，劳动者权益保护问题凸显；劳动关系存在潜在危机，集体劳动争议大量增加。

劳资关系源于产权，是劳动力所有者——雇员和资本所有者——雇主之间的关系。在劳动关系调整体系中，三方协商是劳动关系的基本格局；集体协商制度和产业民主化反映了构成劳动关系的两个主体——雇员和雇主可以自行协商，这是劳动关系调整机制的基础环节；而劳动立法、劳动争议处理及劳动监察主要反映了市场经济条件下政府对劳动关系的调整和规范。

在计划经济体制下，劳动关系被异化为行政隶属关系。在向市场经济转变过程中，中国的劳动关系将会协调发展，工会组织也将有所创新。

【复习思考题】

1. 什么是劳动关系？其广义内涵和狭义内涵有何不同？
2. 劳动关系有哪些调整机制？
3. 比较计划经济体制下和市场经济体制下工会作用的异同。
4. 我国劳动关系和工会组织的发展前景如何？

【案例分析】

新时期化解劳资矛盾的“集体协商模式”
——佛山南海本田停工事件始末

本田汽车零部件制造有限公司（简称南海本田）位于广东佛山南海狮山工业园区，总投资9 800万美元，于2007年3月正式投产，是本田汽车在海外建立的第四家可全工序生产自动变速箱的工厂。2010年5月17日上午，南海本田接送员工上下班的大巴跟往常一样按时到达工厂。不过，车间里的机器并没有在7点准时运转起来。该厂核心生产部门——变速箱组装科的数百名员工一同走向操场，要求厂方提高工资待遇、改善福利。自此，引发各界广泛关注的南海本田停工事件拉开了序幕。

5月21日，因有传言说公司加薪少，并有辞退停工者的意愿，员工们再次停工并提出了他们的工资要求，工资提高800元，全部加入基本工资，未来工资年度增幅不低于15%。5月24日，公司单方面提出工资调整方案，宣布的工资调整方案为在原来的生活补贴的基础上增加55元。5月26日，公司宣布的新的工资调整方案为实习生工资及补贴每月增加477元，其余员工按级别每月分别增加340元至355元不等。5月28日，公司宣布将新的工资调整方案修改为实习生干满两个月后，工资就可以上涨477元，到第三个月可上涨634元。虽然经过几轮调整，但由于公司提出的工资方案与员工的要求相差甚远，工人不予接受，停工事件陷入了僵局。

就在事件陷入僵局之时，上级工会的积极引导和本田汽车在中国的合作伙伴广汽集团总经理曾庆洪的介入与斡旋，使事件出现了转机。2010年6月4日，南海本田员工绕开企业工会，选出30名协商代表与资方正式谈判，最终劳资双方达成协议。协商结果为每月增加基本工资300元，补贴66元，每月增加特别奖金134元，员工实际增加收入500元。在现场的所有员工代表鼓掌通过后，双方首席代表签订《工资集体协商协议》。

南海本田停工事件得以圆满解决，但事件本身反映出的问题，尤其是如何实现基层工会的代表性和如何发挥基层工会作用的问题，引发了上级工会和社会各界的深入思考。在南海本田的整个集体协商过程中，员工代表们对工会明显不信任，甚至无视工会的存在，这令各级工会领导十分尴尬。上级工会已经认识到，推进基层工会的规范化、民主化建设势在必行，也是工资集体协商的必经之路。停工事件解决后，在广东省、市、区、镇四级工会联合工作组的指导下，企业工会开展了为期半年的规范化建设，民主选举了工会小组长、车间分会委员、主席并增选了公司工会委员、副主席。2010年12月初，先由员工以班为单位直接选出63名工会小组长，再以车间为单位直接选出7个车间分会，每个分会包括一名分会主席和两名委员。在此基础上，12月11日，南海本田召开了年度工会会员代表大会，130名会员代表增选出6名工会委员。至此，南海本田工会委员增加到13人。此后，经13名委员推选，产生2名工会副主席（工会主席一职沿袭）。完善后的三级组织网络开始有序、有效运作，为发挥工会代表职工权益、开展集体协商奠定了群众和组织基础。公司工会重组改选后，上级工会向南海本田资方高层提出要实现工资集体协商的制度化，自此，南海本田工资集体协商进入新的发展阶段。新重组改选的公司工会切实代表员工利益，开始在集体协商中发挥重要作用。

2010年12月底，南海本田劳资双方进行了第二次集体协商，主题是2010年年末奖金发放方案。根据南海本田提出的初始方案，员工可获得“两个月的基本工资+职能工资”的年终奖金。新工会随即就此与资方展开重组改造后的第一次协商。新工会指定13名工会委员和4名车间分会主席为协商代表，在听取和收集员工意见之后，向企业提出“四个半月基本工资”的年终奖金发放方案。经过几轮谈判，双方意见达成一致，以公司当年实现利润和劳动生产率为主要依据，决定年终奖金的发放额度。最终方案为年终资金=（基本工资+职能工资）×3.5个月+（134元×2）。此外，方案还明确规定奖金应在2011年1月20日前发放。新当选的工会副主席王超群说，谈判让员工们看到了工会的力量，感到工会是可以信任的，同时也锻炼了工会代表的谈判技巧。

2011年3月，南海本田劳资双方开始了第三次集体协商。第三次协商更为艰难，主题是2011年度工资增长方案。从最初的方案来看，劳资双方的分歧十分明显。工会在广泛收集员工意见后，向企业提出增加工资880元的方案；而企业给出的数额是431元，两者差距超过一倍。谈判历时半个月，经过三轮六次的讨价还价，最终达成一致，涨薪额度确定为611元。3月12日，在南海本田职工代表大会上，所有参会员工代表对方案进行无记名投票。投票结果显示，在111人中，共有98票赞成，13票弃权，以压倒性的优势通过了该工资集体协议。

资料来源：http://news.sina.com.cn/o/2011-07-05/083522758615.shtml

思考题

1. 你认为南海本田事件得以圆满解决的关键是什么？
2. 南海本田事件的解决对构建和谐劳动关系有什么启示？

参考文献

[1] 蔡昉. 劳动经济学[M]. 北京：中国社会科学出版社，2015.

[2] 杨河清，张琪. 劳动经济学[M]. 4 版. 北京：中国人民大学出版社，2014.

[3] 曾湘泉. 劳动经济学[M]. 3 版. 上海：复旦大学出版社，2017.

[4] 罗纳德·G. 伊兰伯格，罗伯特·S. 史密斯. 现代劳动经济学理论与公共政策[M]. 刘昕，译. 北京：中国人民大学出版社，2007.

[5] 沈琴琴，潘泰萍. 劳动经济学[M]. 2 版. 北京：中国人民大学出版社，2017.

[6] 袁伦渠. 劳动经济学[M]. 2 版. 沈阳：东北财经大学出版社，2007.

[7] 温海池. 劳动经济学[M]. 天津：南开大学出版社，2000.

[8] 胡学勤，李肖夫. 劳动经济学[M]. 北京：中国经济出版社，2001.

[9] 宁光杰. 劳动经济学[M]. 北京：经济管理出版社，2007.

[10] 王守志. 现代劳动经济学[M]. 北京：北京经济学院出版社，1997.

[11] 宋培林. 现代劳动经济学[M]. 厦门：厦门大学出版社，2004.

[12] 李中斌，万文海，郑文智. 劳动经济学[M]. 北京：中国社会科学出版社，2007.

[13] 孔微巍. 劳动经济学[M]. 北京：科学出版社，2011.

[14] 马培生. 劳动经济理论研究[M]. 北京：经济科学出版社，2011.

[15] 王守志. 劳动经济学[M]. 北京：中国劳动社会保障出版社，2005.

[16] 宋培林. 现代劳动经济学[M]. 厦门：厦门大学出版社，2004.

[17] 李放. 劳动经济学[M]. 2 版. 北京：科学出版社，2007.

[18] 董克用，刘昕. 劳动经济学[M]. 北京：中国人民大学出版社，2011.

[19] 赵瑞红. 劳动关系[M]. 北京：科学出版社，2007.

[20] 李晓春，曲兆鹏. 劳动经济学[M]. 南京：南京大学出版社，2011.

[21] 袁志刚. 失业经济学[M]. 上海：上海人民出版社，2016.

[22] 袁志刚. 失业经济学[M]. 上海：格致出版社，2014.

[23] Kaufman B E, Hotchkiss J L. The Economics of Labor Markets[M]. Fort Worth: The Dryden Press, 1999.

[24] McConnell C R, Brue S L. Contemporary Labor Economics[M]. New York: McGraw-Hill, Inc., 1992.

[25] Sapsford D, Tzannatos Z. The Economics of the Labor Market[M]. New York: Palgrave

Macmillan, 1993.
[26] Bosworth D, Dawkins D, Stromback T. The Economics of the Labor Market[M]. Essex: Addison W esley Longman Limited, 1996.
[27] 邢家传. 从劳动经济学角度解剖人力资源管理[J]. 纳税，2019，13（17）：218.
[28] 李时满. 劳动经济学视角下的企业人力资源管理探究[J]. 经济师，2019（05）：238-239.
[29] Energy-Energy Economics. Findings on Energy Economics Reported by Investigators at Louisiana State University(Local Labor Market Shocks and Residential Mortgage Payments: Evidence from Shale Oil and Gas Booms)[J]. Energy Weekly News, 2018.

反侵权盗版声明

举报电话：(010)88254396；(010)88258888

传　　真：(010)88254397

E-mail：dbqq@phei.com.cn

通信地址：北京市万寿路173信箱　电子工业出版社总编办公室

邮　　编：100036